An Introduction to English Education in Elementary School

最新 小学校英語教育法入門

［監修］
樋口忠彦

［編著］
加賀田哲也(代表)
泉惠美子
衣笠知子

研究社

は し が き

　本書は、現行の学習指導要領および昨今の社会が求める教育観、言語教育観に準拠し、ご好評を賜った『新編　小学校英語教育法入門』を改訂したものです。

　小学校では、2020年度全面実施の学習指導要領のもと、外国語教育が高学年で教科化、中学年で早期化されました。また教育現場では、ICTやAIの急速な発展により、これまで想像だにしなかった教育環境の変貌を目の当たりにしています。例えば、GIGAスクール構想のもと、小・中学校では、「個別最適な学び」「協働的な学び」を促進するための一つの手段として、1人1台の情報端末を活用したさまざまな実践が始まりました。一方、端末の活用については、教員間、学校間格差といった課題も生じています。外国語教育においては、全国の小・中学校の児童・生徒に学習用デジタル教科書が配布され、現在、その活用法についての研究が進められています。授業内のみならず、家庭学習にも積極的に活用することが推奨されつつあります。

　そこで本書では、小学校における、デジタル教材 (教科書) などICT教材を用いた授業の在り方と授業事例に加え、教科担任制に基づく専科教員の動向や専科教員による指導、文部科学省検定済教科書 (7社) の特徴と検定教科書を使用した授業事例、「指導と評価の一体化」を踏まえた評価の在り方など、将来、小学校教員をめざす学生が知っておくべき事項を追加、補強しました。

　目下、子どもたちはVUCA (変動性、不確実性、複雑性、曖昧性) の時代を生きています。そして、今後、さらに加速すると予想されるVUCAの時代を生き抜く子どもたちにとって、外国語教育はどのように関わっていけばよいか、外国語教育を通して、どのような資質や能力を育むべきか、といった課題を考えるにあたり、本書は大きな手掛かりを与えてくれることでしょう。

　本書編集の基本方針、言い換えれば、本書の特色は、これまでの旧版と同様、おおむね次の4点です。

① 外国語教育に携わる者が知っておきたい基本的知識、身につけておきたい基本的な指導技術、絶えず問題意識を持って考えてもらいたい今日的課題について、簡潔かつ具体的に示す。

② 外国語教育について学んだことを、他の学生を児童に見立て、マイクロティーチング形式で実際に試してみることが可能な内容とする。

③ 各章末に2題ずつ学習課題を設定する。ひとつは、各章の内容の理解度を確認する課題、もうひとつは、各自で考え、必要に応じて参考図書等で調べ、創意工夫を凝らしてまとめ、レポートにしたり、発表したり、ペアやグループで話し合ったりする課題とする。このような問題解決型の課題を通して、外国語の授業に主体的に取り組む姿勢の形成に役立てる。

④ 半期15週用の教科書であるが、学生諸君による模擬授業の実施が可能になるよう14章構成とする。なお、例えば、4章「教材の構成と内容」と6章「言語材料と4技能の指導」、あるいは相互に関係の深い他の2つの章を組み合わせて1回の授業で扱うことにより、模擬授業を2回あるいは3回計画することを可能にする。加えて、今回の改訂版は旧版と比べ、学習内容が増えている。よって、本書で扱う内容については、現状や学生のニーズに応じて精選したり、軽重をつけたりするなどの工夫をする。

なお、本書は、これから小学校の教壇に立つ学生諸君のために刊行しましたが、小・中学校の先生方にとっても非常に有益な書であり、ぜひ役立てていただきたいと思います。小学校の先生方には、よりよい外国語教育を展開する視点やヒントを得る自己研鑽に活用したり、中学校の先生方には、小学校の外国語教育を正しく理解し、小・中の接続や連携について計画し、実践したりする糧になるでしょう。

最後に、本書刊行の機会を与えていただいた株式会社研究社にお礼を申し上げます。とりわけ、書籍編集部の松本千晶氏には本書の企画段階から刊行に至るまで、数多の貴重ご助言とご配慮を賜りました。心より感謝申し上げます。

2023 年 10 月

編著者代表　加賀田哲也

目　　次

4章　教材の構成と内容

5章　指導目標、領域別目標、年間指導計画の立て方と具体例

6章　言語材料と4技能の指導

10章　いろいろな教材、教具の活用法

11章　評価のあり方、進め方

12章　授業過程と学習指導案の作り方

最　新

小学校英語教育法入門

1章 | 外国語教育の目的と目標

　2017年告示の新学習指導要領において第3, 第4学年に外国語活動、第5, 第6学年に外国語科が導入された。新学習指導要領は、2018, 2019年度の移行期を経て、2020年度から全面実施されている。本章では、まず今回の外国語の教科化に至るまでの経緯をたどり、外国語活動および外国語科の目的や理念、目標について考えるとともに、小・中・高の外国語教育における小学校の役割について考える。次に、小・中において「外国語は英語を原則」とする理由について検討し、最後に、我が国の小学校外国語教育の現状を客観的に把握するために、諸外国の小学校における外国語教育を概観する。

1節　外国語教育の教科化の経緯と目的、理念

　我が国の公立小学校における英語教育の歴史は古い。1872年に学制が制定され、小学校は4年制の下等小学校 (後に尋常小学校) と4年制の上等小学校 (後に高等小学校) からなり、上等小学校では地域の実態等によって、「加設科目」として英語科を加えることが可能とされた。しかし、1907年度から尋常小学校が4年間から6年間に延長され、高等小学校の生徒は現在の中学生の年齢にあたるようになり、実質的には小学校から英語が姿を消したことになる。以後、2002年に「総合的な学習の時間」で国際理解教育の一環として外国語会話等が行われるようになるまで、およそ100年間、公立小学校で英語・外国語教育は実施されてこなかったのである。では、外国語はどのような経緯で教科化されたのであろうか。以下、文部省や文部科学省 (以下、文科省) 関係の審議会等の答申や報告を中心にたどってみたい。

●外国語教科化の経緯

1986 年	臨時教育審議会答申：英語教育改革の一環として小学校への英語教育の導入について検討を提言。
1992 年	大阪市立真田山小学校、味原小学校および大阪市立高津中学校の 3 校を研究開発校に指定。研究テーマ「英語学習を含む国際理解教育」。
1993 年	外国語教育改善に関する調査研究協力者会議報告：児童は外国語の習得にはきわめて適しているが、小学校段階で教科として導入するには解決しなければならない課題が多い、と推進論、慎重論の両論併記。また国語力の増進の方策についても提言。 　　*文部省は、1993 年度に 2 校、1994 年度に 12 校、1996 年度には 34 校を研究開発学校に指定。
1996 年	第 15 期中央教育審議会答申：地域や学校の実態に応じ、国際理解教育の一環として、「総合的な学習の時間」や特別活動などの時間において、外国語会話等の導入を答申。
1998 年	学習指導要領告示（2002 年度から施行）。「総合的な学習の時間」の国際理解における外国語学習に関わる内容：国際理解に関する学習の一環としての外国語会話等を行うときは、学校の実態等に応じ、児童が外国語に触れたり、外国の生活や文化などに慣れ親しんだりするなど小学校段階にふさわしい体験的な学習が行われるようにすること。
2001 年	文部科学省『小学校英語活動実践の手引き』刊行：小学校では身近な、簡単な会話を聞いたり話したりする体験的な活動が中心になるので、「総合的な学習の時間」で扱う英会話を「英語活動」と呼ぶ。 　　*英語活動実施校は、2003 年度は 88%，2005 年度は 94%，2007 年度は 97%，2009 年度は 99%（文部科学省）。
2006 年	第 16 期中央教育審議会外国語専門部会審議のまとめ：次の 3 つの観点から小学校英語教育の充実を提言。 　　1)　小学生の柔軟な適応力を生かすことによる英語力の向上 　　2)　グローバル化の進展への対応 　　3)　教育の機会均等の確保 また小学校英語教育の目標については、英語のスキルの向上を目標とするより、英語を用いて、言語や文化に対する理解、積極的にコミュニケーションを図ろうとする態度、国際理解を深めることを目標とすることを提言。
2008 年	第 16 期中央教育審議会答申：上記の外国語専門部会の提言を踏まえ、以下の答申をした。 　　1)　外国語活動を第 5，第 6 学年で必修とするが、教科とせず領域として位置づける。 　　2)　年間 35 単位時間、週 1 コマとする。 　　3)　総合的な学習の時間の場合と異なり、国として外国語活動の目標や内容を示す。 　　4)　教科のような数値的な評価はしない。 　　5)　外国語は原則として英語とする。

2008 年	学習指導要領告示（2011 年度から施行）。 学習指導要領・外国語活動の目標については 2 節参照。
2009 年	共通教材『英語ノート』発行、配布（2012 年に *Hi, friends!*（『英語ノート』の改訂版）の発行、配布）。
2013 年	文部科学省「グローバル化に対応した英語教育改革実施計画」発表：教育再生実行会議の提言を受け、小学校外国語教育の拡充策を提案。 ・中学年：外国語活動、週 1〜2 コマ、高学年：週 3 コマ（1 コマは 45 分、高学年の 3 コマのうち 1 コマは 15 分の短時間授業として週 3 回実施）。
2014 年	英語教育の在り方に関する有識者会議報告：今後の英語教育の改善・充実策として、小・中・高の英語教育において、「英語を使って何ができるか」という観点から一貫した目標を示すこと、および小学校では中学年で外国語活動を開始し、高学年では学習の系統性を持たせるという観点から外国語科とすることを提案。
2016 年	第 17 期中央教育審議会答申：上記有識者会議の報告や中教審外国語ワーキンググループの審議の取りまとめを踏まえ、グローバル化が急速に進展する中で、コミュニケーション能力は、国民一人ひとりが生涯にわたりさまざまな場面で必要となるという観点から、小・中・高の外国語教育において育成を目指す資質・能力を提示。また小学校外国語については以下を答申。 　1）　中学年では「聞くこと」「話すこと」を中心とした外国語活動を通じ、外国語に慣れ親しみ、外国語学習への動機づけを高める。年間 35 単位時間。 　2）　高学年では、発達段階に応じて段階的に「読むこと」「書くこと」も加え、外国語科として 4 技能を総合的、系統的に学習する。年間 70 単位時間（授業時間の確保については、短時間授業や長時間授業の活用など、弾力的な時間割編成を行う）。 　3）　高学年では数値評価を行う。
2017 年	新学習指導要領告示。
2018 年 〜 2019 年	新学習指導要領への移行期： ・中学年では年間 15 時間確保し、外国語活動を実施。高学年との接続の観点から、必要最低限の内容を言語活動中心に取り扱う。 ・高学年では、年間 15 時間を加え、50 単位時間を確保し、外国語活動に加えて外国語の内容を扱い、中学校との接続の観点から、必要最低限の内容を言語活動中心に取り扱う。 　＊教材は中・高学年用とも文部科学省作成、配布。中学年は *Let's Try! 1, 2*、高学年は *We Can! 1, 2*。
2020 年	新学習指導要領全面実施。 　＊中学年は文部科学省作成教材 *Let's Try! 1, 2*、高学年は教科書会社 7 社作成の検定済教科書を採択、使用。
2021 年	文部科学省『GIGA＊スクール構想』発表。 　＊GIGA: Global and Innovation Gateway for All の略。
2024 年	小学 5 年〜中学 3 年で、学習者用デジタル教科書を使用（算数・数学は 2025 年度から使用）。

以上のように、小学校における外国語の教科化には、臨時教育審議会（以下、臨教審）が1986年に小学校への英語教育の導入の検討を提言して以来、30年を越える長い年月を要した。その間、臨教審をはじめ各種審議会や委員会等は、国際化の進展やグローバル化の進展に対応するために、国際理解教育の充実とコミュニケーション能力の育成という視点から外国語（英語）教育の改善を繰り返し提言してきた。このような流れの中で小学校の外国語（英語）教育の教育課程への位置づけが検討されてきたことから、その主要な目的は国際理解のための態度と外国語によるコミュニケーション能力の素地や基礎の育成である。

　第16期中央教育審議会（以下、中教審）答申等に示されている小学校外国語（英語）活動の基本理念は、概略、次の通りである。

1)　小学生の柔軟な適応力を生かすこと

　小学生の柔軟な適応力は、コミュニケーションへの積極的な態度の育成や、英語の音声や基本的な表現に慣れ親しむことに適しており、コミュニケーション能力を育成する上で重要なものと考えられる。

2)　グローバル化の進展への対応

　小学校での外国語教育は、グローバル化が進展する中でその必要性が高まっている。小学校での外国語活動を充実することにより、次世代を担う子どもたちに国際的視野を持ったコミュニケーション能力を育成する必要があると考える。

　そして、今回の小学校の外国語の教科化を含む小・中・高の外国語教育の改善策では、3〜4頁の年表で示した第17期中教審答申に見られるように、グローバル化の進展への対応が一段と重視されている。

2節　学習指導要領における外国語活動、外国語科の目標

1.　外国語活動、外国語科の目標

　第16期中教審外国語専門部会は、小学校外国語教育の方向性をめぐり、「スキルをより重視する考え方」と「国際コミュニケーションをより重視する考え方」について検討を加えた（2006）。

1)　スキルをより重視する考え方

小学校段階では、音声やリズムを柔軟に受け止めるのに適していること
などから、音声を中心とした英語のコミュニケーション活動や、（中略）音
声、会話技術、文法などのスキル面を中心に英語力の向上を図ることを重
視する。

2）　国際コミュニケーションをより重視する考え方

　小学校段階では、言語や文化に対する関心や意欲を高めるのに適してい
ることなどから、英語を使って活動をすることを通じて、国語や我が国の
文化を含め、言語や文化に対する理解を深めるとともに、（中略）積極的に
コミュニケーションを図ろうとする態度の育成を図り、国際理解を深める
ことを重視する。

　外国語専門部会は、これらを総合的に勘案し、中学校での英語教育を見
通して、何のために英語を学ぶのかという動機づけを重視し、言語やコミュ
ニケーションに対する理解を深めることで国語力の育成にも寄与するとの
観点から、2）の考え方を基本とした。また、小学生の柔軟な適応力を生か
して、英語の音声や基本的な表現に慣れ親しみ、聞く力を育てることなど
は、教育内容として適当とした。

　このような議論を踏まえた 2008 年告示の学習指導要領の外国語活動「第 1
目標」は、次の通りである。

　外国語を通じて、言語や文化について体験的に理解を深め、積極的
にコミュニケーションを図ろうとする態度の育成を図り、外国語の音
声や基本的な表現に慣れ親しませながら、コミュニケーション能力の
素地を養う。

　さて、2017 年告示の学習指導要領では、小学校外国語教育の拡充という
ことで、中学年では外国語活動として「聞くこと」および「話すこと」を
中心に外国語に慣れ親しみ、外国語学習への動機づけを高めた上で、高学
年では外国語科として段階的に「読むこと」「書くこと」を加え、総合的・
系統的に学習を行う。すなわち、中学年では「国際コミュニケーションを
より重視した考え方」に基づき、高学年では中学年での学習を生かしなが
ら「スキルをより重視する考え方」に基づき学習を行うことになる。学習

指導要領の外国語活動・外国語科の「第1 目標」は次の通りである。

〈小学校外国語活動目標〉
　外国語によるコミュニケーションにおける見方・考え方を働かせ、外国語による聞くこと、話すことの言語活動を通して、コミュニケーションを図る素地となる資質・能力を育成する。
〈小学校外国語科目標〉
　外国語によるコミュニケーションにおける見方・考え方を働かせ、外国語による聞くこと、読むこと、話すこと、書くことの言語活動を通して、コミュニケーションを図る基礎となる資質・能力を育成する。

*外国語活動および外国語科の目標の文尾「（次のとおり）育成する（ことを目指す）」の（　）部分は省略した。
**育成を目指す資質・能力は本節2および5章1節3参照。

なお、目標の冒頭の「外国語によるコミュニケーションにおける見方・考え方」について、第17期中教審答申（2016）は、「外国語で表現し伝え合うため、外国語やその背景にある文化を、社会や世界、他者との関わりに着目して捉え、コミュニケーションを行う目的や場面・状況等に応じて、情報や自分の考えなどを形成、整理、再構築すること」として整理している。そして、『小学校学習指導要領解説　外国語活動編・外国語編』（以下、『解説』）（2017c）では、小学校においては、とくに「外国語やその背景にある文化を、社会や世界、他者との関わりに着目して捉える点を重視すべきである」と補足している。

2. 育成を目指す資質・能力の三つの柱と指導上の留意点

❶　育成を目指す資質・能力の三つの柱

　外国語活動、外国語科の目標である「コミュニケーションを図る素地や基礎となる育成を目指す資質・能力」の三つの柱は、「知識・技能」「思考力・判断力・表現力等」「学びに向かう力・人間性等」である。

　中教審外国語ワーキンググループはこれらの資質・能力をおおむね次頁の表1.1のように整理している（2016b）。

表 1.1　外国語活動・外国語科において育成を目指す資質・能力の整理

	小学校外国語活動	小学校外国語科
知識・技能	●外国語への慣れ親しみ ●外国語を用いてコミュニケーションを図る楽しさを体験すること 　外国語を聞いたり、話したりすること	●言葉の仕組みへの気付き（音、単語、語順など） ●聞くことに関する知識・技能 　話すことに関する知識・技能 　外国語を読んだり、書いたりすること
思考力・判断力・表現力等	●簡単な語句や表現を使って、自分のことや身の回りのことについて、友だちに質問したり質問に答えたりするコミュニケーション力	●なじみのある定型表現を使って、自分の好きなものや、1日の生活などについて、友だちに質問したり質問に答えたりするコミュニケーション力
学びに向かう力・人間性等	●外国語を用いた体験的なコミュニケーション活動を通じて言語の大切さや、文化の違いに気付く ●外国語を用いてコミュニケーションを図ることの楽しさや言語を用いてコミュニケーションを図ることの大切さを知り、相手に配慮して外国語を用いてコミュニケーションを図ろうとする態度、など	●外国語の学習を通じて、言語やその背景にある文化を尊重しようとする態度 ●外国語を用いてコミュニケーションを図ることの楽しさや言語を用いてコミュニケーションを図ることの大切さを知り、他者に配慮して外国語を用いてコミュニケーションを図ろうとする態度、など

❷　三つの柱——指導上の留意点

　外国語活動・外国語科で育成を目指す三つの資質・能力に関する指導上の留意点を、第17期中教審答申や『解説』に沿ってあげておく。

●外国語の音声、単語、表現などに関する「知識・技能」は、実際のコミュニケーションにおいて活用することによって主体的に運用する技術が向上する。また実際のコミュニケーションにおいて「思考・判断・表現」することを繰り返すことによって知識が獲得され、理解が深まる。

●「知識・技能」を実際のコミュニケーションの場において活用し、考えを整理し、まとめ、深めて話したり書いたりして表現することを繰り返すことで自信が生まれ、コミュニケーション能力を身につける上で不可

欠な「主体的に学習に取り組む態度（学びに向かう力・人間性等）」が形成される。

　以上のように、三つの資質・能力は密接に結びついている。

3節　小・中・高の外国語教育における小学校の役割

1．小・中・高の外国語教育の目標

　小学校外国語活動および外国語科の目標は前節 1. で示した。この節では中・高の外国語科の目標のみを示す。

〈中学校外国語科目標〉

　外国語によるコミュニケーションにおける見方・考え方を働かせ、外国語による聞くこと、読むこと、話すこと、書くことの言語活動を通して、簡単な情報や考えなどを理解したり伝え合ったりするコミュニケーションを図る資質・能力を育成する。

〈高等学校外国語科目標〉

　外国語によるコミュニケーションにおける見方・考え方を働かせ、外国語による聞くこと、読むこと、話すこと、書くことの言語活動及びこれらを結び付けた統合的な言語活動を通して、情報や考えなどを的確に理解したり適切に表現したり伝え合ったりするコミュニケーションを図る資質・能力を育成する。

*目標の文尾、「(次のとおり) 育成する (ことを目指す)」の（ ）部分は省略。

　以上のように、小・中・高に一貫する目標は、コミュニケーションを図る資質・能力の育成である。小学校中学年では「聞くこと」「話すこと」の言語活動を通して、小学校高学年以降では 4 技能を通して、また小学校中学年 → 小学校高学年 → 中学校 → 高等学校と進むにつれ、「素地となる」→「基礎となる」→「簡単な情報や考えなどを理解したり表現したりする」→「情報や考えなどを的確に理解したり適切に表現したりする」コミュニケーションを図る資質・能力と、段階的により高いレベルの資質・能力の育成がめざされている。

2. 小・中・高の領域別目標

　文科省は、各学校段階の学びを接続させることや、「知識・技能 (何を知っているか、何ができるか)」と「思考力・判断力・表現力等 (知っていること、できることをどう使うか)」を一体的に育成することをめざし、「外国語を使って何ができるようになるか」という観点から、「聞くこと」「読むこと」「話すこと (やり取り)」「話すこと (発表)」「書くこと」の5領域について、小・中・高に一貫する領域別目標 (指標形式で示された学習到達目標) を設定している。

　これを踏まえて、小・中・高の学習指導要領には領域ごとに各数項目の目標が示されている。例えば、話すこと (発表) のアでは、次のような目標があげられている。

〈小学校外国語活動〉
ア　身の回りの物について、人前で実物などを見せながら、簡単な語句や基本的な表現を用いて話すようにする。

〈小学校外国語科〉
ア　日常生活に関する身近で簡単な事柄について、簡単な語句や基本的な表現を用いて話すことができるようにする。

〈中学校外国語科〉
ア　関心のある事柄について、簡単な語句や文を用いて即興で話すことができるようにする。

〈高等学校外国語科——英語コミュニケーション I〉
ア　日常的な話題について、使用する語句や文、事前の準備などにおいて、多くの支援を活用すれば、基本的な語句や文を用いて、情報や考え、気持ちなどを論理性に注意して伝えることができるようにする。

　外国語の目標と同様に、領域別目標においても、段階が進むにつれ、題材、語句、表現、話し方などがより高いレベルに設定されている。

　本節1, 2で見てきた外国語活動や外国語科の目標、領域別目標から明らかなように、小学校外国語教育は「外国語学習の基礎づくり」の段階であ

る。小学校の外国語教育でしっかりした基礎を築けなければ、中学校以降の外国語教育は砂上の楼閣である。小学校外国語教育は我が国の外国語教育全体においても非常に重要な役割を担っていることになる。

4節　小学校の外国語は英語が原則である理由

　小学校の外国語はなぜ英語を原則とするのだろうか。第 16 期中教審答申（2008）は、次のように理由を示している。

　　アジア圏においても国際共通語として英語が使われていることなど、国際的な汎用性の高さを踏まえれば、中学校における外国語は英語を履修することが原則とされているのと同様、小学校における外国語活動においても、英語活動を原則とすることが適当と考えられる。

学習指導要領『解説』（文科省 2017c）においても、ほぼ同じ理由が示されている。
　では英語はなぜ国際的汎用性が高いのだろうか。
　図 1.1 の内円（Inner Circle）は英語を母語として使用する人が多い国、外円（Outer Circle）は英語を第 2 言語あるいは公用語として使用する国、膨張円（Expanding Circle）は英語を外国語として学習し、使用する人が多い国である。この図が示すように英語を使用する人の数が多く、使用する人々

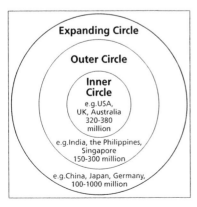

図 1.1　英語の世界（Crystal, 1997）（図は河原（2008）から借用）

11

外国語教育の目的と目標

は世界に広く分布していることがあげられる。さらに世界のラジオや TV,
インターネット等で英語が広く使用されており、学術雑誌や国際航空や船
舶交通の用語であること、英語を母語とする人の多い国の政治的、経済的
影響が大きいことなどもあげられよう。

　しかし、図 1.1 が示すように、実際には内円、外円、膨張円の国や地域
で使われるさまざまな英語がある。また英語の汎用性が高いからと言って
小学校段階から内円の英語圏の英語だけでは、英語圏の英語や文化に対す
る単なるあこがれの気持ちや同化的な態度を植え付けるだけで国際理解に
つながらない危険性があるように思われる。この英語圏の英語一辺倒の弊
害を取り除くために、次の点に十分留意したい。
1)　世界で話されている多様な英語に機会を見つけて触れさせる。
2)　世界の多様な文化に触れさせる。
3)　世界の言語、とくに近隣諸国の言語のごく簡単な表現などにほんの少
　　しでも触れさせる。
4)　高校、少なくとも大学の段階で多くの外国語を提供し、第 2 外国語を
　　選択必修とする。

5 節　諸外国の小学校外国語教育──共通点と相違点

　世界のほとんどの国において、小学校で外国語教育が推進されている。
以下、東南アジアの 2 つの国と 1 つの地域、および EU 加盟国の一つであ
るフランスにおける小学校外国語教育の導入時期、開始学年、授業時数、
指導目標、教材、指導者について概観する。また外国語教育において重要
な役割を果たす第 2, 第 3 外国語教育についても概観する。

　なお、次頁の表 1.2 のデータは、外国語能力の向上に関する検討会
(2011)、樋口他 (2010a, 2017)、大谷 (2020) に基づいている。

　さて、諸外国と日本における小学校の外国語教育の目標は、おおむね共
通しており、次のようにまとめることが可能である。
1)　外国語学習に対する興味・関心を高める。
2)　コミュニケーション能力の基礎を培う。
3)　外国文化および自国文化の理解を深める。

表 1.2 諸外国における小学校外国語教育の実施状況

項目 ＼ 国名	中　国	韓　国	台　湾	フランス
導入時期	2001 年	1997 年	2001 年	2005 年
開始学年*1	小学校 3 年	小学校 3 年	小学校 3 年（導入当初は 5 年）	小学校 1 年（2008 年から）
授業時数	●週 4 回以上 ●3, 4 年は短時間（30 分）授業中心 ●5, 6 年は短時間授業と長時間（40 分）授業。長時間授業は週 2 回以上	●3, 4 年は週 2 コマ。5, 6 年は週 3 コマ、1 コマ 40 分 *2008 年の改訂以前は、3, 4 年週 1 コマ、5, 6 年は週 2 コマ	●3, 4 年は週 1 コマ。5, 6 年は週 2 コマ、1 コマ 40 分	●年間 54 時間、1 コマ 45 分 *2008 年の改訂以前は、1〜3 年は週 1〜2 コマ、4〜6 年*2 は 1.5〜2 コマ
指導目標	●英語学習に対する興味を引き出し、積極的な学習態度の育成 ●コミュニケーション能力の基礎力の育成と、中学校段階での英語学習の基礎固め ●英語圏の文化の理解、自国文化と外国文化の違いの理解	●基本的なコミュニケーション能力の育成 ●英語学習に対する興味・関心の高揚 ●日常生活で使用する基礎的な英語を理解し、表現する能力の育成	●基本的なコミュニケーション能力の育成 ●英語学習に対する興味・関心の高揚 ●自国文化と外国文化の理解と両者の文化的差異の尊重	●基礎段階の言語使用者*3 として、理解する（聞く、読む）こと、話す（やり取り、発表）こと、書くことができる能力の育成
教　材	検定教科書およびさまざまな補助教材	国定教科書およびさまざまな市販の補助教材	検定教科書およびさまざまな補助教材（教育部審査）	（国定・検定制度なし） 市販の教科書および補助教材
指導者	専科教員。外国人教員は地域・学校によってばらつきがある	学級担任が多い。ただし、専科教員が徐々に増加。外国人教員も活用	専科教員中心。外国人教員も活用	学級担任中心。外部講師や中学校教員が指導する場合もある*4

外国語教育の目的と目標

英語以外の外国語	●特殊な学校を除き高校で選択科目として開講 ●日本語、フランス語、ドイツ語、スペイン語、ロシア語など8言語	●高校で選択必修科目として開講 ●日本語、ドイツ語、中国語、スペイン語、アラビア語など7言語	●高校で選択必修科目として開講 ●日本語、韓国語、フランス語、ドイツ語、スペイン語など15言語	●小学校で英語を含むドイツ語、イタリア語、ロシア語、ポルトガル語、アラビア語などの8言語のいずれかを第1外国語、小学6年から第2外国語、中学2年から第3外国語を履修

*1 中国、台湾の都市部では、小学校1年から実施しているところもある。

*2 フランスでは第6学年以降は中学校。

*3 EU加盟国では、CEFR（外国語の学習、教授、評価のためのヨーロッパ共通参照枠）に基づいて、国や自治体の実態に応じて指導／到達目標を設定し、外国語教育を実施している。上記のフランスの第5学年修了時の到達目標はCEFRのA1（基礎段階の言語使用者）、英検3〜5級相当レベルである。

*4 フランスでは外国語の能力が優れている学級担任が複数のクラスを担当する場合がある。

しかし、細部については以下に示すようにかなり違っている。

1) 諸外国では低学年で指導する場合も高学年で指導する場合も、外国語は教科である。

2) 諸外国の多くは我が国が外国語を導入した15〜20年以上前に外国語を本格的に導入している。

3) 諸外国の授業時数は日本と同じくらいかやや多い。

4) 学習到達目標は示さなかったが、教科書の内容から分かるように、諸外国の学習到達目標のレベルは日本と比べやや高い。とくに「読むこと」「書くこと」について差がある。［☞4章4節］

5) 諸外国では授業者は専科教員、専科教員と学級担任、および学級担任の3種類に分けられる。日本では学級担任とALTや外部講師とのTT，および学級担任単独の授業が多かったが、今後、高学年では専科教員による授業、また、担任間で得意・不得意な科目を交換して担当する交換授業も増加する可能性がある。［☞3章1節］

6) 国によっては小学校や中学校から、遅くとも高校において第2外国語を選択必修としている国が多い。また学習者に多様な外国語を学習する機会が提供されている。

以上のように、諸外国では小学校の外国語教育を重視し、本格的に取り組んでいる。我が国は我が国の考え方に基づき独自の外国語教育を展開すればよいわけであるが、諸外国の取り組みも頭の片隅に入れておきたい。

（樋口　忠彦）

学 習 課 題

1.　次の文章は、今回の学習指導要領の改訂にあたり、第 17 期中教審(2016) が 2008 年度から実施されてきた外国語活動の成果と課題をまとめた文章*である。空欄に適当な語句を書き入れよう。（語句は内容的に適切であればよい）　*筆者が一部加筆修正。

　　高学年の外国語活動により、児童の外国語学習に対する高い（　1　）、中学生の外国語学習に対する積極性の向上といった成果が認められる。一方で、① 音声中心で学んだことが、中学校の段階で音声から文字への学習に円滑に（　2　）されていない、② 国語と英語の音声の（　3　）や英語の発音と綴りの（　4　）、文構造の学習において課題がある、③　（　5　）学年は、児童の抽象的な思考力が高まる段階であり、より（　6　）な学習が求められるなどの課題がある。

2.　次の①〜④の教材を使って、言語や非言語について児童にどのような気づきを促したいですか。

　①　発音: milk　　②　語順: I like math.

　③　動物の鳴き声: bow-wow, oink oink

　④　ジェスチャー: 英語の "Me?" と日本語の「私?」と言うときのジェスチャー

📖 **参考図書**

中央教育審議会答申 (2016)「幼稚園、小学校、中学校、高等学校及び特別支援学校の学習指導要領等の改善及び必要な方策等について」.

文部科学省 (2017c)『小学校学習指導要領解説　外国語活動編』、『小学校学習指導要領解説　外国語編』.

2章 関連分野からみる外国語教育の意義と方向性

児童が母語以外の言語を学ぶにあたり、母語習得や第二言語習得の知見から言語習得の特徴を理解すること、小学校6年間で、認知的・社会的にも大きく発達する過程や特徴を理解すること、さらにはコミュニケーション能力や国際理解教育・グローバル教育のあり方などを理解することは、外国語教育を指導するさいに重要である。そこで本章では、関連する分野や領域の理論から外国語教育のあり方について示唆を得る。

1節　母語習得と第二言語習得

母語習得研究と、それをもとに1980年代以降急速に発達してきた第二言語習得研究は、外国語教育に大きな影響を及ぼしてきた。外国語学習とも深く関わるこれらの言語習得に関する理論を概観しておきたい。

1.　母語習得研究
❶　行動主義的アプローチ

行動主義的アプローチは、1920年から1950年頃まで米国心理学の主流であった行動主義の考え方に基づき、言語習得をオペラント条件づけによる言語行動の形成であると考えた。すなわち、言語習得には反復、模倣、強化の過程が不可欠であるとした。つまり、刺激と反応のメカニズムにより、文や語句を何度も模倣したり、反復したり、自分の応答に対する周囲からの訂正等により正しい行動が強化されることにより、過剰学習 (over-learning) の域に達し、文構造が無意識の習慣として自動化するようになるという考え方である。外国語教育においては、反復・模倣を用いた文型練習は重要であり、聞こえる通りに模倣したり、繰り返しをいとわない児童

の特性も生かしてチャンツ等を取り入れた指導を行いたい。しかし、意味のないドリル的な活動で機械的になったり、過度にならないように留意し、意味を中心とした活動を楽しく行うことが大切である。

❷　生得主義的アプローチ

　1960 年代には行動主義に代わり、生得主義的アプローチが主流となった。子どもは言語を獲得する能力、すなわち言語獲得装置（LAD: Language Acquisition Device）というヒトに固有な生得的言語機能を産まれつき備えているとされ、文法処理プロセスは意識的なものではなく、言語刺激に反応して生成されると考えられた。Chomsky（1957）は人間が生得的に共有する言語に関わる知識を普遍文法（UG: Universal Grammar）と呼び、UG は、個別言語に共通の性質である「原理」と、日本語と英語など個別言語間の構造上の差異を生み出す「パラメータ」からなると規定している。したがって、誕生時は初期状態でどの言語でも習得可能であるが、その後言語環境に接触し始めると数年で個別言語の文法ができあがる。そこで母語に加え、外国語を習得するさいには、児童に第二言語、例えば英語のインプットを豊富に与え、時に日本語との違いや文法の気づきを促す指導を行うことが大切であろう。また、母語の干渉についても注意が必要である。

❸　相互交渉主義的アプローチ

　1970 年代には環境からの入力を強調し、認知・社会的知識が言語習得に関わっているとするアプローチが提唱されるようになった。これは、ピアジェが提唱した認知発達モデル [☞ 3 節 1] の影響を受けている。すなわち、ある言語構造が現れるためにはその概念が発達していなければならず、言語は認識や状況、文脈との関係などから発生、発達する。幼児は外界と相互交渉をしながらまず知識の獲得を行い、発達の過程でさらなる知識や言語を獲得する。したがって、言語環境において周囲の大人との交流が大切であり、周囲の人々は幼児が理解しやすいように修正した入力（modified input）や、母親言葉などの世話人言葉（caretaker speech）を用いることが重要である。これは、易しい語彙や構造的に単純な、短い文を用いて、明瞭な発音で繰り返し、ゆっくり抑揚をつけて話すなど、第二言語を学ぶさいのフォリナー・トーク（foreigner talk）やティーチャー・トーク（teacher talk）とも共通している。

❹ 用法基盤モデル (Usage–Based Model) とアイテム学習

　母語の動詞の習得に関する Tomasello (2003) による用法基盤モデルが参考になる。2 歳児は周囲の大人が語りかける豊富なインプットを模倣しながら、動詞をアイテムごとに学ぶ (get sauce, get it など)。最初は各アイテムは独立しており、幼児は丸ごと覚えるが、やがて認知発達とともにまとまりのある言語スロットを持ち始め、抽象概念のスキーマ "X gets Y" を形成する。これは「動詞のスキーマフォーメーション」と呼ばれ、他者の意図を読み取ろうとする状況 (intention reading) で促進される。そこで、児童に場面の中で理解できるまとまりのある動詞句などの表現を何度も繰り返し導入することで、パターンに気づかせることが大切である。

❺ その他の幼児の言語習得の特徴

　❶〜❹以外の幼児の言語習得の特徴をいくつかあげてみたい。

1)　具体的な場面で、音声と意味を自然に結びつけようとする。それゆえ、新しい学習内容を導入するさいには、場面や状況、意味が分かる会話やスキットなどでまず内容を理解させることが大切である。

2)　特定の文法形態素に関して予測可能な一定の習得順序が見られる。例えば、進行形 (-ing)・複数形 (-s)・連結詞 (to be) ⇒ 助動詞・冠詞 (a, the) ⇒ 不規則動詞の過去形 ⇒ 規則動詞の過去形・3 人称単数 (-s)・所有格 ('s) といった順序である。これは、第二言語習得の場合も基本的に同じであると捉えられることもある。したがって、教材作成や指導にあたり、レディネスや言語の習得順序を意識し、話す目的や内容によっては、進行形や不規則動詞の過去形等を比較的早い時期に導入するなど、言語の習得順序についてもう少し配慮してもよいかもしれない。

3)　中間言語 (interlanguage) の段階で、過剰般化 (overgeneralization) による誤りの特徴がみられる。例えば、規則変化する動詞の過去形の作り方の規則を不規則変化をともなう動詞に当てはめ、went と言うべきところを goed と言い、その後 went に修正されるといった現象がみられる。したがって、教師が誤りを修正するときに、次のように言い直す (recast) ことで気づかせるなど、誤りの修正の仕方にも工夫が必要である。

　　S:　I swimmed.

　　T:　Oh, you swam in the swimming pool.

2. 第二言語習得研究

❶ インプット仮説

Krashen (1982) がモニター・モデルと呼んだいくつかの仮説 [☞9章1節] の一つにインプット仮説がある。彼は、インプット（入力）の質や量の重要性を指摘し、学習者が現在の中間言語のレベル (i) より一段高いレベルのインプット ($i+1$) を理解することにより、言語習得が無意識的に進められると説明している。また前後の文脈や教師の発話、言語外情報の助けにより理解が可能になる、理解可能なインプット（comprehensible input）の重要性を示している。

❷ アウトプット仮説

Swain (1985) は、学習者が目標言語をアウトプット（出力）することは、第二言語習得において不可欠であると主張し、理解可能なインプットを大量に受けることに加え、理解可能なアウトプットを産出する機会をできるだけ多く持つことが重要であるとしている。その理由として、目標言語の規則と自分が習得している言語規則の間のギャップに気づくことができる、何らかのフィードバックを得て、自分の仮説の正しさを検証し、確認・修正・棄却することができる、目標言語の構造的特徴（言語形式）について意識的・分析的に考え、意味との関係を明確に把握することができるということをあげている。

❸ インタラクション仮説

インタラクション仮説 (Long 1981) は、インプット、アウトプットのみならず、"Do you understand?" など、相互に相手の理解度を確認したり、"Sorry? What do you mean?" と明確化を要求したり、"Do you mean ...?" と相手に確認するなど、互いに意味のやり取りを行ったり、修正されたインプットを用いることで、第二言語が習得されるというものである。

❹ 社会文化理論

Vygotsky (1962) らによる社会文化理論では、学習者の認知的発達が社会的かつ文化的に形成されると考えられており、外国語学習では教室内における教員や仲間等の他者、教材等の媒介、自己内省、などによる相互行為が重要であるとされる。とくに学習者が自力で解決できる能力と、教師や仲間など他者の援助や協働により達成できる能力の2つの水準の間の範

囲を表した最近接発達領域 (ZPD: Zone of Proximal Development) や、支援のための足場かけ (scaffolding)、言語を思考しながら使用することで深い学びにつながるランゲージング (languaging) などの概念が中心となり、他者との協働の学びの中で言語は習得されると考えられる。

❺　その他の第二言語習得の特徴

　❶〜❹以外の第二言語習得の特徴をいくつかあげてみたい。

1)　学習者は、インプットからインテイク (取り込み)、インテイクからアウトプットの過程で文法や文構造などに気づき、理解した文法や文構造などを自分で考えて応用することで、自らが新たに文を生成し産出できるようになる。

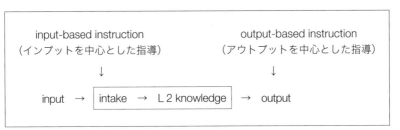

2)　文法指導においては、言語形式 (form) のみを教えるのではなく、例えば "I can ...." であれば、can が使われる場面や文脈を指導者が与えて意味を理解させながら自分ができることを言わせるなど、コミュニカティブなタスクを用いて指導を行うことが望ましい (Focus on Form)。また、Nation (2007) は、意味に焦点を当てたインプット、意味に焦点を当てたアウトプット、語彙や文法構造などの言語に焦点を当てた学習、既知の知識を駆使して英語を使う活動の 4 つが大切であるとしている。

3)　語彙などは、関連した意味を持つものをまとめて覚えると記憶に残りやすい。また、五感や身体を使ったり、情動を促すことも有効である。

4)　外国語習得の初期段階では、チャンクといった短い塊で意味を構成しているもの (例: go to school / at night) や、定型表現など場面依存度が高く、音声的に 1 つのユニットとして結合しているもので使用頻度が高いもの (例: Excuse me.) を優先して教え、習得させることが望ましい。

5)　誤りに対しては、冠詞や複数形など、局所的な誤りを細かく修正する

よりは、語順や時制など、伝達上大きな支障を及ぼす誤りを、教師が正しく言い直すことが必要である。教師は、適宜、必要に応じて確認や修正を会話の中で行い、児童に気づかせることが大切である。

6) 教師は世話人言葉などと同様に、児童が理解できるように分かりやすい平易な英語（teacher talk）を用いてやり取りすることが重要である。

2節　神経言語学と臨界期仮説

脳科学や神経言語学といった領域からも示唆を得ることができる。

1. 脳の働き

脳は右脳と左脳からできている。それぞれの働きとして、右脳は図形を読みとる能力、音楽などを聞き取る能力、全体を見る力、直感力などに優れ、芸術性・創造力に対する働きが活発である。一方、左脳は言語の読み取り、聞き取り能力、分析する力、思考力などに優れ、公式・計算・理論に基づく働きがあるとされている。また、9歳までは右脳が活発でそれ以降は左脳が右脳をしのぐと考えられている。言語中枢としては優位な左脳だが、その中でも言語産出に関わる前頭葉後部の「ブローカ野」と言語理解に関わる側頭葉の「ウェルニッケ野」の機能が認められ、両者を結ぶ神経経路である「弓状束」が、話し言葉の処理に関する連携を取っている。また、文字を読んで理解するためには「角回」や「縁上回」と呼ばれる領域が重要な役割を果たしている。しかし、話し言葉におけるイントネーショ

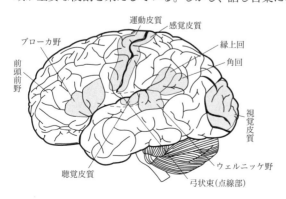

図2.1　大脳側面図

ンは右脳が関係したり、自由に話すさいは小脳の領域も働くなど、言葉は脳全体で処理されていると考えられる。

2. 臨界期仮説

　早期外国語教育の有効性を主張する理由の一つとして Lenneberg（1967）による臨界期仮説（Critical Period Hypothesis）があげられてきた。これは、2歳頃から思春期までの臨界期は脳の機能が未成熟であり、刺激に対してきわめて鋭敏で、自然な言語習得が可能であるが、臨界期以後は脳の柔軟性が低下し、自然な言語習得能力が衰えるという考え方である。しかし臨界期に関しては、16歳までに米国に到着したグループは母語話者並みの能力を身につけることができた（Birdsong & Molis 2001）といった研究結果をはじめ、臨界期以降の学習でも外国語習得は可能であるとする研究が多い。ただし、一般的には発音については臨界期が認められるとされ、米国在住の日本人を対象に英語のリスニングと発音の調査を行った結果、思春期開始期を越えると母語話者レベルに到達するのは難しいとする研究などがある（Aoyama, et al. 2008）。年齢が低ければ母語と異なる音声でも無理なく受け入れたり、英語を構造的・分析的に見るのではなく、1つの塊（チャンク）として総合的に学習することができるなどの利点があると考えられる。

　英語教育では楽しく意味ある活動で脳全体を活性化し、音楽や映像などを用いて英語の音声を導入したり、低学年は全体的処理、高学年になると分析的処理をともなう活動などを盛り込むことが大切である。あいさつなどの基本的対人伝達能力（BICS: Basic Interpersonal Communicative Skills）と、思考などをともなう認知・学習言語能力（CALP: Cognitive Academic Language Proficiency）といった言語能力モデルなども参考に、年齢に合った指導が必要であろう。

3節　発達心理学と学習者要因

1. 発達心理学

　ピアジェは、認識の発達を次の4段階に分けている。
・感覚運動期（0〜2歳）：感覚と運動が直接結びつき、表象的な知能活動

はみられない。

・前操作期 (2〜7 歳)：身体活動から思考活動への内化。ごっこ遊びのような記号的機能、表象形成、象徴活動、直感的思考が生じる。

・具体的操作期 (7〜11, 12 歳)：数や量の保存概念が成立し、事物そのものを使った思考活動が可能。可逆性を獲得し、論理的思考も行うことができる。

・形式的・抽象的操作期 (11, 12 歳以降)：形式的、抽象的操作が可能になり、仮説演繹的思考ができるようになる。

　このように、乳児、幼児、小学生、中学生以降では、言葉の学習方法や獲得の仕方が異なる。例えば、低・中学年は具体的操作期にあたり、高学年は形式的操作期にあたる。そこで、外国語教育を行うさいには、発達段階を意識した指導を行うことが望まれる。

❶　低・中学年：児童は無意識に言語に接する。教室の空間をうまく利用して、音やリズムに合わせて身体を動かしたり、"Touch your head / shoulders." など音声を聞いて即座に意味を理解し、全身を使って反応する全身反応指導法 (TPR: Total Physical Response) など、音と意味の基礎となるさまざまな体験を通して言葉を覚えたり、五感を用いた活動を心がけ取り入れる工夫をする。また、児童の全体的処理能力を活用して、"Here you are." "Thank you." といった定型表現などを導入し、その表現が使われる場面を繰り返して示しながら、児童が理解して使えるようにさせるとよい。

❷　高学年：他教科の内容と関連づけ、例えば栄養素のカロリー計算を取り入れたヘルシーランチの提案や、フィート・インチを用いて背の高さ、足のサイズを測らせたり、単数・複数形や語順を意識させるなど、既知の知識を活用しつつ言語を用いて認知的・分析的な活動を行うとよい。

2.　学習者要因

　外国語の習得には個人差があり、その要因として学習者におけるさまざまな認知・情意要因が考えられる。例えば、何歳頃から外国語に触れるかといった年齢要因や、音を捉えて記憶する力、文法規則を見つけ出す力、

パターンを発見する力、暗記力などの言語適性、知覚的な場に影響され弁別に時間がかかる場依存型とそうでない場独立型といった認知スタイルや、学習不安などが外国語の習得に影響を及ぼす。また、どのように外国語学習に取り組むかといった学習方略や動機づけも大きな要因である。学習内容に対する個人的興味等に基づき学習自体が目標となる内発的動機と、他者からの賞罰といった外的目的のために学習が手段となる外発的動機はいずれも重要であるが、1990年代頃から、Deci and Ryan (1985, 2002) らによって両者を連続体とし、自己決定性の高い動機 (主に内発的動機) が第二言語学習に寄与するとした自己決定理論が注目されている。これは自律した学習者を育成することの重要性を示唆するものであろう。また、コミュニケーションしようとする意思も大切で、エンゲージメントやグリット (grit, やり抜く力) などの非認知能力も、内発的動機や言語学習に関連していると注目されている。さらに、他者との協働的学びや対話、関わりの中で個人の理解や学習が進むと考えられており、ペアやグループなどの協働学習も大切である [☞9章3節]。

4節　コミュニケーション能力

多くの研究者の定義から、コミュニケーションとは、言語や非言語の手段を使って相手と気持ちや考え、思いなどを伝え合い、メッセージを交換することで互いに「意味」を生成することであると考えられる。そのさい、言葉は意味を伝え、気持ちを運び、人とつながる道具となり、他者とのこころの交流を通して、相手を含めた周りについての新たな発見が生まれる。したがって、生きたコミュニケーションとは意味を介在として社会や他者との結びつきを可能にし、豊かにしてくれるものである。

コミュニケーション能力については、多くの研究者が定義や構成概念を述べているが、よく引用されるのは、Canale (1983) による文法能力、談話能力、社会言語学的能力、方略的能力の4つの構成概念である [☞9章1節]。小学校における外国語教育では、ジェスチャーなどの非言語コミュニケーションを含めた方略的能力も大切にし、中学、高校と進むにつれて、文法能力や談話能力、社会言語学的能力などをより重視し、コミュニケー

ション能力を総合的に育成することが望まれる。

　また、バトラー後藤 (2021) は、デジタル時代に必要な言語コミュニケーション能力を、基礎的言語知識とその知識を自律的、社会的、創造的に使う能力であると提案しており、デジタル・リテラシーの育成と合わせて、今後考えていく必要がある。

5節　国際教育、国際理解教育、および異文化間コミュニケーション

　世界は急速にグローバル化が進み、解決しなければならない課題も山積している。日本人も地球市民の一員として共生・共存をめざし国際社会に貢献していく必要がある。国際理解教育の変遷と概要を簡単に紹介したい。

　1974 年の第 18 回ユネスコ総会で「国際理解、国際協力および国際平和のための教育ならびに人権および基本的自由についての教育勧告」（ユネスコ教育勧告）が採択された。その柱は 1) 人権の尊重、2) 文化の多様性の理解、3) 国際社会の相互依存の理解、4) コミュニケーション能力の育成、5) 環境、開発、人権、平和等の世界的な共通課題の理解、6) 教育に国際的側面および世界的視野を持たせる、などである。1994 年の第 44 回国際教育会議では、「平和、人権、民主主義のための教育宣言」が採択され、翌年には、「平和・人権・民主主義のための教育に関する包括的行動計画」が作成された。注目すべきは、ユネスコはこの行動計画において「国際理解教育」という言葉を使用せず、人類の共通課題を主な内容にする「国際教育」を包括的概念としたことである。これは、国と国とが相互に理解し合うというよりも、国を越えて地球規模で解決すべき課題を考えていこうとする方向に移ってきたことを示している。

　他方、日本では、1996 年の「第 15 期中央教育審議会答申」において「国際理解教育」推進の三本柱を、1) 異文化の理解と、異文化を尊重する態度や異なる文化を持った人々との共生のための資質や能力の育成、2) 日本人としての自己の確立、3) 外国語能力や表現力等のコミュニケーション能力の育成、とした。そして 2005 年には、「初等中等教育における国際教育推進検討会報告——国際社会を生きる人材を育成するために」において「国際理解教育」を「国際教育」と改めるとともに、三本の柱を一部改訂した

[☞5章1節]。

　最近はグローバル教育とグローバル人材育成の重要性が取り上げられている。そのさい、異なった言葉や文化的背景を持つ人々との相互理解を深めるための異文化間コミュニケーションが大切となる。なお、文化とは一定の時期に、ある特定の集団によって形成され共有される生活様式の総体系であり、価値観、思考様式などの「精神文化」、言語・非言語行動を含む「行動文化」、衣食住などの「物質文化」が含まれる。

　外国語教育で異文化を扱う目的と意義は、異文化体験をさせたり、日本と外国の言葉と文化を比較させ、相違点や共通点などに気づかせ、相違点の根底にある必然性を理解させることである。そして、異言語・異文化を認め、尊重する寛容性や忍耐力、異言語・異文化を持つ人々とコミュニケーションを図るスキルとともに、自国文化を知り、地球市民として行動できる実践的な資質や能力を身につけさせることであろう。　　**（泉　惠美子）**

学　習　課　題

1.　第二言語習得でインプットとアウトプットが重要である理由をまとめてみよう。
2.　外国語教育の関連領域で興味のある分野について調べ、小学校英語にどのようなことが生かせるかを話し合ってみよう。

📖 参考図書

樋口忠彦・金森強・國方太司（編）（2005b）『これからの小学校英語教育 ──理論と実践』研究社.

バトラー後藤裕子（2021）『デジタルで変わる子どもたち──学習・言語能力の現在と未来』筑摩書房.

❶ 児童の発達段階に即した授業づくり

　授業の成功のためには、いくつかのポイントがある。まずは、児童の発達段階に見合ったものであること。その上で、指導者は、クラスの実態や児童の個性を生かした授業づくりを行う。児童のよさを引き出せるようにと、教材開発や指導法に工夫を凝らすのである。

　私の学校でも、外国語の授業は児童たちに人気が高い。では、どんな授業が行われているのだろうか、教室をのぞいてみよう。

　低学年の教室は、とにかく元気がいい。うたやチャンツは、大きな声に身体表現も加わり、楽しそうである。指導者は、ゲームやインタビュー活動、絵本の読み聞かせといったバラエティーに富んだアクティビティを用意する。パペット（人形）に話をさせるのも、児童の意欲を高めるだろう。

　低学年の児童は、繰り返しを好む傾向がある。また、聞いた通りに発音することが得意で、英語独特のリズムやイントネーション、発音のよさに驚かされる。聞こえてくる英語を塊として意識し、日本語を介さずに理解可能な単語をつないで意味を解釈しようとしている。この姿勢を大切に育てていきたい。

　高学年の教室はどうだろう。低学年に比べて落ち着いた雰囲気である。授業の導入として、授業者と英語アシスタントが、児童もよく知っている学校行事などの話題を選んで、楽しく英語で会話する場面を設定している。

　興味深いことに、話の後半になると、それまでじっと聞いていた児童が話に参加したり、授業者の問いかけに英語で応えようとしたりする。何とか類推しようとしているのである。

　高学年の児童には、「調べてよかった」「練習したかいがあった」といった達成感や喜びを持たせることが大切である。調べ学習や国際交流活動においては、自分を地球市民の１人として意識することになるだろう。

　そして、もう１つ。日々の授業の向こうに、児童にどんなイメージを抱かせることができるかである。グッドコミュニケーターとして、世界の人々と英語でつながっていくことに自信が持てるよう、児童のあこがれや夢を育てていきたいと思う。

　　　　　　　　　　　　　　　　　　　　　　　（河合　摩香）

3章 指導者の役割、資質と研修
——よりよい指導者をめざして

外国語の授業は誰が指導すべきか。指導者はどのような課題を抱えているのか。指導者に求められる資質や能力とはどのようなものか。本章では、諸外国の現状も踏まえながら、まず日本における外国語授業の指導者と指導形態、指導者の役割について考え、次に、指導者に求められる資質や能力を明らかにする。その上で、よりよい外国語の指導者をめざすためにはどのような研修が必要か考えたい。

1節　指導者と指導形態

1．日本の現状

現在、外国語の指導者は、学級担任、専科教員、外国語指導助手（通常、ALT や AET と呼ばれる外国人指導助手、以下、ALT と呼ぶ）、交換授業担当教員（中・高英語教員免許状を持つ、あるいは英語指導が得意な他学級・他学年の担任が、英語授業が得意でない担任の得意科目と、授業科目を交換して外国語授業を担当する）、他小学校教員、中・高等学校の英語科教員、非常勤講師など多岐にわたる［☞9章4節3］。そのなかでも、担任がもっとも多く、担任以外では専科教員、ALT、交換授業担当教員が多い。指導形態としては、担任単独、専科教員単独、交換授業担当教員単独、担任と ALT、専科教員と ALT とのティームティーチング（TT）が多い。

文部科学省（2021）によると、2022 年から教科担任制による加配教員950 人を配置し、4 年間で 3,800 人程度配置する予定であるとしている。しかしながら、国内に国公立小学校が 19,000 校以上あることを考えると、この程度の加配では不十分であるため、交換授業等の工夫が必要となる。その場合、学校によっては交換授業を担当できる教員がいるとは限らないという懸念がある。ALT 等との TT については、自治体の外国語教育に関す

る教育方針や財政状況によって、毎時間行っている小学校もあれば、学期に数回程度という小学校もあり、自治体間でかなりの格差がみられる。

　さて、小学校教員の多くは、指導者は専科教員が望ましいと考えている。昨今の状況としては、学校の実態に応じて、学級担任による指導に加え、一定の英語力を有した教員による専科指導が推進されている。その経緯としては、2017年9月に公表された「新学習指導要領の円滑な実施と学校における働き方改革のための指導・運営体制の構築」（文科省）に遡る。この施策の一環として、2018年度から2020年度にかけて、小学校英語専科教員の全国的な配置の増加が図られた。この背景には教員の勤務時間の適正化や、教育の質の向上を図ることに主たるねらいがある。今後については、自治体による差はあるにしても、外国語教育での専科教員による指導は増加すると予想される。

2. 諸外国の現状

　ここで、諸外国の現状を見ていきたい。諸外国の小学校の外国語指導者は、主に専科教員もしくは担任である［☞ 1 章 5 節］。専科教員が主として担当している国や地域にはスペイン、中国、台湾等、担任が主として担当している国にはスウェーデン、ドイツ、フランス等があげられるが、後者の国々では、教員養成や研修がしっかりなされている上、TOEFL の国別スコア等が高く、担任の英語の指導力や英語力もかなり高いと考えられる。

　一方、指導者が主として担任の場合、例えば韓国のように、小学校英語教育の理論と実践、英語の知識と技能についてかなり多くの時間をかけた研修を実施し、指導者の育成に力を注いできた国が多い。その韓国でも、最近では専科教員に移行しつつある。これは、小学校外国語指導者には外国語や異文化について高度な知識や技能、指導力が要求されるからである。また、韓国や台湾では、近年、担任や専科教員に加えて外国人講師が増えてきており、その場合は、担任と外国人講師、あるいは専科教員と外国人講師の TT が多い。

3. 質の高い授業づくりをめざして

　外国語の指導者には、それぞれ強みと弱みがある。一般に、担任は小学校教育や児童理解に長けているが、英語運用能力や英語の指導力が十分でない場合が多い。一方、担任以外の指導者は、英語運用能力は高いが、小学校教育や児童理解が十分でない場合や小学校の外国語教育に対する理解や指導力が十分でない場合がある。それぞれの指導者が持つ弱みについては、それらを克服するために、各自がたとえ少しずつでも研修を重ねていくことが大切である。

　同時に、一方の指導者の弱みを他方の指導者が補完するといったことから、TT の活用が重要である。担任が英語運用能力に自信がない場合には、それを ALT や非常勤講師等が補ったり、逆に、ALT や非常勤講師等の児童理解が十分でない場合には、それを担任が補ったりして、より質の高い授業づくりをめざしたい。TT を行うことで、新しい学習内容を 2 人でデモンストレーションを行いながら導入する等、これまで単独の授業ではできなかった指導ができたり、児童と英語で対話する機会が増えたり、児童一人ひとりにより細かな指導を行ったりすることも可能となる。

2節　指導者の特徴や役割——担任、専科教員、交換授業担当教員、ALT

　現在、外国語の授業は担任単独、専科教員単独、交換授業担当教員単独、担任と ALT、専科教員と ALT で指導する場合が多い。ここでは、担任の特徴を中心に、専科教員、交換授業担当教員、ALT の特徴や役割について考えていく。

1. 担任の特徴
・当該学年の児童の発達段階の特徴や傾向をよく理解している。
・各教科や他領域の学習内容や学校行事などをよく理解している。
・学級集団としてのクラスの特徴や学級集団内の人間関係をよく理解している。
・児童一人ひとりの性格や特徴、興味・関心・ニーズなど児童の生活全般についてよく理解している。

・児童一人ひとりの各教科や領域で身につけている知識や技能および学習意欲についてよく理解している。

　このような特徴を備えた担任だからこそ、外国語の授業においても学級や児童の実態に応じた授業設計や授業展開が可能である。

　実際、授業で担任が ALT などと楽しそうにコミュニケーションを図っていると、児童は生き生きと活動に取り組んでいる。また、以前は外国語の授業に傍観者的な関わりしか持てなかった担任が授業に積極的に関わるようになったことで、児童の態度が変わり、授業が変わった例をよく目にする。ある担任から、「以前は ALT から英語を教わりたいと思う子どもたちが多かったが、担任が外国語の指導に慣れ、教室英語をスムーズに使ったり、充実した活動を準備、提供できたりするようになるにつれ、担任から教わりたいと言う子どもたちが増えてきた」といった話を耳にしたこともある。これは、英語運用能力や外国語の指導力が向上すれば、担任は指導者としてふさわしいことを示唆している。

　では、外国語を指導する担任にはどのような役割、仕事があるのだろうか。その主な内容を表 3.1 に示す。

表 3.1　担任の役割、仕事

〈日々、研究・研鑽すべきこと〉
　外国語の授業のあり方についての研究、教材研究、指導法や指導技術についての研究、評価方法についての研究など
〈年度初めまでにすべきこと〉
　学校および各学年の外国語指導目標、領域別目標、年間指導計画の作成など
　＊全教職員や同学年の他のクラスの教員と協力して決めることもある。
〈新しい単元の学習が始まるまでにすべきこと〉
　単元の指導目標、領域別目標、指導計画の作成など
〈授業を行うにあたりすべきこと〉
授業前：教材研究、学習指導案の作成、教材・教具の準備、ワークシート、振り返りカードの作成など
授業中：コミュニケーターとしての英語のモデルかつ英語学習者としてのモデルの提示、支持的な学習環境の醸成、児童の授業への積

> 　　　極的参加の促進、児童観察、質問や声掛け、理解度の確認など
> 授業後: 授業の振り返り、評価など

2. 専科教員、交換授業担当教員、ALT の特徴

　専科教員や交換授業担当教員は、学級担任に比べ、英語に堪能である。よって、児童の学びの高度化が期待できる。授業では、何よりも英語話者、英語コミュニケーターとしてのモデルを示すことが求められる。言い換えれば、目的や場面、状況に応じて、英語を自然に正しく使う力、児童の発話に対して即興的に英語を使って対応できる力、児童が理解できる英語を選んで使うことができる力、英語の正しい発音や強勢・リズム・イントネーションを意識した発話やそれらを指導する力、などを備えておく必要がある。また、外国語に関する知識や実践力 (授業計画の立案、教材の発掘や開発、適正な評価等ができる知識や実践力など [☞表3.2]) を有しておく必要がある。

　一方、ALT には、英語の正しい語句、表現、文や発音のモデルを示したり、会話の相手役を務めたり、異文化に関する情報を提供したりすることが求められる。

　それぞれの指導者が、自身の特徴を生かすことで、より充実した授業の展開、児童の主体的な授業参加を促すことへとつなげることができる。

3節　指導者に求められる資質と能力

　外国語教育の目標を達成するために実りある授業を展開するには、指導者はどのような資質や能力を身につけておく必要があるのだろうか。

　諸外国では、小学校外国語教育を導入するにあたり、指導者の資質や能力の向上を目的とするさまざまな施策がとられてきた。例えば、台湾では小学校英語教育の導入期には、小学校英語教員採用認証試験が行われた。受験者のほとんどは民間人で、1 次試験は筆記とリスニング試験、2 次試験は口頭での英語運用能力が試されたが、それらに合格した者には 360 時間の研修が課せられた。その内訳は「英語技能 (発音、文法、会話、等)」

に関する研修が240時間、「英語指導（教材論、教授法、評価論、等）」に関する研修が120時間であった。現在は、師範大学や教員研修センター等による研修、大学主催のインターネットを活用した研修、国による海外派遣等が実施されている。

　韓国では、導入期には「基礎コース」および「上級コース」の研修を実施し、基礎コースでは120時間の研修（英会話58時間、理論12時間、指導法15時間、実践例16時間、実習15時間、その他4時間）、上級コースでは125時間の研修（英会話78時間、理論と実践に関わる講義、演習47時間）が実施された。その後は小・中・高の英語指導者を対象に国内研修、国外研修を実施するなど、指導者の資質や能力の向上に努めている。

　そもそも指導者には、「指導者の人格的特性（感受性、受容性、共感性、柔軟性、等）」「児童を観察する能力」「支持的な学習環境を醸成する能力」「学級運営を発展、維持する能力」等、教育全般に関する資質や能力が求められることは言うまでもない。それに加えて、外国語を指導するにあたっては、とくに「外国語に関する知識や実践力」「英語運用能力」および「外国語教育関連分野についての知識」が必要となる。文科省が2015年に公表した「英語教育の抜本的強化のイメージ」において、高学年では、「学級担任が専門性を高め指導、併せて専科指導を行う教員を活用、ALT等を一層積極的に活用」とあるように、教科型の英語教育にはかなりの「専門性」を求めている。

　先述した台湾や韓国の研修内容、および今後の大学での教員養成課程で指導者が身につけるべき能力や資質を提言した文科省委託事業『英語教育の英語力・指導力強化のための調査研究事業――平成28年度報告書』（東京学芸大学2017）を参照しながら、小学校の外国語指導者に必要な知識や能力についてまとめると、次頁の表3.2の通りである。

　ただし、この表に示す項目以外に、指導者には児童や学校の多様性について理解し、適切に対応する知識や実践力を有しておくことが求められる。児童の多様性については、ユニバーサルデザインを基調とした授業のあり方、発達障害を持つ児童への指導など、学校の多様性については、複式学級、僻地や離島などの学校における外国語教育のあり方などについての見識を深めておく必要がある。

表 3.2　小学校の外国語指導者に必要な資質や能力

〈外国語指導に関する知識や実践力〉

① 小学校外国語教育の意義や目的論について理解している［☞ 1 章］。

② 指導目標や領域別目標を作成し、その目標に則して年間指導計画や学習指導案の作成ができる［☞ 5 章、12 章］。

③ ICT 等を効果的に活用したり、既製の教材を児童の実態に合った教材に改良、改善したりすることができる。また、教材を発掘したり、教材開発をしたりできる［☞ 7 章、8 章、10 章］。

④ 指導法や指導技術についての知識やスキルを備えている。また、それらを児童の実態に合わせて改良、改善することができる［☞ 6～9 章］。

⑤ ALT 等との TT による指導のあり方を理解し、担任の果たす役割について理解できる［☞ 3 章］。

⑥ 評価についての知識と実践力を備えている［☞ 11 章］。

⑦ 小・中・高等学校との連携のあり方、またその中での小学校の果たす役割を理解し、指導に生かすことができる［☞ 14 章］。

〈英語運用能力〉

・音声、語彙、文法、言語の働き等について、知識・理解レベルでは少なくとも高校卒業程度の英語を身につけており、運用レベルでは少なくとも中学卒業程度の英語をある程度使いこなすことができる。

・授業で扱う英語表現を正しく使うことができる。

・発音や強勢・リズム・イントネーションを意識した発話ができる。

・身近な話題や日常生活について簡単な会話ができる。

・身近な話題や日常生活についてあらかじめ原稿を作成、準備して small talk ができる。

・児童の発話や行動に対する適切な言い直しや、児童の理解に合わせた適切な言い換えができる。

・児童の発話や行動に対する即興的な反応ができる。

・感情を込めて絵本の読み聞かせができる。

・教室英語を流暢に使うことができる［☞ 資料①］。

・簡単な英語を使って、ALT と授業の打ち合わせができる。

〈初等外国語教育関連分野についての知識〉

　母語習得、第二言語習得、国際理解教育、異文化間コミュニケーション、発達心理学などの関連分野の基礎的な知識を備えている［☞ 2 章］。

4節　よりよい指導者をめざす

　よりよい指導者をめざすには、研修時間の確保や参加費、交通費の負担等に難しい面はあるが、指導者自らが外国語教育に関する研鑽を重ねることが必要である。そのためには、自己研修や校内研修に主体的に取り組んだり、都道府県や市町村の教育委員会および教育センター、大学、学会、NPO 法人や民間の組織が主催する外部機関による研修に積極的に参加したりすることである。以下、それぞれの研修の特徴や研修の進め方を簡潔に示したい。

1.　自己研修

　外国語を指導するにあたり、指導者は英語母語話者のように英語を流暢に話す必要はないが、「知識・理解レベルでは少なくとも高校卒業程度の英語を身につけており、運用レベルでは少なくとも中学卒業程度の英語をある程度使いこなすことができる」（表 3.2）ことが望ましい。このレベルに達していない場合、毎日 15〜20 分程度でよいので英語学習の時間に充てるようにしたい。これが難しければ、時間のある日に多くの時間をとり、集中的に自身の英語学習に努めてほしい。

　英語学習には多様な方法があるが、まずは、『小学校外国語活動・外国語研修ガイドブック』（文科省 2017a）を利用し、同書で扱われている表現、語彙、教室英語等の習得に励み、その後は、中学校英語検定教科書の第 1 学年から第 3 学年までの内容を順に学習していくとよいだろう。市販教材を使用する場合は、自分のレベルより少しばかり高めの教材を使って学習するのがよい。いずれの教材を使って学習するにせよ、学習方法としては次のような手順が考えられる。

Step 1:　ある程度まとまった英語の文章を CD 等で聞き、概要を把握する。
Step 2:　同じ文章を文字で確認しながら内容理解を行う。
Step 3:　同じ文章を文字を見ずに再び聞く。
Step 4:　繰り返し音読練習をする。
Step 5:　表現や単語をノートに整理する。

> Step 6: 学習した表現や単語は、日々の授業や ALT との打ち合わせ等で使うように心がける。

　とりわけ、近年の言語習得研究では、語彙や表現、文法、英語の音声的特徴等の習得において効果が実証されている音読をしっかり行いたい。音読するさいには、音源の英文を一文ずつポーズを置きながら丁寧に繰り返すのもよいし、慣れてきたら、英文を一文ずつ音読（あるいは黙読）した後に、テキストから目を離し誰かに話しかけるつもりでその英文を言ってみるのもよいだろう。また、音源の英文を後から追いかけるように言ってみることも効果的であろう。音読で大切なことは、英文に気持ちを込めて語るように読んでいくことである。

　加えて、日々の授業や ALT との打ち合わせの中で意識的に英語を使うように努めることである。つまり、「使いながら学習すること（Learn as you use.）」を心がける。毎回少しずつでも使う英語を増やしていけば、1 年後には使える英語の量もかなり増え、授業でも自然と英語で指示を出したり、英語を使って楽しく活動したりしている自分に気づくことであろう。

　表現や単語学習には、独自の表現集・単語集を作ることを勧めたい。筆者は学生時代から今日に至るまで独自の表現集・単語集を作り続けている。今では合わせて 50 冊以上にもなり、筆者の宝物である。学習過程で出くわしたり、ALT 等から学んだ表現や単語、教室英語で役に立ちそうなものは、そのつど表現集・単語集に書きとめ、覚えていくようにしよう。

　英語力の向上に加えて、小学校英語教育の本質についても理解しておく必要がある。そのためには、章末に参考図書としてあげた概論的な書籍を購入し、必要な章から読んでいくとよい。概論書を読んで関心を持った課題や、日々の授業で感じている疑問や悩みがあれば、次の段階として、校内研修会などで課題解決を図りたい。

2.　校内研修会

　日本における外国語教育は必修化されて日が浅いため、外国語の指導に疑問、悩み、不安を感じている指導者が少なくない。したがって、少なくとも学期に 1 回は校内研修会を開催し、互いに勉強し合い、より充実した

授業づくりをめざしたい。校内研修では、英語を指導する担当教員のみが
関わるのではなく、全教職員が当事者意識を持って、自主的に研修してい
くことが求められる。授業研究を実施するさいにも、他学年や他クラスの
教員も学習指導案作成に関わったり、TT のかたちで教壇に立ったり、全
教職員がともに自校の外国語教育を創り上げていこうとする姿勢を持つこ
とが大切である。

　校内研修会は、基本的には「指導力」と「英語運用能力」の向上をめざ
す内容とする。研修内容としては、以下の事項があげられる。

● 指導力向上に関する内容
　外国語教育の理念・目的の理解、指導目標、領域別目標や年間指導
　計画、学習指導案の作成、指導法・指導技術の研究、絵カード、絵
　本、ICT などの教材・教具の活用、改善と開発、評価方法の研究、
　TT の進め方、等
● 英語運用能力向上に関する内容
　教室英語、発音、語彙、表現の知識・技能、会話力の向上

　講師については、自校の専科教員や英語担当教員等が担当したり、とき
には、内容に応じて外部から専門家や指導主事、ALT 等に依頼したりする
ことも考えたい。

3. 外部機関による研修会

　外部機関による研修は実に多様であるが、指導者のニーズや研修目的に
応じて参加することが大切である。

❶　文科省による研修

　2014 年度より 2018 年度までは文科省による「英語教育推進リーダー中
央研修」が実施され、模擬授業、教室英語、絵本の活用法や文字指導など
の指導法や指導技術に関する研修が行われた。現在は、文科省が独自作成
した外国語活動・外国語科の授業動画（例えば、題材の導入、small talk の
進め方など）を Web 上にて配信している。加えて、民間業者（Gakken）と

共同して「(文科省受託事業) 先導的なオンライン研修」や「小学校外国語指導スキルアップ講座」(下記❺参照) も提供している。

❷ 教育委員会や教育センター主催の研修会

　各自治体では、独自の研修が実施されている。研修の実態はさまざまであるが、平均的な取り組みとしては、年数回の研修講座を開設し、希望者が参加できるようになっている。

　他方、外国語教育に力を入れて取り組んでいる自治体は、年間にわたって継続的に研修を組み、教員がいつでも研修に参加できるシステムを構築している。さらに、指導力、英語運用能力向上のための研修内容を Web サイトで公開したり、音声に関するクリニック講座を e ラーニングで開設したりするなど、インターネットを活用して研修を実施している自治体もある。物理的に実地研修に参加できない教員にとって、これらは自宅で研修できるため、非常に有益である。

❸ 大学主催の研修会や講習会

　国公立、私立の教員養成大学や学部を中心とする研修会では、一般に小学校英語に関する理論、指導法や指導技術、教材・教具の開発、評価、発音や表現の指導、教室英語等に関する内容が取り上げられ、理論と実践を融合した総合的な研修となっている。主に大学教員が理論に関する講義を行い、外国人講師が発音や表現の英語指導を行う。さらに授業実践に関する内容については、児童に英語を指導している実践者が担当することが多い。これらの研修は 1〜3 日で集中的に提供される場合が多い。費用は無料の研修もあれば、1 回につき数千円かかるものもある。

　加えて、小学校英語指導者の確保のための施策として、2016 年度より「小学校英語教科化に向けた専門性向上のための講習の開発・実施事業」(文科省) が始まり、小学校の現職教員が中学校教諭二種免許状 (外国語・英語) を取得するための「免許法認定講習」が開始されている。ここでは小学校英語に関する、より充実した専門的な指導や小・中・高を見据えた学びの指導ができる人材の育成をめざしている。

❹　学会主催の研修会

　我が国の小学校英語教育関連の代表的な学会には、日本児童英語教育学会（JASTEC）と小学校英語教育学会（JES）がある。これらの学会の研修会では、映像を通して授業研究を行ったり、参加者を児童に見立てて模擬授業を行ったりしている。また、指導法、評価、言語習得などに関する講義を実施したり、うた・チャンツ、ゲーム、コミュニケーション活動、絵本の読み聞かせなどのワークショップを行ったりと、多様な内容を提供している。開催時期については、夏休みを中心に長期休暇中に実施されることが多い。日程、内容、費用については、JASTEC や JES など各学会のホームページに掲載されている。

❺　NPO 法人および民間主催の研修会

　NPO 法人および民間主催の研修会では、フォニックスの指導、うた・チャンツ、絵本の指導、音あそびやアルファベットの指導、国際理解の指導など、それぞれの団体が得意とする分野を中心に各団体発行の教材・教具を使いながら、主に実践的な研修が行われている。また、受講者に受講修了認定証を与える場合が少なくないが、これらの研修を受講する場合は、高額の受講料が発生することがある。なお、主な NPO 法人としては、小学校英語支援協会や小学校英語指導者認定協議会などがある。

　昨今では、民間業者「Gakken」によるオンライン研修もある。この研修は、「小学校外国語指導スキルアップ講座」という講座名で、2021 年度より開始されたものである。講座内容としては、指導モデルとなる小学校教員の授業動画と大学教授等の有識者の解説を組み合わせた動画講座（「5 領域における言語活動」「言語活動を意識した Small Talk」「第二言語習得に基づいた活動の理解」など 40 講座）、英語力向上を目的とした外国人講師とのマンツーマンのオンライン英会話（20 回）、動画講座の内容をさらに深化させたり、また受講者同士の実践事例や情報交換を図ったりすることを目的としたオンラインセミナー等が含まれている。

　よりよい指導者をめざすためには、指導者は主体的に自己研修を行ったり、各種研修会に参加したりしながら、外国語の授業を行うために必要な

資質や能力を向上させる必要がある。しかし、各種研修会への参加を希望しても、諸々の理由で参加することが難しい場合が少なくない。したがって、各自治体や小学校は、外部研修の参加を希望する意欲ある教員が無理なく参加できるためのサポート体制を十分確立する必要がある。このような意欲ある教員の研修での学びが、将来的には各自治体や自校の財産となり、日々のより充実した外国語の授業として具現化されるのである。

（加賀田　哲也）

学　習　課　題

1. 外国語の授業における担任の役割をまとめてみよう。また、本章であげた以外の役割があるかも考えてみよう。
2. 自分たちの英語力を向上させるにはどのような学習方法が考えられるか、グループで話し合ってみよう。

📖 参考図書

東京学芸大学 (2017)『英語教員の英語力・指導力強化のための調査研究事業——平成 28 年度報告書』.

樋口忠彦・泉惠美子・加賀田哲也 (編著) (2019)『小学校英語内容論入門』研究社.

樋口忠彦 (監修)、泉惠美子・加賀田哲也・國方太司 (編) (2021)『「深い学び」を促す小学校英語授業の進め方』教育出版.

❷ 指導者に求められる資質と能力──ファシリテーターとしての教師

　長年、中学校の英語科教員として勤務した筆者が小学校勤務となり、初めて小学校で英語を担当したときのことである。昔取った杵柄を頼りに、中学校で行っていたような"楽しい"授業を進めたが、どうも児童が乗ってこない。しまいには大きなあくびをして「先生つまんない！」と言い始める始末。「中学校ではこれで授業が成立したはずなのに？」これが筆者と小学校英語との出会いであった。以来、試行錯誤を続け、明らかになったことは"小学生は体験を通じて学ぶ"という原則であった。

　社会科で奈良の大仏の大きさについて学んだ。新聞紙をつなぎ合わせ、大仏の手のひらを描き、その大きさを体感する活動を行った。授業後の感想にも、児童は「大仏の大きさについて学ぶことができた」と書いていた。しかし、秋の修学旅行後に書かせた作文に、ある児童がこんな感想を書いていた。「大仏の鼻の穴と同じ大きさの木の穴をくぐって、やっと、大仏の大きさを感じることができました」児童は、大仏の鼻の穴くぐりを通して、"やっと"大仏の大きさを体験的に学んだのである。

　小学校の教師は、このような児童の「学びの質」をよく理解し、発達段階に応じて指導法を巧みに使い分ける必要がある。英語の授業を考えるさいも、同様である。児童が体験を通じて英語を学べるよう場面設定をしたり、他教科との関連を考えて単元構成をしたりする能力が要求される。

　例えば、家庭科の「食品の栄養素とその働き」の学習と結びつけ、英語でランチメニューづくりを行う。3つの食品群をバランスよく取り入れ、友だちや家族のために理想のランチメニューを作る活動を行う。

　また、図工の時間に紙ねんど等を使い、各自が考えたメニューを食品サンプルに仕上げる。1つの学びを、他教科の学びや活動に結びつけ、立体的な学びを構成することが可能になる。

　小学校の教育は児童の全人的な発達をめざして行われるものであり、指導者は児童の発達段階、教科や教材の特性を十分理解し、学びの糸を織り上げるファシリテーターとしての能力が期待される。

（加藤　拓由）

41

指導者の役割、資質と研修

4章 教材の構成と内容

　　教材には、文字媒体による教科書、ワークブック、問題集など、音
声媒体による CD, DVD などがあるが、昨今では、文字、音声、動画
など複数のメディアを統合したマルチメディア教材が増えている。し
かし、教材の中でもっとも中心的な役割を果たすのは、やはりテキス
ト（教科書）である。この章では、日本、そして韓国、台湾の小学校
の英語授業で使用されているテキストの構成や内容について考える。

1節　教材の役割と使用法

　一般に、授業はテキストを中心とする教材を媒介にして、指導者、学習
者、教材が三位一体となって展開されると言われるが、教材は、指導者に
とっては「教授のための素材」となり、学習者にとっては「学習のための
材料」となる。したがって、教材によって指導および学習の効果は大きく
左右されることになる。

　また、指導、学習の効果を高めるためには、指導者は目の前にいる学習
者の発達段階や学習段階を考慮しながら、教材に盛り込まれているすべて
の内容を機械的に一様に扱うのではなく、取捨選択や重みづけをすること
が必要となる。さらに、自主作成教材や補助教材を使用したりしながら、
教材を創造的に使用することも必要である。したがって、テキストを使用
する場合には、単に「テキストを教える」ことにとどまらず、「テキストで
教える」といった心構えが大切となる。

2節　教材・テキスト作成の基本方針

　テキストなどの教材を作成する場合、学習者に身につけさせたい知識、

技能や態度を効果的かつ無理なく学習させるために、どのような内容（教育内容）を、どのような方法（教育方法）で学習させるかという基本方針——シラバスをまず考えなければならない。

　以下、外国語教育の教材の骨格を形成する代表的なシラバスについて簡単に紹介する。

1.　文法・構造シラバス

　文法・構造シラバスでは、目標言語の難易度や使用頻度などによって、文法事項や語彙の選択、配列が決定される。例えば、日本の多くの中学校検定教科書では、be 動詞から一般動詞へ、肯定文から疑問文、否定文へ、一般疑問文から特別疑問文へと配列されていることが多い。日本ではなじみの深いシラバスであるが、言葉の使用場面や働きに対する配慮が不十分であるという反省から、最近では、こうした側面に配慮したシラバスが多い。

2.　題材（話題・場面）シラバス

　題材シラバスでは、「好きな食べ物」「将来つきたい職業」「日本文化の紹介」など学習者にとって興味・関心のある話題や、「買い物」「レストラン」「道案内」など学習者が日常生活で体験しそうな言語の使用場面に重点が置かれ、これらの話題や場面の展開に必要な表現や語彙が選択される。したがって、教材で扱う話題や場面は、当該教材で学習する学習者の興味・関心や生活体験に基づくものを設定することが必要である。なお、題材シラバスは「話題シラバス」や「場面シラバス」として、ふつう、それぞれ独立したシラバスとして扱われるが、昨今、この 2 つのシラバスが併用される場合が多いことから、ここでは「題材（話題・場面）シラバス」と呼ぶ。

3.　概念・機能シラバス

　概念・機能シラバスでは、「時間」「量」「頻度」「位置」などの概念や、「あいさつをする」「気持ちを伝える」「相手の行動を促す」など、どのような伝達目的のために言語を使うかといった言葉の持つ機能に基づいて表現や語彙が決定される。このような概念や機能は、日常のコミュニケーション場面において頻繁に用いられる。よって、これらの表現に習熟しておく

ことはコミュニケーション能力の育成には不可欠である。しかしながら、ある特定の概念や機能を表すにはさまざまな表現があるため、学習者の発達段階や学習段階を十分考慮した上で、表現などの選択、配列を行うことが必要となる。

4. タスクシラバス

タスクとは「課題」を意味し、タスク活動とは「特定の課題を達成するために行う活動」を言う。したがって、タスクシラバスでは課題達成に至る学習プロセスを重視し、与えられた課題を情報交換しながら解決するために必要な表現や語彙が決定される。小学校の外国語の授業でよく取り上げられるタスクには、「栄養のバランスを考えながら、友だちのためにスペシャル・ランチを作ろう」「500円の予算で修学旅行に持っていくおやつの買い物をしよう」「グループごとに行きたい国を決め、その国の魅力について紹介しよう」などがある。学習者はこのような課題解決的な活動に興味・関心を示し積極的に参加するが、英語力が制限されていることが多いため、課題設定には十分配慮する必要がある。

以上、外国語教育の教材の代表的なシラバスについて見てきたが、外国語教育の目標は単一ではなくいくつかの目標からなっている。またそれぞれのシラバスには長所と短所がある。このため、教材の多くは特定のシラバスではなく、複数のシラバスを組み合わせた「複合型シラバス」に基づいて作成されているのが実情である。

3節　日本で使用されるテキストの構成と内容

文部科学省（以下、文科省）が学習指導要領に基づいて作成し、2018年度に配布された中学年用教材 *Let's Try!* および高学年用教材 *We Can!* は、同省作成の「年間指導計画例」を見ると、「複合型シラバス」に基づき作成されていると言える。

以下、上述の「年間指導計画例」に基づき、中学年および高学年における主な単元名、表現や語彙、活動などを概観する。*Let's Try!* は今後も中学

年で使用されるが、高学年では 2020 年度から検定教科書が使用されている。ただし、各検定教科書の基盤となっているのが *We Can!* であることから、ここでは、*Let's Try!, We Can!* の構成と内容、および第 3 学年から第 6 学年の「年間指導計画例」の一部を 51–54 頁の表 4.1〜4.4 に記す。

1. 第 3・4 学年外国語活動: *Let's Try!* の構成と内容

❶ 単元名

Let's Try! は前身のテキストである *Hi, friends!* 同様、"I–You" の世界に基づく単元構成であり、*Hi, friends!* で扱われている単元との重なりが多い。

3 年生:「数えてあそぼう」「すきなものをつたえよう」「アルファベットとなかよし」「これなあに?」「きみはだれ?」など

4 年生:「世界のいろいろなことばであいさつをしよう」「今、何時?」「アルファベットで文字遊びをしよう」「ほしいものは何かな」「お気に入りの場所をしょうかいしよう」「ぼく・わたしの一日」など

❷ 表 現

各単元の題材に沿った言語の使用場面(「挨拶」「自己紹介」「買い物」など)において、「コミュニケーションを円滑にする ("Hi.", "Yes." など)」「気持ちを伝える ("Thank you.", "Good." など)」「事実・情報を伝える ("It is ….", "I wake up at …." など)」といった言語の働きに配慮した表現が扱われている。

〈3 年生〉

・How many (apples)?—Ten apples.

・Do you like blue?—Yes, I do. / No, I don't.

・What do you want?—A star, please.

・What's this?—It's a melon.

・Who are you?—I'm a dog.　など

〈4 年生〉

・What time is it?—It's 8:30.

・What do you want?—I want potatoes, please.

・Do you have a 'b'?—Sorry. Try again.

・Go straight. Turn right.

・I wake up at 6:00.　など

❸ 語　彙

3年生：「気持ち（sleepy, tired, sad など）」「文具（pencil, eraser, ruler な
ど）」「色（red, blue, green など）」「スポーツ（soccer, tennis, baseball な
ど）」「食べ物（hamburger, pizza, spaghetti など）」「形（square, rectangle,
heart など）」「昆虫（dragonfly, grasshopper, spider など）」「体の部位
（head, eyes, ears など）」ほか、合計 195 語

4年生：「動詞（stand, turn, walk など）」「生活時間（wake up / bath / study
time など）」「衣類（T-shirt, shorts, sweater など）」「身の回りの物（glue
stick, chair, clock など）」「学校・教室（science room, teachers' office,
library など）」「日課（wash my face, leave my house, do my homework
など）」「野菜（mushroom, watermelon, cabbage など）」ほか、合計 150
語

＊*Let's Try! 1, 2, We Can! 1, 2* の語彙数の合計は、各教材の『指導編』の
各ユニットの新出言語材料の語彙数を合計したもので、中村（2019）
に基づいている。

❹ 活　動

各単元の活動には、Let's Watch and Think, Let's Sing, Let's Chant, Let's
Listen, Let's Play, Activity などがある。（なお、それぞれの活動内容につい
ては、本節 2. の「❹活動」を参照）。

❺ 読むこと・書くこと

3年生の Unit 6 でアルファベットの活字体の大文字を識別し、文字の読
み方に慣れ親しむ、4年生の Unit 6 で活字体の小文字を識別し、文字の読
み方に慣れ親しむことが求められている。中学年では、アルファベットを
書くことは求められていない。

2. 第 5・6 学年外国語： *We Can!* の構成と内容

❶ 単元名

Hi, friends! は、もっぱら "I–You" の世界に基づく単元で構成されていた
が、*We Can!* では第三者を紹介したり、過去の出来事を表現したりすると
いった単元がある。

5年生：「行事・誕生日」「学校生活・教科・職業」「一日の生活」「行っ

てみたい国や地域」「位置と場所」「あこがれの人」など

6年生：「日本の文化」「自分たちの町・地域」「夏休みの思い出」「オリンピック・パラリンピック」「小学校生活・思い出」「中学校生活・部活動」など

❷ 表　現

各単元の題材に沿った言語の使用場面（「家庭での生活」「学校での学習や活動」「地域の行事」など）において、「コミュニケーションを円滑にする（"Excuse me.", "Oh." など）」「気持ちを伝える（"Thanks.", "I'm sorry." など）」「事実・情報を伝える（"This is ....", "She is ...." など）」といった言語の働きに配慮した表現が扱われている。また、"get up", "look at" などの連語や、"I see.", "You're welcome." などの慣用表現、3人称単数代名詞（主格）、動名詞、過去形（be動詞、規則動詞、不規則動詞）を扱った表現がみられる。

〈5年生〉

・Can you sing well?—Yes, I can.

・Where do you want to go?—I want to go to Italy.

　Why?—I want to see the Colosseum.

・Where is the gas station?—Go straight for two blocks. Turn left.

・Where is the treasure?—It's under the bed.

・What would you like?—I'd like spaghetti.

・She is good at cooking.　など

〈6年生〉

・What subject do you like?—I like English.

・She is [famous / great].

・We can enjoy jogging.

・We [went to Kyoto / ate Japanese foods / saw the blue sea]. It was fun.

・What do you want to be?—I want to be a pianist.

・What club do you want to join?—I want to join the soccer club.　など

❸ 語　彙

5年生：「状態・気持ち（friendly, kind, funny など）」「頻度（always, sometimes, never など）」「教科（Japanese, math, social studies など）」「動詞

（swim, ride, run など）」「お手伝い（wash the dishes, set the table, walk my dog など）」「施設や建物（station, post office, hospital など）」「家族（father, mother, sister など）」「職業（police officer, doctor, florist など）」「飲食物（curry and rice, French fries, green tea など）」ほか、合計 214 語

6年生：「味覚（sweet, bitter, sour など）」「日本の行事（star festival, snow festival など）」「施設と建物（amusement park, aquarium, library など）」「動詞の過去形（went, ate, was など）」「自然（beach, river, lake など）」「学校行事（sports festival, drama festival, graduation ceremony など）」「職業（astronaut, comedian, farmer など）」「動作（fishing, playing, reading など）」ほか、合計 110 語

❹ 活　動

　各単元の活動には、Let's Watch and Think, Let's Chant, Let's Listen, Let's Play, Sounds and Letters, Let's Talk, Let's Read and Write, Let's Read and Watch, Activity, STORY TIME, Jingle, Let's Sing などがある。これらは、児童に言語や文化について気づきを促したり、設定された言語材料の意味を推測したり使ったりできるようにしながら、「聞く」「読む」「話す（やり取り）」「話す（発表）」「書く」の4技能5領域の能力を育成することをねらいとしている。ここでは、6年生の Unit 1「自己紹介」を例に、各活動の具体例を見ていく。この Unit のねらいは「① 自己紹介に関する表現や好きなこと、できることなどを聞いたり言ったりすることができる、② 自己紹介で自分の好きなことやできることなどについて伝え合う、③ 他者に配慮しながら、好きなことやできることなどについて伝え合おうとする」である。

　以下、本単元における各活動のねらいと具体例を示す。

●**Let's Watch and Think**：映像を見ながら英語でまとまりのある話を聞き、英語の意味を推測したり話の概要を捉えたり、聞き取った内容に関する質問に答えたりする。この Unit では、世界の国々の子どもたちの自己紹介の映像から、必要な情報を聞き取り、授業者の質問に児童が答えたりする。

●**Let's Chant**：英語の語彙や表現、リズムやイントネーションに自然に

慣れ親しむ。この Unit では、これまでの学習内容である誕生日や can を使った表現を繰り返し聞かせたり言ったりする。

●**Let's Listen**: 英語の音声を聞いて、その概要を捉えたり必要な情報を聞き取ったり、質問に答えたりする。この Unit では、指導者の自己紹介を聞き、分かったことを紙面空欄に記入したりする。

●**Let's Play**: 英語の音声を繰り返し聞いたり言ったりして、段階的に使えるようにする。この Unit では、自分の好きなものをグループで言ったり聞き取ったりする。

●**Sounds and Letters**: ページ下部に、活字体の小文字と、その文字で始まったりその文字を含んだりする語のイラストが掲載されており (a〜z)、これらの単語を発音したり、制限時間内にその音で始まる単語を言ったり、4 線上に書いたりすることで、それぞれの文字の音とその音から始まる英語に慣れ親しむ。この Unit では、/b/ baseball, birthday; /k/ cat, corn があげられている。

●**Let's Talk**: Activity のための橋渡しとして、主として自分のことについて考えて言ったりする。この Unit では、紙面空欄に自分の好きな色や誕生日などを記入し、それをもとにペアで自己紹介を行う。

●**Activity**: 本単元で学習した表現や既習の表現などを使って、友だちと自分の思いや考えを伝え合ってコミュニケーションを図る。この Unit では 8 文からなる自己紹介のモデルとなる例文の音声を聞き、その後、この 8 文中のいくつかの空所を補充しながら自己紹介を行う。

●**Let's Read and Write**: ワークシートに語順を意識しながら、音声で十分に慣れ親しんだ簡単な語句や基本的な表現を書き写したり、友だちが書いた文を読んだりする。この Unit では音声教材の後について Activity で用いられた例文を言い、その後、ワークシートに自己紹介の例文 (8 文) を書き写す。

●**STORY TIME**: 英語の自然な音声を繰り返し聞き、その意味を絵を手掛かりに推測したり、文字と結びつけたり、単語や文、語順などの認識を深めたりする。また、同じ韻を踏む単語を続けて聞くことで、文字と発音の関係に気づくように促す。この Unit では本単元で行った自分たちの自己紹介と比べながら、主人公 Kazu の自己紹介 (6 文) を聞く。また

cat, pat, hat など -at のライム（rime）を聞くことで、文字（at）と発音（/æt/）の関係に気づくとともに、音が続く楽しさを味わうように促す。

なお、Unit 1 では Let's Read and Watch は取り上げられていないが、ここでは英文を読んで理解した後、その英文が話されている映像資料を視聴して内容を確認することがねらいとされている。

❺　読むこと・書くこと

5 年生では活字体の大文字・小文字を識別し、正しく書くことができたり、文字の音（アブクド読み：A＝/æ/, B＝/b/, C＝/k/... など）に慣れ親しみ、活字体の文字の音を読んだり、簡単な英語を書いたりする。また、メニューなどによる視覚情報をともなう語句を読み、必要な情報を得たり、簡単な語句や基本的な表現を書き写す。6 年生では、音声で十分慣れ親しんだ簡単な語句や基本的な表現を推測しながら読んだり、例文を参考にしながら、それらを書き写したり、簡単な語句や基本的な表現の例から選んで、書いたりする。そのさい、語順を意識したり、符号の用い方、語と語の区切りに注意したりして書くことが求められている。

❻　国際理解

主に、Let's Watch and Think で扱われている。世界の行事や食べ物、スポーツ、外国の子どもたちの学校生活や日常生活、外国の子どもたちの将来の夢などがデジタル教材として取り上げられており、日本と諸外国との共通点や相違点に気づかせたり、世界にはさまざまな人々がさまざまな生活を営んでいることに気づかせたりすることをねらいとしている。

3.　検定教科書の構成と内容

2020 年 4 月から小学校学習指導要領（2017 年告示）の全面実施により、中学年ではこれまでと同様、文科省作成教材 *Let's Try!*、高学年では文科省検定済教科書が使用されている。検定教科書は 7 社から出版されたが、これまで蓄積されてきた小学校外国語活動の教材や指導資源などを活用できるように、2018 年度に文科省が配布した高学年用教材 *We Can!* の内容を参考にして編集されている。以下、前節の「年間指導計画例」で扱った項目について検定教科書の傾向を概観する。

文部科学省「年間指導計画例」── 構成と内容

*第5、第6学年の外国語科については、2020年度からは検定教科書が使用されている。

表4.1 第3学年 外国語活動 （ ）内の数は単位時数

単元	単元名	単元目標	主な活動例	主な表現例	新出語彙・語句
4 (4)	I like blue. すきなものをつたえよう	●多様な考え方があることや、音声やリズムについて外来語に気付き、色の違いを日本語と英語の違いを通して日本語や色の言い方や、好みを表したり好きかどうかを尋ねたり答えたりする表現に慣れ親しむ。 ●自分の好みを伝え合う。 ●相手に伝わるように工夫しながら、自分の好みを紹介しようとする。	●自分の好きなものについて話したり、質問に答えたりする。	I like (blue). Do you like (blue)? Yes, I do. / No, I don't. I like (blue).	like, do, don't, 色 (red, blue, green, yellow, orange, pink, black, white, orange, purple, brown), スポーツ (soccer, baseball, basketball, dodgeball, swimming), 飲食物 (ice cream, pudding, milk, orange juice), 果物・野菜 (onion, green pepper, cucumber, carrot), rainbow
6 (4)	ALPHABET アルファベットとなかよし	●身の回りには活字体の文字それているものがあることに気付き、活字体の大文字とその読み方に慣れ親しむ。 ●自分の姓名の頭文字を伝え合う。 ●相手に伝わるように工夫しながら、自分の姓名の頭文字を伝えようとする。	●文字のカードを使って、自分の姓名の頭文字を伝え合う。	(Card 'A'), please. Here you are. Thank you. You're welcome.	大文字 (A-Z), card, alphabet, please, here, thank, welcome, 数 (21-30, 0), book, drum, fish, gorilla, hat, ink, jet, king, monkey, notebook, pig, queen, rabbit, sun, tree, umbrella, violin, watch, box, yacht
9 (5)	Who are you? ~"In the Autumn Forest"~ きみはだれ？	●日本語と英語の音声やリズムなどの違いに気付き、誰かと尋ねたり答えたりする表現に慣れ親しむ。 ●絵本などの短い話を聞いて、おおよその内容が分かる。 ●絵本などの短い話を反応しながら聞くとともに、相手に伝わるように言葉をまねて言おうとする。	●絵本の読み聞かせを聞いて、身の回りの物に関する簡単な語句や基本的な表現とそれを表すイラストとを結びつける。	Are you (a dog)? Yes, I am. / No, I'm not. Who are you? I'm (a dog). Who am I? Hint, please.	who, 動物 (cow, dragon, snake, horse, sheep, chicken, wild boar), 状態・気持ち (long, shiny, scary, round, furry), 身体の部位 (head, eyes, ears, nose, mouth, shoulders, knees, toes), not

表 4.2 第 4 学年 外国語活動 　（ ）内の数は単位時数

単元	単元名	単元目標	主な活動例	主な表現例	新出語彙・語句
4 (4)	What time is it? 今、何時？	● 世界の国や地域によって時刻や時間が異なることに気付くとともに、時刻や生活時間の言い方や尋ね方に慣れ親しむ。 ● 自分の好きな時間について、尋ねたり答えたりして伝え合う。 ● 相手に配慮しながら、自分の好きな時間について伝え合おうとする。	● イラストなどを参考に、一日の生活の中の自分の好きな時間を伝え合う。	What time is it? It's (8:30). It's (homework time). How about you?	time, 数字 (forty, fifty, sixty), a.m., p.m., about, 生活日課・時間 ([wake up / breakfast / study / lunch / dinner / homework / bath / bed / dream] time)
6 (4)	Alphabet アルファベットで文字遊びをしよう	● 身の回りには活字体の文字で表されているものがあることに気付き、活字体の小文字とその読み方に慣れ親しむ。 ● 身の回りにあるアルファベットの文字クイズを出したり答えたりする。 ● 相手に配慮しながら、アルファベットの文字について伝え合おうとする。	● アルファベットの文字をヒントに、単語当てクイズをする。	Look. What's this? Hint, please. How many letters? I have (six). Do you have (a 'b')? Yes, I do. / No, I don't. That's right. Sorry. Try again.	小文字 (a-z), letter, try, again, coffee, closed, donut, exit, juice, news, off, open, police, restaurant, taxi, telephone, bus, stop, flower
9 (5)	This is my day. ~"Good Morning"~ ぼく・わたしの一日	● 日本語と英語の音声やリズムなどの違いに気付き、日課を表す表現に慣れ親しむ。 ● 絵本などの短い話を聞いて反応したり、おおよその内容が分かったりする。 ● 相手に配慮しながら、絵本などの短い話を聞いて反応しようとする。	● 絵本の読み聞かせの中で聞いた、簡単な語句や基本的な表現が表す内容とイラストなどを結びつける。 ● 話の筋に合わせて、気に入ったページをグループで発表する。	I wake up (at 6:00). I eat breakfast (at 7:00). I go to school. I go home. I take a bath.	日課 (wash my face, go to school, go home, brush my teeth, put away my futon, have breakfast, check my school bag, leave my house, take out the garbage, take a bath, do my homework)

表 4.3　第 5 学年　外国語　（ ）内の数は単位時数

単元	単元名	単元目標	主な活動例	主な表現例	新出語彙・語句
5 (8)	She can run fast. He can jump high. できること	● 自分や第三者について、できること、できないことを言ったり言うことを尋ねたり答えたりする。また、文字には音があることに気付く。 ● 自分や第三者について、できることややできないことを、考えや気持ちを含めて伝え合う。 ● 他者に配慮しながら、自分や第三者について、できることやできないことなどを紹介し合おうとする。	● 他者や第三者ができること、できないことを尋ねたり答えたりする。 ● 校内の先生についてできること、できないことを含めて紹介する。 ● 文字の音に慣れ親しみ、活字体の文字を読んだり書いたりする。 ● スポーツをすることなどについて、簡単な語句を書き写す。	Can you (sing well)? Yes, I can. / No, I can't. [I / You] [can / can't] (sing well). [He / She] [can / can't] (sing well).	動作 (play [soccer / badminton / table tennis / volleyball / shogi / kendama / the recorder / the piano] / do [kendo / judo], ride a [bicycle / unicycle], swim, skate, ski, cook, run fast, jump high, sing well], can, can't, he, she
7 (8)	Where is the treasure? 位置と場所	● 物の位置を尋ねたり答えたりする表現を、聞いたり言ったりすることができる。また、簡単な語句を書き写すことができる。 ● 道案内で、場所を尋ねたり答えたり、簡単な語句を推測しながら読んだりする。 ● 他者に配慮しながら、場所を尋ねたり道案内をしたりしようとする。	● ある物の場所や物の位置関係について説明を聞き、道案内をしたり宝探しをしたりする。 ● 文字の音に慣れ親しみ、活字体の文字を読んだり書いたりする。 ● 地図やポスターなどにある視覚情報を伴う語句を読み、自分が必要とする情報を得る。	Where is the treasure? Go straight (for three blocks). Turn [right / left] (at the third corner). You can see it on your [right / left]. It's [on / in / under / by] (the desk).	身の回りの物 (cap, cup, basket, scissors, box), 施設・建物 (station, fire station, gas station, police station, post office, hospital, supermarket, convenience store, department store, bookstore, park), treasure, block, in, under, by, corner
9 (8)	Who is your hero? あこがれの人	● 得意なことについて、聞いたり言ったりすることができる。また、簡単な語句や表現を書き写すことができる。 ● 憧れたり尊敬したりする人について、自分の考えや気持ちを含めて伝え合う。 ● 他者に配慮しながら、自分が憧れたり尊敬したりする人について、自分の意見を含めて紹介し合おうとする。	● 自分が憧れたり尊敬したりする人について説明し、その人に対する自分の考えや気持ちを紹介する。 ● 文字の音に慣れ親しみ、活字体の文字を読んだり書いたりする。 ● 例文を参考に語と語の区切りに注意して、ある人を紹介している簡単な語句や基本的な表現を書く。	Who is your hero? This is my hero. [He / She] is good at (playing tennis). [He / She] is a good (tennis player). [He / She] can (cook well). [He / She] is [kind / cool / great / strong / gentle / active / brave / funny].	hero, so, because, 状態・気持ち (active, cool, fantastic, friendly, gentle, kind, brave, strong, tough)

53

教材の構成　内容と作成

表 4.4　第 6 学年　外国語　　（ ）内の数は単位時数

単元	単元名	単元目標	主な活動例	主な表現例	新出語彙・語句
3 (8)	He is famous. She is great. 人物紹介	●「主語＋動詞＋目的語」の文の語順に気付き、自分や第三者について聞いたり言ったりすることができる。 ●語順を意識して、自分や身の回りのある人などを参考に例を紹介する文を書いたりする。 ●他者に配慮しながら、第三者について伝え合おうとする。	●日本や世界で活躍する人物などに関する短い紹介を聞いたり、その人物などについて紹介したりする。 ●ある人物になりきって自己紹介したことを、語順を意識して書く。	I am (Ken). I [like / play] [the violin / baseball]. I [have / want] a new [recorder / ball]. I eat (spaghetti). I study (math). I can [swim / cook / skate / ski / sing / dance]. I can (play baseball well). Who is this? [He / She] is [famous / great].	famous, nut, old, 身の回りの物 (racket, computer, violin, drum)
5 (8)	My Summer Vacation 夏休みの思い出	●夏休みに行った場所や食べた物、楽しんだこと、感想などを聞いたり言ったりすることができる。 ●夏休みに行った場所や食べた物、楽しんだこと、感想などについて伝え合う。また、夏休みの思い出について簡単な語句や基本的な表現を意識しながら書いたりする。 ●他者に配慮しながら、夏休みの思い出について伝え合おうとする。	●夏休みの思い出について伝え合う。 ●夏休みの思い出について、音声で十分に慣れ親しんだ簡単な語句や基本的な表現で書かれたものを推測しながら読む。 ●語順を意識しながら簡単な表現例から選んで書く。	I went to (my grandparents' house). I enjoyed (fishing). I saw (the blue sea). I ate (ice cream). It was [fun / exciting / beautiful / delicious].	grandparent, vacation, zoo, 動詞の過去形 (went, ate, saw, enjoyed, was), 自然 (beach, mountain, sea, lake, river), 動作 (hiking, camping, fishing)
9 (8)	Junior High School Life 中学校生活・部活動	●中学校の部活動や学校行事などについて、聞いたり言ったりすることができる。 ●中学校の部活動や学校行事などについて伝え合ったり、中学校生活について書かれている英語を推測しながら読んだりする。 ●他者に配慮しながら、中学校生活について伝え合おうとする。	●中学校でやってみたいことについて伝え合う。 ●中学校や将来の夢について、例を参考に情報を補ってスピーチの原稿を完成する。	I like (basketball). I want to join the (basketball team). What club do you want to join? I want to enjoy (sports day). What event do you want to enjoy? I want to [study hard / read many books / make many friends].	member, team, practice, meet, join, junior, high, us, event, uniform, test

❶ 単元名

We Can! では、児童にとって興味・関心のある話題や日常生活で体験しそうな言語の使用場面が選択されている。検定教科書においても、これまでの教材の蓄積や指導のしやすさ等に配慮して、*We Can!* とほぼ同じような話題や言語の使用場面が扱われている。それらの話題・場面は、児童自身、友だち、学校、地域、日本、世界、将来の夢、中学校生活などで、身近なことから社会や将来のことへと意識が向くように配列されている。

・5年生: 誕生日を伝え合う、好きなもの (教科等) を伝え合う、得意なこと (スポーツ等) を伝え合う、学校生活を伝え合う、日課を伝え合う、行きたい国とその理由をつけて伝え合う、身近な人を紹介する、場所を尋ねたり、道案内をする、食べたいものや値段を伝え合う、など

・6年生: 日本の行事を紹介する、自分たちの町・地域を紹介する、夏休み (週末など) の出来事や感想を伝え合う、自分のつきたい職業とその理由を伝え合う、小学校の思い出を伝え合う、中学校生活への期待を伝え合う、など

❷ 表現

We Can! で扱われている表現が、話題、場面に応じて提示されている。5年生では自分 (話し手) や相手 (聞き手) (I, you) のこと、第三者 (he, she) のことを伝える表現、6年生では自分たち (we) のことを伝える、また過去の出来事を伝える表現を学ぶ。また、「やり取り」を続けるために必要な表現 (I see. That's great. Once more, please. など) や繰り返して確認する表現 (自分 : I went to Tokyo. 相手 : (You went to) Tokyo? など) などが示されている。

〈5年生〉

・When is your birthday?—My birthday (= It) is February 7th.

・What (subject) do you study on Monday?—I study math.

・What time do you get up?—I get up at 7.

・This is Emi. She [can / can't] sing well.

・Where do you want to go?—I want to go to Italy.

・What would you like?—I'd like a hamburger.

・Where is your school?—Go straight. Turn left. It's on your right.

〈6 年生〉

　　・This is my town. We have a library.

　　・How was your summer vacation?—It was great.

　　・What did you do last weekend?—I played soccer.

　　・What is your best memory?—My best memory is the school trip.

　　・What do you want to be?—I want to be a pastry chef.

　　・What club do you want to join?—I want to join the baseball team.

❸　語　彙

　文科省作成教材 *Let's Try! 1, 2, We Can! 1, 2* の『指導編』の言語材料で示されている語彙数は、合計 670 語程度である。他方、各社の検定教科書巻末のカテゴリー別（動作、状態・気持ち、飲食物、学校生活、職業など）語彙リストや Picture Dictionary において示されている語彙数は *Let's Try! 1, 2* で学習したおよそ 200 語を含み、合計 500〜650 語程度である。これらの巻末語彙リストや Picture Dictionary にはうた、チャンツ、アルファベットジングル、国際理解やストーリーで扱われている語彙が含まれていないため、児童は授業で実際にはより多くの語彙に触れている。巻末語彙リストや Picture Dictionary に示された語彙は、「小学校で学習したとみなされる語彙」、換言すれば、「児童が言語活動で使えることを期待される語彙」と考えられる。

❹　活　動

　基本的には、「聞く」、「聞いて言う（口慣らし）」、「やり取り」、「読む・書く」、「異文化理解・教科横断的活動」の順番で配列されている。つまり、映像の視聴を通して、場面の理解ややり取りの内容理解、次にチャンツやうたに合わせた口慣らしやゲームなどを行い表現に慣れさせる活動が組まれている。その後、コミュニケーションの目的や場面を設定し、自分の気持ちや考えを対話を通して伝え合う活動を行う。単元末の活動として音と文字の関係への気づきを促す活動、学習した語彙や表現、言語活動を振り返る活動が配置されている。また、児童に国際理解を促すため、各題材に合わせて世界の子どもたちの様子や考えや気持ちを映像や音声で提供している。

❺　読むこと・書くこと

　5年生では大文字、小文字の定着と「音読み」に慣れ親しむことに重点が置かれている。そのため Sounds and Letters などのコーナーを設けて音声と文字の関係に気づかせる活動、アルファベットジングルを使った「音読み」などの活動が用意され、帯活動として対応できるように工夫されている。6年生では単語を推測して読むことや文を読むことに工夫が凝らされている。「書くこと」については文字指導を体系的に緩やかに繰り返し指導しながら、アルファベットから音声で慣れ親しんだ単語や文を読んだり書いたり（写したり）する活動に進む。さらに、「書いて伝える」活動として、ターゲット文の一部を自分のことに置き換えて自己表現を行う活動に発展させる工夫もみられる。

❻　国際理解、教科横断的な学習

1）　国際理解

　教科書で扱われている話題には、まず地域や日本のことがある。例えば「自分たちの住んでいる町・地域の紹介」「日本の行事・遊び」などを話題に発表ややり取りを行う活動である。他方、「世界の子どもたちに学校生活や日常生活を紹介する」「世界の観光名所や食べ物から行ってみたい国を考える」などの話題をもとに、世界の子どもたちの生活を知り、自分たちの生活との共通点や相違点に気づかせる活動がある。また教科書の登場人物に外国からの児童を登場させクラスに自然に溶け込ませることで外国や外国の人々を身近に感じさせ、国際理解を促す工夫がなされている。さらに、英語圏以外の子どもたちが英語を使っている様子を映像や音声などを通して提示し、世界ではさまざまな英語が使われていることを体験的に気づかせている。

2）　教科横断的な学習

　児童が他教科で学んだ内容を外国語の学習に利用する教科横断的な学習への配慮がなされている。例えば、国語科と連携して、低学年で学習したストーリーを英語の読み物教材とする。社会科と連携して、地図記号を使って道案内をしたり、食べ物の話題から食の輸入について考えさせたりする。算数科と連携して、買った食べ物の価格の計算をする。理科と連携して、さまざまな生き物の生息地や食べ物の話題から環境を考える。また家庭科

と連携して、健康的なメニューを考えさせるために3色食品分類を利用するなどである。また道徳的な観点から、人権、多様性、共生などをテーマにした「読み物」教材を設定している教科書もみられる。

4. 各社検定教科書の特徴

❶ 全体的な傾向

　各教科書には、小学校学習指導要領（2017年告示）が示している各教科で育成すべき資質・能力の三つの柱である「知識及び技能」「思考力・判断力・表現力等」「学びに向かう力・人間性等」を育成するために、段階的に発展するさまざまな言語活動が盛り込まれている。自主的・自発的な学習を促すために、外国語学習の進め方について示したり、各単元の目標やそれぞれの段階で「何ができるのか」（Can-Doマップ等）を記録させるなど、児童一人ひとりの学習意欲を高める工夫がなされている。また、既習の語彙や表現（文構造）の定着を図るため、さまざまな場面や状況などを設定し、それらに繰り返し触れる機会を設けている。さらに、教科横断的な視点から話題や場面に応じて、他教科の学習内容が取り入れられている［☞本節3.❻］。

　デザインの面では、共生社会の形成に向けたインクルーシブ教育の観点からは、ユニバーサルデザイン・フォントが使用されたり、活動ごとに分かりやすいアイコンを用いて指示がなされている。加えて、挿絵などにも性別、人種等に偏りのないように配慮されている。

　また、カリキュラムマネジメントの観点から、短時間（15分程度）授業用の活動が配置されており、児童の学習状況に応じて柔軟な対応が可能である。さらに、各教科書とも、音声や映像などを見たり聞いたりしながら、繰り返し家庭学習ができるようにQRコードなどを利用できるように工夫されている。

❷ 各検定教科書の特徴（配列はアルファベット順）

1) Blue Sky elementary 5, 6（啓林館）

　各単元の構成は「聞く」活動から始まり、「英語の使い方を推測する」活動、表現に慣れさせる「口にする」活動からその表現を使って自分の思いを伝える「Activityで使う」活動の流れとなっている。6年生では児童が過

去における経験を表現できるように過去形を学習する単元が多く設定されている（夏休みの思い出、週末のできごと、小学校の思い出）。また、中学校でつまずくことが多いとされている語順（主語－動詞－目的語）を意識させる活動として、動詞カード、名詞カードを線結びさせる活動や、Story「大きなかぶ」では、語順を意識させながら読み聞かせるなどの工夫がされている。

2) CROWN Jr. 5, 6（三省堂）

設定された目標に向かって児童が自らの学びの見通しを立て、一つひとつステップを踏みながら、めざす姿に近づけるよう学びの過程が大切にされている。両学年とも3つの大単元が設けられ、大単元は HOP, STEP, JUMP の小単元で構成されている。例えば、5年生の最初の大単元では、HOP で「今の段階での自己紹介を行い、次にどのような自己紹介をしたいか目標を立てる」、STEP では2つのユニットで「誕生日や持ち物、好きなことを伝える」表現、次に「できることや得意なことを伝える」表現を学ぶ。JUMP では、STEP で学んだ表現を使って HOP で目標とした自己紹介をグループ活動などを通して行う、という構成になっている。

3) Here We Go! 5, 6（光村図書）

多言語・多文化社会の中で共生意識をもちながら生きていく力がつくように、国際色豊かで個性的な子どもたちが交流、成長するストーリー展開となっている。各単元の Response コーナーで、相手の言葉を受け止め、他者を尊重する態度を育成するため、I see. や Great! などのあいづちや、ほめ言葉などの表現を紹介している。また、世界12か国の小学生に取材した実写映像と音声が用意され、学んだ表現を使って、世界にはさまざまな環境で暮らしている小学生がいることや、世界ではさまざまな英語が使われていることが分かるように工夫されている。

4) Junior Sunshine 5, 6（開隆堂）

各単元は単元の内容を見通すリスニング活動から始まり、単元の最終課題（スピーチ、ポスター発表、スキットなど）で自己表現ができるように、語彙や表現に耳で慣れさせ、ゲームややり取りを通して定着させるように構成されている。本書の特徴の一つは、文字指導を独立させて巻末にまとめて系統的に学習できるようにしている点である。文字の読み書き、音と

教材の構成と内容

文字の結びつきについて体系的に、緩やかに繰り返し指導することで、「読み」「書き」の素地を培うように配慮されており、各単元でも文字指導に合わせ「読む」「書く」活動が設定されている。

5) JUNIOR TOTAL ENGLISH 1, 2 (学校図書)

　各単元とも冒頭で Scene と呼ばれる見開きページを使ったパノラマ風の絵を見ながら、まとまった英語を聞かせ、概要を捉えさせる。このパノラマ風の絵は指導者の small talk にも利用できる。さらにその中の一場面を3コマの絵にして、より詳しい内容を捉える活動 (Let's Listen) を導入し、内容を深めたり、広げたりしている。毎時間、聞く活動から始まり、チャンツを言う活動 (Let's Chant) や、やり取りの活動を通して、語彙や表現が身につくように構成されている。また各単元に「学習の目標」「学習の進め方」を示し、最後には Check Time で振り返りをさせている。

6) NEW HORIZON Elementary English Course 5, 6 (東京書籍)

　各ユニットは4つのパートで構成されている。Start Out では目標を設定し、Your Turn で表現を学び、Enjoy Communication で設定された課題を通して自己表現の達成度を確認する、Over the Horizon では題材に関連した国際理解を促す、という流れである。また 2, 3 ユニットごとに設定されている Check Your Steps において自己表現の発表活動を行うことで、何ができるようになりつつあるのかを児童が総括的に確認できるように構成されている。さらに児童が自己表現活動に必要な単語や表現を探すのに便利な Picture Dictionary が別冊として用意されている。

7) ONE WORLD Smiles 5, 6 (教育出版)

　各単元は単元の目標や学習内容を捉えるために映像を視聴する Let's Watch で始まる。場面や話し手の気持ちを理解する活動、うたやチャンツにのせた口慣らしからゲーム、次に気持ちや考えを伝え合うやり取りへつなげている。単元の最後には、音と文字の関係に気づきを促す活動や当該単元で学んだ語句や表現をゲーム感覚で振り返る活動、英語の語順に気づきを促す活動などがある。6年生では児童がワークシートの風船に書いた「将来の夢」をグループやクラスでまとめて一つの制作物「夢の気球」を作る活動が設定されている。また同学年では自分の気持ちや考えを表現するための和英辞書の使い方についても扱っている。

4節　韓国、台湾のテキストの構成と内容

　本節では、日本と同じ EFL (English as a Foreign Language) という言語学習環境のもと、小学校英語教育に積極的に取り組んでいる韓国、台湾のテキストの構成と内容を概観する。

1.　韓　国

　韓国では、1997 年度の第 7 次教育課程より小学校第 3 学年から英語を教科として導入し、現在、小学校第 3 学年から中学校第 3 学年までの 7 年間一貫の到達目標のもと、基礎的なコミュニケーション能力の育成、自国文化の発信能力の育成などをめざしている。小学校では、目下、中学年で週 2 コマ、高学年で週 3 コマ実施されている（1 コマは 40 分間）。ただし、ソウル市などの都市部では第 1 学年から開始しているところもある。

　韓国では小学校英語の検定教科書が数多く出版されているが、ここでは、*Elementary School English 5, 6* (DAEKYO 2019) の第 5・第 6 学年の構成と内容を紹介する。いずれも A4 変型判で、巻末のピクチャーカードを含めるとそれぞれ 193 頁にもなる。

　本書は主として文法・構造シラバスに基づいて作成され、題材シラバス、機能・概念シラバスを取り入れた複合型シラバスといった印象が強い。両学年とも 12 のレッスン、4 つの Story / Reading Time, 2 つの Culture Project, 4 つの Review からなる。単元は日常生活、学校生活、道案内、体調、休暇、日課、週末の予定、将来の夢といった児童の日常生活や身近な話題を中心とするものが多い。

❶　表　現

　人称代名詞の 3 人称単数・複数（主格）、いわゆる三単現の -s, 指示代名詞の単数・複数、現在進行形、過去時制 (be 動詞、規則動詞、不規則動詞)、未来表現、比較表現（比較級）、助動詞 (will, would, should など) なども扱われている。

・Ben wants to see a movie.
・How much are these oranges?—They're ten thousand won.
・We are having a sale now.

- I didn't feel well in the morning.
- I made many friends.
- How was your day?—It was interesting.
- What are you going to do tomorrow?—I'm going to go camping.
- I will join a ski camp.
- Who is taller, Jisu or Mina?—Mina is taller than Jisu.
- You should stop at the red light.　など

❷　語　彙

　小学校段階で500語程度学習することになっている。語彙カテゴリーは *We Can!* と類似している。また、語彙指導では辞書の使用が推奨されている。

❸　活　動

　各レッスンは4技能の育成をねらいとする活動で構成されている。両学年とも、各レッスンにはフォニックスの学習 (例えば、/ɑːr/: Star Park is near the art museum.) や文法事項の定着を図るための置き換え練習を行うコーナーなどがあり、また、各レッスンの終わりには自己表現能力を高めるための Project がある。聞くことから始まり、言ったり、読んだり、書いたりする活動が系統的に配列されている。写真やイラストを見て、空所補充しながら対話文を完成しスキットを演じたりする活動がどのレッスンにもある。

❹　読むこと・書くこと

　各レッスンには、簡単な語句や文章を読んだり、書いたりする活動がある。例えば、6年生の読む活動では「友だちの紹介」「町の紹介」「夢の職業」などについて10文程度の英文を読んで質問に答えるなどの活動もある。また、5年生では Story Time, 6年生では Reading Time が各4つ設けられている。両学年とも20文程度からなる英文もある。書く活動では「自分の好きなピザの紹介」や「紹介したい店やその行き方」などについて5文程度で書かれた英文の空所に写真やイラストなどを手掛かりに語句を補充したりする。

❺　国際理解

　各レッスンの最後にある Hello World! のコーナーで扱われ、世界の偉人、

国内外の歴史的建造物、民族衣装、外国の芸術 (絵画、工芸品)、外国の乗り物などが紹介されている。また両学年とも Culture Project が2つあり、そこでは、4技能を使った活動を行う。話題としては、世界の友だち、世界の自然 (山・海・湖など)、世界の祭り、世界の卒業式が取り上げられている。

2. 台 湾

　台湾では、2001年に公示された『國民中小學九年一貫課程暫行綱要』に基づき、現在、小中一貫カリキュラムのもと、基礎的なコミュニケーション能力の育成、英語学習に対する興味・関心の高揚、自国と外国文化に対する理解の高揚をめざしている。現在、小学校では中学年は週1コマ、高学年は週2コマ実施されている (1コマは40分間)。ただし、台北市などの都市部では第1学年から開始しているところもある。

　台湾では上記『綱要』に基づき、各出版社や英会話学校から刊行されたテキストが使用されている。ここでは、高学年で使用されている *Follow Me 9, 10* (康軒文教事業 2020) の内容と構成を紹介する。本書はA4変型判で、10シリーズで構成されている。これらは巻末の語彙リスト等を含めると、84頁からなる。

　Follow Me は、韓国のテキストと同様、主として文法・構造シラバスに基づいて作成され、題材シラバス、機能・概念シラバスを取り入れた複合型シラバスといった印象が強い。単元には、食べ物、スポーツ、人物の描写、場所や位置関係、昨日したこと、来週の予定、職業など、児童の日常生活や身近な話題を中心としたものが多く取り上げられている。

❶ 表 現

　韓国同様、人称代名詞の3人称単数・複数 (主格)、いわゆる三単現の -s, 指示代名詞の単数・複数、現在進行形、過去時制 (be 動詞、規則動詞)、未来表現、比較表現 (最上級)、接続詞 when なども扱われている。

- He likes to do funny things.
- They (=Anna's classmates) like to talk to her.
- These things (video games) cost money.
- Tom is drinking some wine.

- We were weak before, but we are strong now.
- Did you play on-line games yesterday?—Yes, I did. / No, I didn't.
- What are you going to do tomorrow?—I'm going to have a picnic.
- Sushi is the most famous food in Japan.
- Ella wants to be an actress when she grows up.

❷　語　彙

　小・中を通して 2,000 語を常用語彙、その中の 1,200 語を基本常用語彙として扱っているが、小学校段階ではこの基本常用語彙のうち少なくとも 300 語は口頭で運用でき、そのうち少なくとも 180 語は綴りが書けることを目標としている。語彙カテゴリーは *We Can!* と類似している。なお、シリーズ 9 の巻末には 22 の規則動詞の過去形を示すリストが掲載されているが、不規則動詞については、do / did 以外は扱われていない。

❸　活　動

　各レッスンは 4 技能の育成をねらいとする活動で構成されており、聞いたり、話したりする活動から、読んだり、書いたりする活動へ無理なく発展できるように工夫されている。また、各レッスンには、フォニックスの学習（例えば、/ɔː/: chalk, daughter, draw）や、文法事項の定着を図るための置き換え練習を行うためのコーナーがある。さらに、巻末には各レッスンで使用できるうた、文法のまとめなどが取り上げられている。

❹　読むこと・書くこと

　各レッスンには 20 文以上からなる対話文（「週末に予定されているパーティー」や「将来つきたい職業」など）や 10 文程度からなるまとまりのある文章を読む活動がある。また、書く活動については、イラストをもとに短い英文で書いて表現したり、モデル文をもとに「自分の友だち」や「好きなスポーツ」などについて 5 文程度からなる英文中の空欄を書いて埋めたりする活動がある。

❺　国際理解

　各シリーズの最後にある Culture & Festivals で扱われている。*Follow Me 9, 10* ではともに、世界の行事や祭りが取り上げられている。また、本課にある読み物教材の中には、インド文化、米国のミュージックホール、メキシコ料理、サッカーのワールドカップなど異文化に関する文章が掲載され

ている。

　本節では、文科省作成の教材や検定教科書の特徴を客観的に把握するために、韓国と台湾のテキストの内容および構成についても概観した。これらの教材や検定教科書は、韓国や台湾のテキストと比較すると、扱っている語彙数は韓国や台湾を超えることになったが、表現の種類や4技能のタスクのレベルは、韓国、台湾に近づきつつもまだまだ大きな差が見られる。この差は日本と韓国、台湾における小学校外国語教育の教育課程における位置づけが異なることが主な原因であろう。

　今後一段と進展するグローバル化社会を生きる日本の児童のために、より豊かな外国語教育を展開するには、指導者には教材や教科書を創意工夫を凝らし、より創造的に活用することが求められよう。

（加賀田　哲也、國方　太司）

学　習　課　題

1.　本節で扱った日本、韓国、台湾のテキストの内容と構成を参照しながら、下の表の空欄を埋めよう（ただし、表現については、扱われている項目を○で囲むこと）。

日本、韓国、台湾のテキスト比較

	日　本	韓　国	台　湾
週あたりの授業時間数	中学年は週（　　）コマ、高学年は週（　　）コマ（1コマは45分）	中学年は週（　　）コマ、高学年は週（　　）コマ（1コマは40分）	中学年は週（　　）コマ、高学年は週（　　）コマ（1コマは40分）
シラバス	複合型シラバス	複合型シラバス	複合型シラバス
題材	自己紹介、家庭生活、学校生活といった児童の興味・関心や生活に関連した身近な話題や場面		

表現	・人称 (主語)： 1人称 （単数・複数） 2人称 3人称 （単数・複数） ・時制、相など： 現在時制 過去時制 未来表現 進行形　など	・人称 (主語)： 1人称 （単数・複数） 2人称 3人称 （単数・複数） ・時制、相など： 現在時制 過去時制 未来表現 進行形　など	・人称 (主語)： 1人称 （単数・複数） 2人称 3人称 （単数・複数） ・時制、相など： 現在時制 過去時制 未来表現 進行形　など
語彙数	（　　）語程度 （高学年・中学年を合わせて）	（　　）語程度	口頭で（　　）語。そのうち（　　）語は綴ることができる。
活動 (4技能)	・中学年：（　　）、 （　　）中心 ・高学年：聞く、読む、話す（やり取り、発表）、書く	・中学年・高学年： 聞く、話す、読む、書く	・中学年・高学年： 聞く、話す、読む、書く

2.　グループで協力して、小学校第5・第6学年と中学校第1学年の英語検定教科書のどれか1冊で扱われている動詞について比較し、両者の相違点をまとめてみよう。

📖 参考図書

文部科学省 (2017g, h) 小学校外国語活動（第3, 4学年）用教材 *Let's Try! 1, 2* および小学校外国語科（第5, 6学年）用 *We Can! 1, 2.*

5章 指導目標、領域別目標、年間指導計画の立て方と具体例

2017 年告示の学習指導要領に対応した中・高学年用の教材（*Let's Try! 1, 2, We Can! 1, 2*）が文部科学省（以下、文科省）によって作成され、2018 年度に各小学校に配布された。2020 年度からは高学年では民間の出版社作成の検定教科書が使用開始となった。各小学校では、学習指導要領や文科省作成教材、検定教科書を参考にしながらも、全国一律の画一的な外国語活動や外国語科ではなく、地域、学校、児童の実態に合わせて、各校ならではの指導目標や領域別目標、年間指導計画を作成し、特色ある取り組みをめざしたい。

本章では、外国語教育を通して育みたい児童像を明確にした指導目標、領域ごとに「外国語を使って何ができるようになるか」を示した領域別目標、および年間指導計画の立て方について考え、具体例を示す。

1 節　指導目標、領域別目標、年間指導計画の設定にあたって

外国語活動および外国語科の指導目標、領域別目標、年間指導計画の設定にあたっては、学習指導要領改訂の趣旨、国際理解教育の目標、学習指導要領における外国語活動・外国語科の目標に加え、学校目標、地域や学校の条件など、踏まえるべき事柄がある。本節では、それらを一つずつ概観する。

1.　学習指導要領改訂の基本的な考え方

学習指導要領改訂の基本的な考え方は、第 17 期中央教育審議会答申（2016）「幼稚園、小学校、中学校、高等学校及び特別支援学校の学習指導要領等の改善及び必要な方策等について」に示されている。ここでは、教育の基本理念である「生きる力」の具体化をめざし、「何ができるようになるか――育成を目指す資質・能力」として次の 3 点があげられている。

> 1) （生きて働く）知識・技能の習得
> 2) （未知の状況にも対応できる）思考力・判断力・表現力等の育成
> 3) （学びを人生や社会に生かそうとする）学びに向かう力・人間性等の涵養

　1)は、何を理解しているか、何ができるか、2)は、理解していること・できることをどう使うか、3)は、どのように社会・世界と関わり、よりよい人生を送るか、を示す資質・能力の三本の柱である。

　多くの小学校の学校目標（育てたい児童像）は、「自ら学ぶ子」「心豊かな子」「笑顔で語る子」「たくましく生きる子」など、上記の目標を踏まえて設定されている。外国語活動・外国語科においても、学校目標の達成をめざし、外国語教育では何ができるかを考えて指導目標を設定するとよい。

2. 国際理解教育の目標

　文科省の「初等中等教育における国際教育推進検討会報告」（2005）は、国際化した社会を生きる人材を育成するため、初等中等教育における国際教育のあり方について基本的な方向性を示し、「国際社会で求められる態度・能力」として次の3点をあげている。

> 1) 異文化や異なる文化をもつ人々を受容し、共生することのできる態度・能力
> 2) 自らの国の伝統・文化に根ざした自己の確立
> 3) 自らの考えや意見を自ら発信し、具体的に行動することのできる態度・能力

　なお、2章5節で示したように、国際理解教育は国際教育の下位項目と考えられるが、本書では、『小学校学習指導要領（平成29年度告示）解説　外国語活動・外国語編』（p48）と同様に国際理解教育という表現を使用する。

　国際理解教育は全教科および学校教育全体を通して取り組むべきものであるが、外国語教育が果たす役割は大きいことから、外国語活動・外国語科の目標や年間指導計画を考える上で十分配慮したい。

3. 学習指導要領における外国語活動・外国語科の目標と領域別目標

❶ 外国語活動・外国語科の目標

　小学校外国語活動の目標は「コミュニケーションを図る素地となる資質・能力の育成」、外国語科の目標は「コミュニケーションを図る基礎となる資質・能力の育成」である。そしてこの育成をめざす資質・能力の三つの柱——「知識及び技能」、「思考力、判断力、表現力等」および「学びに向かう力、人間性等」について、次のような目標が示されている。

外国語活動	① 外国語を通して、言語や文化について体験的に理解を深め、日本語と外国語との音声の違い等に気付くとともに、外国語の音声や基本的な表現に慣れ親しむようにする。 ② 身近で簡単な事柄について、外国語で聞いたり話したりして自分の考えや気持ちなどを伝え合う力の素地を養う。 ③ 外国語を通して、言語やその背景にある文化に対する理解を深め、相手に配慮しながら、主体的に外国語を用いてコミュニケーションを図ろうとする態度を養う。
外国語	① 外国語の音声や文字、語彙、表現、文構造、言語の働きなどについて、日本語と外国語との違いに気付き、これらの知識を理解するとともに、読むこと、書くことに慣れ親しみ、聞くこと、読むこと、話すこと、書くことによる実際のコミュニケーションにおいて活用できる基礎的な技能を身に付けるようにする。 ② コミュニケーションを行う目的や場面、状況などに応じて、身近で簡単な事柄について、聞いたり話したりするとともに、音声で十分に慣れ親しんだ外国語の語彙や基本的な表現を推測しながら読んだり、語順を意識しながら書いたりして、自分の考えや気持ちなどを伝え合うことができる基礎的な力を養う。 ③ 外国語の背景にある文化に対する理解を深め、他者に配慮しながら、主体的に外国語を用いてコミュニケーションを図ろうとする態度を養う。

❷ 領域別目標

　中教審 (2016) は、「児童生徒の学びの課程全体を通じて、知識・技能が、実際のコミュニケーションにおいて活用され、思考・判断・表現することを繰り返すことを通じて獲得され、学習内容が深まるなど、資質・能力が相互に関係し合いながら育成されることが必要である」とし、「(このような) 外国語学習の特性を踏まえて「知識・技能」と「思考力・判断力・表現力等」を一体的に育成し、小・中・高等学校で一貫した目標を実現する

ため、(中略) 段階的に実現する領域別の目標を設定する」ことを答申した。

この答申を受け、小・中・高等学校の学習指導要領において身につけることが期待される資質・能力に関する学習到達目標として「領域別目標」が示されている。紙幅の関係で詳細は省くが、小学校外国語活動は「聞くこと」「話すこと（やり取り）」「話すこと（発表）」の3領域の目標が「〜するようにする」、外国語科はこれらに「読むこと」「書くこと」を加え5領域の目標が「〜できるようにする」という指標形式で示されている。

各校はこれらの目標を踏まえて、かつ地域、学校、児童の実態に合わせて、各校ならではの視点を加味して指導目標や領域別目標を設定することが大切である。

4. 地域や学校の条件

3, 4年生は領域として外国語活動が年間35単位時間、5, 6年生は外国語科が年間70単位時間である。しかしながら、開始学年や授業時間数は、地域や学校によっては教育課程上の扱いが異なる場合がある。指導目標や年間指導計画の設定にあたっては、次にあげる地域や学校の条件を考慮する必要がある。

●開始学年

研究開発学校や教育課程特例校では、低学年から開始している学校もある。それ以外の学校においても、「学校裁量の時間」などを使って自主的に開始を早めている学校もある。

●授業時数

研究開発学校や教育課程特例校では年間授業時間数を越えて実施している学校もある。学校裁量の時間などを使っての実施校においても同様である。

●指導者と指導形態

指導者は、各自治体の事情により、各小学校の英語専科教員の配置状況や、ALTや非常勤講師などの外部講師の雇用状態が異なる（指導者については3章1節1を参照）。その結果、英語専科教員もしくは担任とALTなどとのTTが毎時間行われる地域や学校もあるが、月1回程度といった学校もある。

2節　指導目標および領域別目標の具体例

1. 指導目標の具体例——沖縄県豊見城市立ゆたか小学校

　ゆたか小学校は、2015年に創立された新しい学校で、児童、保護者、学校長はじめ教職員が学校創りに力を合わせて取り組んでいる。ここでは、同校の外国語科における卒業時のめざす児童像と低・中・高学年別指導目標を紹介する。

　低学年は学校裁量の時間を使って外国語活動を年間6時間行い、中学年は年間35時間、高学年は外国語科の授業を年間70時間行っている。指導形態は、1〜4年生は学級担任とJTE（市採用）のTT、5、6年生は一部教科担任制を取り入れて、学年英語担当教諭とJTEのTTである。

　同校では低・中・高学年別に、発達段階や学習段階を考慮して指導目標を設定している。同校の特色として、5、6年生の児童に「卒業までになりたい姿アンケート（外国語学習）」を実施し、教師と児童の双方でめざす児童像（ゆたかっ子像）を設定し、指導目標に反映している。

2023年度沖縄県豊見城市立ゆたか小学校外国語科指導目標（教育計画より）

<table>
<tr>
<td rowspan="6">外国語学習でめざす、卒業時の児童像</td>
<td>◇児童の願いを踏まえて、全学年の外国語教育において、道徳科を要とし、他教科・領域等を関連づけた学習を進め、言語活動を通して、以下のような児童像の育成をめざす。</td>
</tr>
<tr>
<td>●聞くこと：いろいろな人が話す英語を聞いて、話されている内容から、具体的な情報やだいたいの内容が分かる。</td>
</tr>
<tr>
<td>●読むこと：アルファベットの大文字や小文字を見て文字の名前で読んだり、イラストつきの短い英語の文などを読んだりして、書いた人の立場や伝えたいことを考えながら、書き手が伝えたいことのだいたいの意味が分かる。</td>
</tr>
<tr>
<td>●話すこと（やり取り）：やり取りする相手の立場や気持ちを大事にしながら、英語で自分の気持ちや考えを自分らしく伝え合う時に、互いをよりよく分かり合える気持ちのよいやり取りができる。</td>
</tr>
<tr>
<td>●話すこと（発表）：聞き手の理解度を考えながら自分の思いや考えを話し、また自分の伝えたいことを知ってもらうために、聞き手が理解しやすいように、また伝えたい内容を整理しながら話すことができる。</td>
</tr>
<tr>
<td>●書くこと：読み手の理解度、立場や気持ちを考えながら、文字を書く位置に気をつけてアルファベットを4線上に正確に書いたり、英語の文を書く時のルールを守って、自分の気持ちや考えを伝えられるような内容に整理して、例文を参考に英語の文を書いたりすることができる。</td>
</tr>
</table>

◇ゆたか小学校「外国語教育の指導目標」

○外国語の背景にある文化に対する理解を深め、社会や世界に関心を持ちながら、自他を尊重し、共に生きる豊かな心を育成する。

○相手（低・中学年）や他者（高学年）に配慮しながら、主体的に外国語を用いてコミュニケーションを図ろうとする態度を育成する。

○言語を用いて気持ちや考え等を伝え合うことの楽しさや大切さを体験的に理解し、他者や世界とつながろうとする態度を育成する。

低学年	● 気分・天気・色・数・動物・花・果物・食べ物・野菜・建物（お店）など、生活科等で学んだことを題材とした多くの英語に触れ、ジェスチャーや絵カードなどを用いながら、何度か繰り返し、ゆっくりはっきりと話された際に、自分のことや身の回りの物を表す簡単な語句を聞き取ろうとする。 ● 動作を交えながら、何度か繰り返し、ゆっくりはっきり話されれば、短い話などを楽しんで聞こうとする。 ● あいさつや名前・自分の好きなもの・好きなことの言い方を、動作を交えながら、指導者の言い方を真似て言おうとしたり、友だちに尋ねようとする。 ● 外国のこと（遊びや行事）を知る体験を通して、外国の文化の楽しさや良さを見つけ、気づきを深めようとする。
中学年	● 外国語を通して、言語や文化について体験的に理解を深め、日本語と外国語の音声の違い等に気づくとともに、外国語の音声や基本的な表現に慣れ親しむようにする。 ● 身近で簡単な事柄について、外国語で聞いたり話したりして、自分らしさを大切にしながら、気持ちなどを伝え合う力の素地を養う。 ● 外国の言語やその背景にある文化に対する理解を深め、相手に配慮しながら、主体的に外国語を用いてコミュニケーションを図ろうとする態度を養う。
高学年	● 英語の特徴やきまりなどから、日本語と外国語との違いに気づき、これらの知識を理解するとともに、読むこと、書くことに慣れ親しみ、聞くこと、読むこと、話すこと、書くことによる実際のコミュニケーションにおいて活用できる基礎的な技能を身につけるようにする。 ● コミュニケーションを行う目的や場面、状況などに応じて、身近で簡単な事柄について、聞いたり話したりするとともに、音声で十分に慣れ親しんだ語彙や基本的な表現を推測しながら読んだり、語順を意識しながら書いたりして、自分らしさを大切にしながら、考えや気持ちなどを伝え合うことができる基礎的な力を養う。 ● 外国語の学習や実際の交流学習を通して、外国語の背景にある文化に対する理解を深め、他者に配慮しながら、主体的に外国語を用いてコミュニケーションを図ろうとする態度を養う。

2. 領域別目標の具体例——京都教育大学附属桃山小学校

　領域別目標の具体例として、京都教育大学附属桃山小学校における「2021年度領域別目標（学習到達目標）」を紹介する（74頁）。

　同校は、学校教育目標「自ら自分たちの生活を切り拓く『自立』の力と互いを尊重し合いながらともに生きる『共生』の力を育む——変化の激しい時代に対応し、広い世界で新たな価値を創造する人材の基盤を育成する」のもと、以前から情報教育、伝統文化教育、幼小中連携教育、外国語教育等に取り組んできた。

　2014年度から4年間、「文部科学省外国語教育強化地域拠点事業」の指定を受け、全学年において外国語教育に取り組み、研究指定終了後も全学年における外国語教育を継続している。低・中学年では外国語活動、高学年では外国語として、低学年で年間35時間、中・高学年で年間70時間の授業を設定している。指導形態は、外国語専科教員、ALT、学級担任等が協働し、低・中学年は専科教員・ALT・学級担任によるTT、高学年は専科教員・ALTによるTTに学級担任が授業補助者として関わり、指導を行っている。

　また1999年より、南オーストラリア州立ベレア小学校と協定を結び、学校訪問やホームステイを通じ、授業交流や文化交流等を行っている。新型コロナウイルス感染症の感染拡大により、行き来することが難しい年度には、ICTを活用して、互いの学習言語である英語や日本語を用いてコミュニケーションを図る新たなかたちでの交流を実施した。

　同校では、先述の通り、第1学年から外国語教育に取り組み、中学年では公立小学校の2倍の授業時間を設定していることから、中学年より段階的にアルファベットに慣れ親しむ活動を取り入れている。なお、領域別目標については、新型コロナウイルス感染症の感染拡大以降、感染予防の観点から活動が制限される状況や児童の実態等を踏まえ、繰り返し検討を重ねてきた経緯があり、今後も引き続き検討が必要であると考えている。

3節　年間指導計画の立て方

　外国語教育を推進するためには、自校の指導目標や領域別目標の実現をめざして、外国語の学習開始時から卒業時までの長期的な見通しのもと、

2021 年度京都教育大学附属桃山小学校　外国語活動・外国語科領域別目標（学習到達目標）

	聞くこと	読むこと	話すこと［やり取り］	話すこと［発表］	書くこと
1・2年	●繰り返しゆっくりと話されれば、ごく身近な話題について、簡単な語句や基本的な表現の意味が分かる。		●基本的な表現を用いてあいさつをしたり、主に自分の気持ちや考えについてごく簡単なやり取りをしたりする。	●簡単な語句や基本的な表現を用いて、身近で簡単な実物などを見せながら自分に関することごく簡単な情報について話す。	
3年	●繰り返しゆっくりと話されれば、身近な話題について、基本的な表現の意味が分かる。 ●アルファベットの読み方を聞いて、どの文字であるかが分かる（大文字）。	●活字体で書かれた大文字を識別し、その読み方を発音する。	●簡単な語句を用いて、主に自分の気持ちや考えを伝えたり、情報を交換したりする簡単なやり取り（1往復程度）をすることができる。	●簡単な語句や基本的な表現を用いて、自分や作品などを見せながら、自分に関することや身近で簡単な情報について話すことができる（1～2文程度）。	●大文字を活字体で4線上に書き写す。
4年	●繰り返しゆっくりと話されれば、簡単な話題について、基本的な表現の意味が分かる。 ●アルファベットの読み方を聞いて、どの文字であるかが分かる（大文字・小文字）。	●活字体で書かれた大文字・小文字を識別し、その読み方を発音する。	●簡単な語句や基本的な表現を用いて、主に自分の気持ちや考えを伝えたり、持っている簡単な情報を交換したりするやり取り（1～2往復程度）をすることができる。	●簡単な語句や基本的な表現を用いて、写真など見せながら、自分に関することや学校生活・日常生活の内容に関する簡単な内容について話すことができる（2～3文程度）。	●大文字や小文字を活字体で4線上に書き写す。
5年	●ゆっくりはっきりと話されれば、身近で簡単な話題や、相手の意見や情報を交換するための簡単な表現について理解することができる。	●音声で十分に慣れ親しんだ表現で構成された短い文章の意味が分かる。	●簡単な語句や基本的な表現を用いて、自分の意思を伝えたり、聞いたりしたい情報を得たり、聞き合うようなやり取り（2～3往復程度）をすることができる。	●簡単な語句や基本的な表現を用いて、資料を示しながら、自分に関する情報や校生活・学校生活に関する簡単な内容の話題について、自分の考えを整理したことを話すことができる（3～4文程度）。	●大文字を4線上に活字体で書くことができる。また、語順を意識しながら音声で十分に慣れ親しんだ簡単な語句や基本的な表現を書き写すことができる。 ●自分のことや身近で簡単な事柄について、例文を参考に、音声で十分に慣れ親しんだ簡単な語句や基本的な表現の一部を用いて書くことができる。
6年	●ゆっくりはっきりと話されれば、まとまりのある簡単な話題で、相手と情報を交換するための簡単な表現について理解することができる。	●音声で十分に慣れ親しんだ表現で構成された短い文章の意味が分かる。	●簡単な語句や基本的な表現を用いて、自分の気持ちを伝え合ったり、相手の意見を出したい情報を聞いたりし合うような場で質問し合ったりするようなやり取り（3～4往復程度）をすることができる。	●簡単な語句や基本的な表現を用いて、必要に応じて資料を示しながら、自分に関する情報や、日常生活・学校生活に関する簡単な内容の話題について、自分の考えを整理したことを話すことができる（4～5文程度）。	●大文字・小文字を、4線上に活字体で書くことができる。また、語順を意識しながら音声で十分に慣れ親しんだ簡単な語句や基本的な表現を書き写すことができる。 ●自分のことや身近で簡単な事柄について、例文を参考に、音声で十分に慣れ親しんだ簡単な語句や基本的な表現を用いて書くことができる。

年度始めまでに各学年、各単元の指導内容と評価規準を年間指導計画として作成しておくことが不可欠である。本節では、年間指導計画の立て方を考える。なお、文科省作成教材や検定教科書を利用する場合も、以下の事柄を踏まえて検討を加え、自校ならではの年間指導計画を立てたい。

1. 作成者と作成の手順

　年間指導計画は、英語担当の中核教員と学年担任を中心に、学年会議や職員会議で話し合って作成する。教員全体で話し合うことで、より体系的な充実したものに近づく上に、問題点やアイディアが共有でき、外国語活動および外国語科に対する共通理解や協力体制が深まる。また英語表現の適切さや正確さ、国際理解の題材などについては、必要に応じて ALT や英語や異文化に詳しい専科教員や非常勤講師などに協力を求めるとよい。

　年間指導計画は、外国語活動では授業時数が年間 35 単位時間で、各単元を 4 時間前後で構成すると 9 単元程度になる。外国語科では、年間 70 単位時間で、各単元を 8 時間前後で構成すると 9 単元程度になる。また各学年で、年間授業時数の何時間かを国際交流活動に充てるようにしたい。国際交流活動は、「母語以外の言葉でもコミュニケーションが取れた」という自信と喜びを味わう機会となり、また、「もっと話ができるようになりたい、もっと外国のことが知りたい」という学習意欲の向上につながる。

2. 指導内容選択の視点

❶　指導内容の柱となるシラバスについて［☞ 4 章 2 節］

　外国語活動も外国語科も、児童が英語を用いて友だちや担任、ALT などとやり取りをする体験的なコミュニケーション活動を重視していることから、従来の文法事項を系統的に指導する文法・構造シラバスを中心とすべきではない。児童が「聞きたい」「話したい」と感じる話題を中心とする話題シラバス、児童が日常でも体験しそうな身近な場面を中心とする場面シラバスや、児童が英語でやり取りをして課題を解決する活動を中心とするタスクシラバスなどを組み合わせた複合型のシラバスに基づき、各単元の指導内容を選択するとよい。文科省作成教材の年間指導計画や本章 4 節であげている年間指導計画の具体例も複合型シラバスで構成されている。

❷　指導内容の構成要素と選択の視点

　各単元の指導内容のポイントは単元名（テーマ）に反映させ、その指導内容を支える構成要素は以下に示す視点を踏まえて選択するとよい。

1)　単元名（テーマ）

　「好きな教科」「行ってみたい国」といった話題、「レストラン」「道案内」といった場面、他教科関連の「身近な食材の生産地」「栄養バランスのとれた食事」といった題材、「夢の時間割を作ろう」「学校案内をしよう」といったタスクを組み合わせて、あるいは「外来語クイズをしよう」といったタスクそのものを単元名として設定する。設定にあたっては、年間指導計画の中での位置づけを明確にし、児童の興味・関心に合い、「聞いたり」「話したり」したいと思うような内容を選択し、単元のねらいや指導内容が類推できる文言にする。

2)　表現、語彙

　単元の活動に必要な表現や語彙を選定する。選定にあたっては、表現は同じ機能を持つものの中からできるだけ平易で汎用性が高いものを、語彙は児童により身近なものを選択する。

3)　活動（アクティビティ）

　うた、チャンツ、クイズ、ゲームなど、学習する表現や語彙に児童が慣れ親しむ活動と、コミュニケーション活動、自己表現活動など、学習した表現や語彙を児童が実際に使う活動を選択する。高学年では、読むこと、書くことにつながる活動にすることも意識する。[☞7, 8章]

4)　国際理解

　各単元の学習内容に合わせて、世界の小学生の昼食、世界の小学生に人気のあるスポーツなど、また日本の伝統的な遊びや文化の紹介など、児童に身近な視点で世界と日本の生活や文化への理解を深める内容を選択する。

5)　他教科との関連

　家庭科の栄養バランスや図画工作の三原色・混色、社会科の農作物の産地、理科の世界の気温など、他教科で学習した内容を活用することで、児童の知的好奇心を満たし、指導・学習の効果を高める内容を選択する。

❸　その他の留意点

　年間指導計画は、全学年、全単元を通して、段階的、発展的に学習でき

るように、体系的に配列することが重要である。また、同じ表現や語彙に何度も触れて無理なく学習できるように、スパイラル状に配列するなどの工夫も必要である。年間行事や他教科の学習時期との連携も考慮して、配列するようにしたい。なお、年間指導計画は、児童の興味・関心や学習の理解度などに応じて見直し、改良を加えていくことを心がけたい。

4節　年間指導計画の具体例──沖縄県豊見城市立ゆたか小学校

　年間指導計画の具体例として、指導目標の具体例を紹介した沖縄県豊見城市立ゆたか小学校の年間指導計画を取り上げる（79–81頁）。

　同校では、先述の通り、1年生から外国語活動を実施しているが、2020年度から小学校外国語科の全面実施に伴って高学年の外国語科をスタートした。当初は、市の英語専科教員が作成した年間指導計画をもとに授業を行ってきたが、2022年度からは、これまでの指導内容も踏まえ、同校の指導目標を基盤とした年間指導計画を作成した。

　同校の年間指導計画の特徴は2点ある。1つ目は、教育計画の「目指す児童像」を5,6年生児童と教員で共同作成し、それをもとに年間指導計画を作り上げたことである。2つ目は、中学校との連携を生かして小・中ギャップの解消と、コミュニケーション能力育成を重視して到達目標を示したCAN-DOリスト形式の年間指導計画を学校独自に完成させたことである。さらに、他教科等との関連づけも意識し、ESDカレンダーの要素も反映させている。今後も毎年、中学への接続を見据え、小学1年生から中学3年生までの到達目標を共有し、学習の見通しをもってスパイラルに指導を行いながら、校内教科部会で検討・協議し児童の実態に応じたカリキュラムとなるよう改訂を繰り返していく。

　同校では、1,2年生は生活科の単元と関連づけながら、児童の興味・関心を生かした授業づくりと、国際理解教育の一環としてその視点を生かした行事等を体験させている。3,4年生においては、他教科等と関連づけた外国語活動を意識し、自分らしさを大切にした言語活動を基盤に、相手意識を高める授業づくりをめざしている。また5,6年生では、これまでの学習経験を踏まえて、社会科の学習や総合的な学習の時間と関連づけたプロ

ジェクト学習として、地域内や他府県児童との外国語を用いた交流学習も行っている。地域の特色を生かした持続可能な教育活動を丁寧に行い、地域への誇りと愛着をもち、県内外の児童やいずれは外国の人々とつながっていけるようなコミュニケーション能力の育成をめざしている。

（衣笠　知子、奥平　明香、俣野　知里）

学 習 課 題

1. 年間指導計画の構成要素をまとめよう。
2. 外国語活動・外国語科を通して育てたい児童像を考えてみよう。

2023 年度沖縄県豊見城市立ゆたか小学校 外国語活動 年間指導計画（簡略版）

第 1 学年では、気分・天気・色・数・動物・花・果物・食べ物・遊びや外国の行事などを、第 2 学年では、気分・天気・色・数・動物・果物・食べ物・野菜・建物（お店）・遊びや外国の行事などを、児童の興味・関心や実態に応じて学習する

	3 年 *Let's Try! 1* 単元名（時数）基本表現	4 年 *Let's Try! 2* 単元名（時数）基本表現
前期 ↓ U1	Hello! あいさつをして友だちになろう（2） Hello. Hi. I'm (Hinata). Goodbye. See you. ☆国／音 ★No.16*	Hello, world! 世界のいろいろなことばであいさつをしよう（2） Hello. Good (morning). I like (strawberries). ☆国／音 ★No.16
U2	How are you? ごきげんいかが？（2） How are you? I'm (happy). ☆国／特活 ★No.6	Let's play cards. すきな遊びを伝えよう（2） How's the weather? It's (sunny). Let's (play cards). Yes, let's. Sorry. ☆体／特活 ★No.5
U3	How many? 数えてあそぼう（4） How many (apples)? (Ten) (apples). Yes. That's right. No. Sorry. ☆算 ★No.6	I like Mondays. すきな曜日は何かな？（4） What day is it? It's (Monday). Do you like (Mondays)? Yes, I do. / No, I don't. ☆国／特活 ★No.4
U4	I like blue. すきなものをつたえよう（4） I like (blue). Do you like (blue)? Yes, I do. / No, I don't. I don't like (blue). ★No.5	What time is it? 今、何時？（4）（時間や日課） What time is it? It's (8:30). It's ("Homework Time"). How about you? ☆算／特活 ★No.10
U5	What do you like? 何がすき？（4） What do you like? I like (tennis). What (sport) do you like? I like (soccer). ☆図／国／総／ICT ★No.10（U4・U5 は複合単元）	Do you have a pen? おすすめの文房具セットをつくろう（4） Do you have (a pen)? Yes, I do. / No, I don't. ☆図／算／ICT ★No.12
後期 ↓ U6	ALPHABET アルファベットとなかよし（4）（大文字） (The "A" card), please. Here you are. Thank you. You're welcome. ☆国／特活／音 ★No.4	Alphabet アルファベットで文字遊びをしよう（4）（小文字） Look. What's this? Hint, please. How many letters? I have (six). Do you have (a "b")? ☆国／音／特活 ★No.4
U7	This is for you. カードをおくろう（5）ありがとうを伝えよう What do you want? (A star), please. Here you are. This is for you. Thank you. You're welcome. ☆図／特活 ★No.8	What do you want? ほしいものは何かな？（5）パフェ（ピザ）などを作ろう What do you want? I want (potatoes), please. How many? (Two), please. Here you are. ☆図／国 ★No.2
U8	What's this? これなあに？（5）クイズ大会 What's this? Hint, please. It's (a fruit). It's (green). It's (a melon). That's right. ☆国／図／総／ICT ★No.11	This is my favorite place. お気に入りの場所をしょうかいしよう（5） Go straight. Turn (right / left). Stop. This is my favorite place. Why? I like (music). ☆図／特活／総／ICT ★No.11
U9	Who are you? きみはだれ？（5） Are you (a dog)? Yes, I am. / No, I'm not. Who are you? I'm (a dog). Who am I? Hint, please. 絵本 ** の読み聞かせ 「オリジナルかくれんぼストーリー」を作ろう ☆図／総／国 ★No.14・15	This is my day. ぼく・わたしの一日（5） I wake up (at 6:00). I have breakfast (at 7:00). I go to school (at 8:00). I go home (at 4:00). 絵本 ** の読み聞かせ 「オリジナル・マイデイ・ストーリー」を作ろう ☆国／総／算／特活 ★No.1・16

注) 単元名のあとの（ ）は配当時間数を表す
　 * ☆は他教科等関連づけの参考　★は SDGs との関連づけの参考
　** 絵本のタイトル　〈3 年〉① *Brown Bear, Brown Bear, What do You See?* (Bill Martin Jr., Eric Carle)　② *From Head to Toe* (Eric Carle)　〈4 年〉*What's the Time, Mr. Wolf?* (Annie Kubler)

指導目標、領域別目標、年間指導計画の立て方と具体例

2023 年度沖縄県豊見城市立ゆたか小学校 外国語科 年間指導計画（簡略版）

5年 *Here We Go! 5*（光村図書、令和2年度版）	6年 *Here We Go! 6*（光村図書、令和2年度版）
◆単元名（時数）　●基本表現	◆単元名（時数）　●基本表現
前期↓　◆ Let's Start （1） 1　4つの「たいせつ」（笑顔・アイコンタクト・はっきりとした声・相手の言葉への反応に気づいて伝え合う）言葉の準備運動 2　さまざまな場面の英語 / 3　アルファベット 4　教室で使う英語 / 5　数字 ☆特活 / 国 / 算　★No.4	**前期↓**　◆ Let's Start （1） 1　4つの「たいせつ」（笑顔・アイコンタクト・はっきりとした声・相手の言葉への反応に気づいて伝え合う）言葉の準備運動 2　アルファベット / 3　教室で使う英語 / 4　数字 ☆国 / 特活　★No.4
U1　◆ Hello, everyone. （7） 自己紹介（スペル、好きなもの・こと） ●My name is ....　How do you spell it? ●Do you like ...?　Yes, I do. / No, I don't. ●What sport do you like?　I like ... ☆道 / 特活 / 国　★No.16	**U1**　◆ This is me. （6）自己紹介（出身地や得意なこと） ●Where are you from?　I'm from .... ●I'm good at .... ☆特活 / 国　★No.4・16
U2　◆ What do you have on Monday? （7） 好きな教科や夢の時間割 ●What subjects do you like? I like ... and .... ●What do you have on ...? I have ..., ..., and .... ☆特活　★No.4・5・10	**U2**　◆ Welcome to Japan. （7） 好きな都道府県の行事やそこでできること ●In [spring / summer / fall / winter], we have .... ●Welcome to ... You can [enjoy / see / eat] .... ☆国 / 観光学習　★No.9・14
U3　◆ When is your birthday? （7） 誕生日やプレゼント ●When is your birthday? My birthday is .... ●What do you want for your birthday? 　I want .... ☆道 / 平和教育　★No.3・16	**U3**　◆ This is my town. （8）沖縄県の魅力 ●We [have / don't have] ... ●We can [see / eat / enjoy] ....　It's .... ☆国 / 道 / 平和教育 / 観光学習　★No.1・5・11
Ⅰ「自己紹介」プロジェクト （2） ※北海道の小学校と（5年生）交流 自己紹介（名前やスペル、好きなもの・こと・教科、誕生日）をし合おう ★No.4・16	Ⅰ「ウェルカムんちゅ」プロジェクト （2） ※県外の小学校との交流 自分たちの地域の魅力（あるもの、できること）を書いた英語のポスターを作って紹介し合おう ★No.11・14・17
CAN-DO タイム （1） ◆世界の友達 1 ゆたか小 CAN-DO で前期の振り返りを行い、後期の目標を立てよう　★No.4	CAN-DO タイム （1） ◆世界の友達 1 ゆたか小 CAN-DO で前期の振り返りを行い、卒業までの目標を立てよう。　★No.4
後期↓　◆ What time do you get up? （7） **U4**　家での手伝いや日課 ●Do you take out the garbage? 　Yes, I do. / No, I don't. ●I [usually / always / sometimes / never] .... ●What time do you ...?　I usually ... at .... ☆家 / 道 / 特活　★No.10	**後期↓**　◆ My Summer Vacation. （8） **U4**　夏休みの出来事や感想 ●I [went to / ate / saw / enjoyed] .... ●How was it?　It was .... ☆特活 / 道　★No.10・15・16
※こども園と仲良し交流会 （1） こども園のお友だちと、外国の行事（ハロウィン）を一緒に体験して仲良くなろう ★No.4	**U5**　◆ He is famous. She is great. （4） 世界で活躍している人物の職業や性格 ●I [like / have / play / want] .... ●Who is this?　[He / She] is .... ☆総 / 国　★No.5・8

80

5章

U5・U6 複合単元	◆ He can run fast.　She can do kendama. (6) 自分や他の人ができることややできないこと ● Can you ...?　Yes, I can. / No, I can't. ● [He / She] [can / can't] .... ☆ジェンダー　★No.5	**U6**	◆ What do you want to watch? (5) 見たいスポーツやテレビ番組 ● Do you want to watch ...? 　Yes, I do. / No, I don't. ● What do you want to watch? 　I want to watch .... ☆体　★No.3・6
	◆ My hero is my brother. (8) 身近なあこがれの 人（職業・性格・特ちょうなど）を紹介 ● My hero is ....　[He / She] is（職業など）. ● [She / He] is（性格など）. ☆図 / 道 / 特活　★No.5・8・17	**U7・U8 複合単元**	◆ What do you want to be? (7) 将来の夢やあこがれの職業 ● What do you want to be? I want to be .... ● Why?　I [like / want to / play / help / study / can ...] .... ★No.7・8
	Ⅱ 「マイ・ヒーロー」プロジェクト (2) ※北海道の小学校と交流 マイ・ヒーロー紹介をし合おう　◆世界の友達3 ★No.4・5・17		♦ Junior High School Life. (7) 中学校でやってみたいことなどについて、友だち の書いた英語の文を読む ● I like ... / I can ... / I'm good at ... / 　I want to join ... / I want to be .... / I want to ... ☆特活（キャリア）/ 道 / 国　★No.4
U7	◆ Where is the gym? (4) 道案内、先生や友だちの住んでみたい町 ● Where is ...? It's [on / in / under / by] .... ● Where is ...? Go straight for ... block(s). Turn [right / left]. ☆国 / 社　★No.10		Ⅱ 「My Future」プロジェクト (3) ※県外の小学校との交流 友情を深め合った県外の友だちに、感謝の気持ちや将 来の夢、中学校でがんばりたいことなどを伝え合おう ★No.4・11
U8	◆ What would you like? (5) レストランでの注文のやり取り ● What would you like?　I'd like .... ● How much is it?　It's ... yen. ☆社 / 食育　★No.1・2	**U9**	◆ My Best Memory. (7) 小学校生活の思い出 ● What's your best memory? My best memory 　is ... ● We [went to / ate / saw / enjoyed / played / 　sang] .... ☆道 / 特活（委員会）/ 行事　No.14・16・17
U9	◆ I want to go to Italy. (9) 行きたい国やそこでできること ● In ..., you can [see / visit / eat / drink / buy] .... ● Where do you want to go? I want to go to ... 　Why? I want to .... ☆社 / 総　★No.16・17		Ⅲ 「Thank you」プロジェクト (2) ※学校・地域内での交流 小学校生活を支えてくれた周囲の人に感謝の気持ち、 小学校の思い出や、将来の夢、中学校でがんばりたい ことなどを発表しよう ★No.4・11
	Ⅲ 「行きたい国」プロジェクト (2) ※ゆたか小4年生と交流 外国語学習の楽しさを伝えるために、行きたい国を紹 介しよう　◆世界の友達2　★No.4・12		CAN-DO タイム (1) ゆたか小中 CAN-DO で小学校で学んだことの振り返 りを行い、中学校の目標を立てよう。　★No.4
	CAN-DO タイム (1) ゆたか小 CAN-DO で5年生で学んだことの振り返り を行い、6年生の目標を立てよう。　★No.4		◆学びのパスポート (1)：　世界の友達2　旅行の思い 出、お気に入りの場所　世界の友達3　将来の夢 伝えるわざを身につけよう：知っている言葉を工夫し て使う。表情やジェスチャーも大切にして伝える。 ★No.2・10
	年間を通した文字指導：　大文字の仲間わけやなぞり 書き、小文字の仲間わけやなぞり書き、大文字から小 文字への変化を考える、アルファベット線つなぎ、ア ルファベットカード集め、Go fish! ゲーム、アルファ ベットビンゴ、アルファベットカード活動、アルファ ベット暗号ゲーム　※その他プロジェクト学習等を通 し、書く目的をもって、文字を書き慣れる活動を行う。 ★No.4		**年間を通した文字指導**：　単語の初めの文字を書く、 アルファベットビンゴ、文字をつないで単語を作る、 単語の並べ替え〈語順〉、アルファベット暗号ゲーム、 ワードパズル、単語カード並べて文を作る、単語で文 を作る。メッセージをそえた折り紙を作る。　※その 他プロジェクト学習等を通し、書く目的をもって、文 字や文を書くことや読むことに慣れ親しむ活動を行 う。　★No.4

指導目標、領域別目標、年間指導計画の立て方と具体例

6章 言語材料と4技能の指導

　本章では、外国語活動や外国語科で扱う英語の特徴や決まりに関する事項——言語材料にはどのようなものがあるか、中学校英語と共通する内容は何か、また話題や場面を中心とした活動を通して、語彙や表現などにどのように慣れ親しませ、「読むこと」「書くこと」を含めた4技能をどのように指導し、育成すればよいのかを考えてみたい。

1節　外国語活動・外国語科の言語材料

　学習指導要領・外国語で取り上げられている音声、文字および符号、語、連語および慣用表現、文および文構造などは、以下の通りである。なお、外国語活動ではこれらのうち基本的な事項が取り扱われる [☞4章3節]。

音声：（ア）現代の標準的な発音、（イ）語と語の連結による音の変化、（ウ）語や句、文における基本的な強勢、（エ）文における基本的なイントネーション、（オ）文における基本的な区切り。

文字および符号：（ア）活字体の大文字、小文字、（イ）終止符や疑問符、コンマなどの基本的な符号。

語、連語および慣用表現：（ア）600〜700語程度の語、（イ）get up, look at などの活用頻度の高い基本的な連語、（ウ）excuse me, I see, I'm sorry, thank you, you're welcome などの活用頻度の高い基本的な慣用表現。

文および文構造：日本語と英語の語順の違いなどに気づかせるとともに、意味のある文脈でのコミュニケーションの中で繰り返し触れることを通して活用する。

（ア）文：a. 単文、b. 肯定・否定の平叙文、c. 肯定・否定の命令文、d. be 動詞や助動詞（can, do など）で始まる疑問文、疑問詞（who, what, when, where, why, how）で始まる疑問文、e. 代名詞（I, you, he, she）の

基本的なもの、f. 動名詞や過去形のうち、活用頻度の高い基本的なもの。

（イ）文構造：a. 主語＋動詞、b. 主語＋ be 動詞＋補語（名詞／代名詞／形容詞）、c. 主語＋動詞＋目的語（名詞／代名詞）。

これまで中学 1, 2 年で扱われていた文法事項のうち基本的なものを中心に音声で慣れ親しませたのち、読むこと、書くことにつなげることが求められる。

言語の使用場面：（ア）児童の身近な暮らしに関わる場面（家庭での生活、学校での学習や活動、地域の行事など）、（イ）特有の表現がよく使われる場面（挨拶、自己紹介、買物、食事、道案内、旅行など）。これらはほぼ中学校との共通事項となっている。

言語の働き：（ア）コミュニケーションを円滑にする（挨拶をする、呼び掛ける、相づちを打つ、聞き直す、繰り返すなど）、（イ）気持ちを伝える（礼を言う、ほめる、謝るなど）、（ウ）事実・情報を伝える（説明する、報告する、発表するなど）、（エ）考えや意図を伝える（申し出る、意見を言う、賛成する、承諾する、断るなど）、（オ）相手の行動を促す（質問する、依頼する、命令するなど）。これらもほぼ中学校との共通事項となっている。

指導のさいには、子どもたちの興味・関心に応じて日常生活や身近な話題をテーマに取り上げ、言語材料を盛り込んだ年間指導計画を作成する。また、基本的な単語や定型表現などを繰り返し指導して慣れ親しませ、目標であるコミュニケーション能力の素地（外国語活動）や基礎（外国語科）を育成するようにしたい。

2 節　4 技能の指導

1.　聞くこと

❶　指導のポイントと指導者の話す英語

外国語活動の指導では、音声が中心になる。日本語は母音と子音の組み合わせで音が成り立ち、等音節性のリズム（syllable-timed rhythm）であるが、英語は文の強勢が現れる間隔をほぼ同じ長さにする等時性のリズム

（stress-timed rhythm）である。次の例のように、日本語のアとイでは、音節の長さは同じで、音節が増えると時間が長くなるが、英語のアとイの場合は、強勢間の長さがほぼ等間隔となる。

【日本語】　ア. 1 2 3　　　　　イ. 1 と 2 と 3
　　　　　　　● ● ●　　　　　　● ● ● ● ●

【英語】　ア. one, two, three　イ. one and two and three
　　　　　　● ● ●　　　　　　● 　 ● 　 ●

また英語では、音声変化をともない、弱化、連結、同化、脱落など英語独特のリズムやイントネーションが現れる。そこで、リスニング指導のさいには、ALT や JTE の話す英語や、デジタル教科書、CD、DVD、ICT 機器などを活用し、日本語との違いも考慮し、たっぷりと良質の英語を聞かせ、音声に慣れ親しませることが重要である。その上で、場面や文脈から意味を推測させ内容をしっかりと理解させること、内容が理解できているかどうかの確認を行うことが重要である。そのさい、ティーチャー・トーク（teacher talk）では児童が分かりやすいようにポーズやスピードを調整したり、視覚補助教材やジェスチャーを用いたり、繰り返し聞かせるなどして、聞いた内容が分かったという体験や楽しさを味わわせるようにしたい。

❷　教　材
　うたやチャンツ、ナーサリー・ライム（nursery rhyme）などは、身体ごと英語のリズムにのったり、何度も繰り返すうちに英語の音声を丸ごと覚えるという副産物も期待できる。また、CD、DVD 教材や絵本の読み聞かせなどでまとまった英語を聞かせたい。内容が理解できた喜びと自信を与えるとともに、異なる文化に触れ ALT の国の行事などの様子や文化を学ぶこともできる。さらに、さまざまな外国語に触れさせる機会があれば、より多くの言語の音声を耳にでき楽しい学びになる。

❸ 活　動

　主な活動としては、聞いて身体で反応したり、色を塗ったり、描いたり、線で結んだり、選んだり、繰り返したり、絵を順番に並べ替えたり、といった活動があげられる。また、TPR 的手法 [☞ 9 章 1 節] として、Simon Says やカードゲームなどによって聞き取らせることもできる。聞かせる前には、あらかじめ単語や背景知識を活性化させる質問を行ったり、視覚補助教材を用いて理解を促したりといった工夫も必要である。なお、絵本の読み聞かせは 7 章 2 節 4 を参照していただきたい。

❹　指導手順

　3 年生対象「好きなものを伝えよう」（I like apples.）を例に考える。

第 1 時：

① 　ウォームアップ（small talk）：ALT との TT であれば、テーマに関する会話などを聞かせ、好きなものが何かを推測させたり、用いられている表現に気づかせる。

　　HRT: I like fruits very much. I like strawberries, apples and oranges, but I don't like lemons. Meg, do you like fruits?

　　ALT（Meg）: Yes, I do. I like apples very much. I often eat apple pies and drink apple juice, but I don't like tomatoes.

　　HRT: Oh, I see. Well, class. Does Meg like apples? …

② 　導入（pre-listening）：色、食べ物・飲み物、果物、スポーツなどを表す語彙や I like .... の表現を、絵カード等を見せながら児童に何度か聞かせた後、日本語との発音の違いに気をつけて指導者について発音をさせる。またキーワードゲームなどで単語を聞いて分かるようにする。

③ 　展開（while-listening）：実際に会話を聞かせて、人物と好きなものを線で結ばせたり、誰が何を好きか聞き取らせたりする。

④ 　発展（post-listening）：答えの確認を行った後、聞き取れなかった点や難しい箇所などを説明する。（例：外来語と英語の発音の違いなど）

第 2 時以降：

　友だちの好きなものや好きでないものについてインタビュー活動などを行い、習った表現を用いて尋ね、聞いて理解できるようにする。また分か

らなければ Pardon?　Once more, please. などと聞き返す表現を用いてコミュニケーションを続けようとする態度を育成することも大切である。

2. 話すこと

❶ 指導のポイント

　児童が興味・関心を持つ題材を選び、本当に伝える意味のある活動を工夫することが重要である。その上で、話すために必要な語彙や表現を指導する。例えば、「将来行きたい国」についてスピーチをさせたいのであれば、I want to go to Australia. I want to see kangaroos, koalas and wombats. I want to visit the Airs Rock. I want to eat beefsteak, too. I can learn English in Australia. といった自己表現ができるように、国名、特産物や特徴、名所、理由などを表す語彙や表現をあらかじめ指導しておきたい。そのさい、英語の自然なイントネーションや文強勢の位置が崩れないように、通じる程度の発音を習得させ、カタカナ表記はできるだけ使用しないようにする。さらに、コミュニケーションにおいては、声の大きさ、アイコンタクト、ジェスチャーなども大切であり、伝えたい気持ちを大切にすることを指導したい。ただし、留意すべき点は、話すことを急がせないということである。また、聞く・話す指導を分けずに、教師と児童、児童同士のインタラクションを中心に授業を展開することが重要である。

❷ 教　材

　リスニングと同様に、うた・チャンツ等で音声に慣れ親しませたり、繰り返し発話を促したり、ワークシートを用いてペアでの会話やインタビュー活動を行ったり、英語で自分の考えや意見を提示資料を用いて発表したりする。英語劇の上演や絵本の創作と発表なども考えられる。英語劇では、日常的な表現が多く含まれ、多くの児童が参加できる劇を選ぶことが大切である。また、ALT や教師が台詞を追加したり、アドリブ会話などを入れ児童に自分の言葉として発話させたい。ただし、暗唱が負担にならないように配慮する。絵本の創作も一部をアレンジして発表させるなどの工夫をして、時間や負荷がかかりすぎないようにしたい。さらに、栄養素を考えてランチメニューを作成したり、食材の産地を考えさせるなど他教科との

関連にも留意し、知的好奇心を刺激する内容を教材化して話させるとよい。

❸　活　動

　まずは、語彙や表現、音声に慣れ親しませながら、うたやチャンツ、ク
イズ、ゲーム等の活動からコミュニケーション・自己表現活動や国際理解
活動へとつなげるように工夫する。スピーキング活動では、ゲーム的要素
を含めることで児童を飽きさせず、実際に英語を使う体験を多くさせるこ
とが大切である。Show and tell やスピーチ、プレゼンテーションなどの発
表、ロールプレイ、スキット、インタビューなどのやり取り、プロジェク
ト活動、英語劇の上演など、多様な活動を行うことができる。これらの活
動により、コミュニケーションの楽しさを体験させ、達成感を味わわせた
い。また国際理解活動や交流会を通して、日本のことを発表させ、外国の
行事や学校生活、習慣の共通点・相違点などに気づかせよう。

❹　指導手順

　例として *New Horizon Elementary English Course 6*（東京書籍、令和 2 年
度版）の Unit 3, Let's go to Italy. の第 4 時をあげてみる。それまでに扱う表
現は以下の通りである。

第 1・2 時：Italy is a nice country. You can see the Colosseum.

第 3 時：Why do you like Italy?　You can eat pizza. Do you want to …?

第 4 時：

① 　ウォームアップ：英語のうたを歌った後、Where do you want to go? と
　　いった表現を用いて担任と ALT が行きたい国について small talk を行い、
　　児童にも行きたい国について尋ねてみる。

② 　復習：前時に習った国の名前、世界遺産などの単語と、You can［see /
　　eat / buy］… といった表現を、絵カードを用いて児童にチャンツ等でリ
　　ズムをつけて発音させる。また、カードゲームなどの活動を通して、習っ
　　た表現の復習や定着につながるように橋渡し活動を行い、反復・模倣を
　　通して正しい音声を身につけさせる。

③ 　導入：Where do you want to go?　I want to go to France. You can buy
　　chocolate. It's delicious. といった表現を担任と ALT の会話を通して導入

し、児童にリズムをつけて繰り返し言わせるなどして慣れ親しませる。

④ 展開：味などを表す単語を復唱し、モデル例をもとに、友だちと協力しておすすめの国とそこでできること、感想などをワークシートに記入する。ペアで、Where do you want to go?　I want to go to …. You can …. It's …. とやり取りを行う。

⑤ 発展：ワークシートなどを用いてインタビュー活動を行い、行きたい国やそこで有名なもの、できることなどについて尋ね合う。その後、分かったことを発表する。

第5・6時：旅行代理店でおすすめの国や、そこでできることについて紹介し合う。

3. 読むこと、書くこと（リテラシー）の指導

❶ 指導の意義

2008年告示の学習指導要領・外国語活動では、「文字や単語の取扱いについては、児童の学習負担に配慮しつつ、音声によるコミュニケーションを補助するものとして用いること」とある。しかし、児童や指導者を対象とした各校のアンケートなどによると、中学年から高学年にかけて文字に対して興味・関心が高まり、読みたい、書きたいという思いが強くなることや、発達段階に応じた読むこと、書くことの指導の重要性に鑑み、現行の学習指導要領の外国語科では聞くこと、話すことに、読むこと、書くことが加わり、読むこと、書くことの目標が以下のように示されている。

読むこと：

ア　活字体で書かれた文字を識別し、その読み方を発音することができるようにする。

イ　音声で十分に慣れ親しんだ簡単な語句や基本的な表現の意味が分かるようにする。

書くこと：

ア　大文字、小文字を活字体で書くことができるようにする。また、語順を意識しながら音声で十分に慣れ親しんだ簡単な語句や基本的な表現を書き写すことができるようにする。

イ　自分のことや身近で簡単な事柄について、例文を参考に、音声で十分

に慣れ親しんだ簡単な語句や基本的な表現を用いて書くことができるようにする。

　小中連携を考え教科としての系統性を持たせる上でも、リテラシー教育を段階的に導入し、指導することが大切である。このような考え方も踏まえ、以下、外国語活動で行う文字指導（☆）と外国語科で行う文字指導（◇）について考える。

❷　読むこと
1)　指導目標
・アルファベットの大文字と小文字をシンボルとして視覚的に識別し、文字と音声を結びつけてその読み方を発音することができる。（☆）
・音声で慣れ親しんだ基本的な単語や文を読み、意味が分かる。（◇）
・日常生活に関する簡単な内容の掲示やパンフレットなどから必要な情報を得たり、絵本などの中から語句や基本的な表現を識別できる。（◇）
2)　指導内容、方法
　楽しく文字に触れ、楽しく学ぶ読みの段階的な指導を考えてみたい。
第1段階（☆）：アルファベットの文字を認識・理解し、単語全体をまとまった形として捉え興味を持たせる。アルファベット並べ、文字あてクイズ、文字探し、文字読みと音読みを繰り返すアルファベットジングルなど。
第2段階（☆）：大文字・小文字を認識させる。ビンゴゲーム、線つなぎ、大文字と小文字のカード合わせ、神経衰弱など。
第3段階（◇）：音声で十分慣れ親しんだ単語を、ひとかたまりと認識して読ませる。カルタ取り、絵カードに書かれた単語の綴りを指導者について読む、単語をアルファベット順に配列させる単語カード並べ［☞10章2節］、単語探しなど。
発展段階（◇）：音声で十分慣れ親しんだ基本的な文を、指導者の後について読ませる（例：I like dogs. I have a ball.）。また、絵本を活用して、曜日や、数、食べ物の名前などを聞きながら文字に注目させたり、指導者について読ませたりするなど、全体から内容を推測させつつ文字にも関心を持たせる。［☞7章2節］

3) 指導上の留意点

　ふだんから単語の絵カードなどに文字を記載し、児童の目に触れるようにしておいたり、活動で用いるワークシートなどに慣れ親しんだ英語を載せておき、自然に文字に慣れさせるとよい。文字を読んだり書いたりする能力の育成には時間がかかる。アルファベットの知識、音素・音韻認識能力を育成し、児童の興味・関心に応じて、個々のアルファベットや三文字単語の発音や、識別が難しい b と d, p と q などを気長に繰り返し丁寧に指導することが重要である。

❸　書くこと

1) 指導目標

・大文字、小文字をなぞったり、書き写すことができる。(◇)

・相手に伝えるなどの目的をもって、語と語の区切りや語順などを意識して、音声で慣れ親しんだ簡単な語句や表現をなぞったり、書き写すことができる。(◇)

・他者に伝えるなどの目的をもって、名前や年齢、趣味、好き嫌いなど自分に関する簡単な事柄について、例文を参考に、音声で慣れ親しんだ簡単な単語や基本的な表現を用いて書くことができる。(◇)

自己紹介カード

　＿＿＿＿＿ には自分自身のこと、□□□□ には下の語群から自分に合う単語を選んで書き入れ、自己紹介文を完成しよう。

Hello. My name is ＿＿＿＿ . Please call me ＿＿＿＿ .
I am from □□□ . I am □□□ years old.
I like □□□ . I don't like □□□ .
Thank you. Good bye.

[語群] Japan, USA, Canada, Tokyo, Osaka, Nagoya, ten, eleven,
　　 dogs, cats, apples, oranges, bananas, ice cream, cake, English,
　　 math など

◀ 自己紹介カードの例

2) 指導内容、方法

　書く活動が入ると、英語が苦手だと感じたり、英語が嫌いになる児童も増える。慎重で無理のない段階的指導が必要である。

第1段階 (◇)：アルファベットの大文字、小文字を、点線をなぞったり、書き写させる。

第2段階 (◇)：基本的な単語の最初の文字を書き入れさせる。(例：□og, □at)。

第3段階 (◇)：単語を書き写す活動として、示された語彙群から自分に合う単語を選び、空欄に書き入れさせる。この発展活動として、自己紹介カード (前頁に例を掲載)・誕生日カードなどの作成や、オリジナル絵本を作成し、低学年の児童に読み聞かせを行う活動なども考えられる。

3) 指導上の留意点

　児童は小学3年生でローマ字を学ぶため、名前などはアルファベットで書いたり、文字をなぞったりすることはある程度できるようになるだろう。しかしながら、ヘボン式と訓令式、ローマ字と英語の違いには注意が必要である。また音声をともなわないペンマンシップに陥らないように留意し、文字認識をしっかり行った後、伝えるために書くという目的を見失わないようにしたい。また、大文字から小文字へと段階を踏んで導入し、小文字の高さの違いや書き方なども丁寧に指導したい。　　　　**（泉　惠美子）**

学　習　課　題

1.　聞く技能を育成するさいに留意する点をまとめてみよう。
2.　外国語活動で扱う題材とターゲットとする表現を決め、話すことの指導手順を考えてみよう。

📖 **参考図書**

アレン玉井光江 (2010)『小学校英語の教育法——理論と実践』大修館書店.
酒井英樹・滝沢雄一・亘理陽一 (編) (2017)『小学校で英語を教えるためのミニマム・エッセンシャルズ——小学校外国語科内容論』三省堂.

7章 教材研究①──児童が英語に楽しく触れ、慣れ親しむ活動

小学校の外国語学習では、外国語の音声や表現に楽しく触れ、それらを理解し、慣れ親しみ、コミュニケーションで活用できる基礎的な知識や技能を身につけることが大切である。授業はさまざまな活動（アクティビティ）で組み立てるが、本章では、うた、チャンツ、ライム、クイズ、ゲーム、絵本を用いた活動について考える。

1節　望ましい活動の条件と活動の選択、開発の視点

児童の外国語学習は、「楽しい学習」が大前提である。学習する表現や語彙を使ったチャンツ、クイズ、ゲームなど、児童が楽しみながら表現や語彙を何度も声に出して使うことができる活動を準備することが重要である。また児童がある程度まとまりのある英語に触れ、英語の音声的特徴や異文化に慣れ親しみ、理解を深めるために、うたやライム（rhyme）、絵本を用いた活動は有意義である。

これらの活動の選択・開発にあたっては、児童が「楽しい」と感じる活動の条件を理解しておきたい。すなわち、学習活動において「楽しい」とは、発見の喜びなど知的好奇心が満たされること、充実感・満足感・達成感が得られることと言える。これらがどのような活動によって得られるかは、児童の発達段階や学習段階、興味・関心によって異なる。例えば、低学年は、仕草をつけて歌ったり、身体で表現したりといった、身体や五感を使う活動が楽しめる。一方、知的・認知的言語活動に興味が移行する中・高学年では、「聞いたり」「話したり」することに必然性が見いだせたり、言葉の意味や働きについて気づきがあったり、頭を働かせて答えが出せたりといった活動が楽しめる。またこころの成長度に合った、児童のこころを動かすうたや絵本を選定し、活動を開発したい。

以上を踏まえ、うた、チャンツ、ライム、クイズ、ゲーム、絵本を使う活動について、意義、選択、開発、指導のポイントおよび具体例をあげる。

2節　活動の具体例

1. うた、チャンツ、ライム

うた、チャンツ、ライムは児童が英語の音声的特徴に触れ、慣れ親しむ格好の教材である。小学校の授業では、文部科学省作成教材や検定教科書などに例を見るように、各単元で学習する英語表現や語彙をチャンツや替えうたにして、言語材料の導入に利用することが多いが、それだけではなく、英語圏伝承のうた、チャンツ、ライムも児童に紹介したい。なお、ライムとは英語圏伝承の韻を踏んだ子どもの詩である。詩として口にして楽しむが、メロディーがついてうたになっているものも多い。

❶　うた、チャンツ、ライムの意義

1)　英語のうた、チャンツ、ライムは英語の音声的特徴や言語構造を土台としており、英語特有の音・リズム・アクセント・抑揚などに慣れ親しむことができ、英語の語彙や文構造に無意識のレベルで触れることができる。

2)　うた、チャンツ、ライムのなかでも、手遊びや全身遊びのように仕草や動作をともなうものは、歌詞の意味を仕草や動作で表現しているものが多く、歌い遊ぶことを通して言葉の音と意味の結びつきを体得できる。

3)　英語圏のうたやうた遊び、伝承的なチャンツやライムの歌詞や遊び方には、英語文化圏ならではのモチーフや表現があふれており、歌い遊ぶことが外国語や異文化に触れる活動となる。さらに、うた、うた遊び、チャンツ、ライムに身を投じ、味わい、響き合う体験は、児童に身近なレベルで「外国語や異文化に共感する体験」となり、外国語への関心や異文化を尊重するこころの芽を育む。

❷　選択、開発、および指導のポイント

1)　児童の発達段階、興味・関心に合ううた、チャンツ、ライムを選択する。例えば、低学年では仕草や動作をともなうもの、中・高学年ではテレビなどでなじみのあるうたや、音楽の授業で演奏したり日本語で歌っ

たりしたうたの原曲など、児童が歌ってみたいと感じるものを選択する。

2） 最初から歌わせようとせず、「何のうたかな？」「○○はいくつあった？」「どんな表現、単語が聞き取れた？」などと問いかけ、何度も聴く機会を与える。

3） 歌詞の意味は、歌詞の内容を表現したイラストや写真、ジェスチャーなどを見せて伝える。

4） チャンツやライムを言うさい、また替えうたやオリジナル・チャンツを作るさいには、英語が本来持つ強弱の等時性のリズムを崩さないことが大切である。そのためには音感のよい英語母語話者の助けを借りるとよい。

具体例1 うた I love the Mountains──山が大好き

I love the mountains.	山が大好き
I love the rolling hills.	ゆるやかな丘が大好き
I love the flowers.	花が大好き
I love the daffodils.	ラッパ水仙が大好き
I love the fireside	たき火のそばが大好き
when all the lights are low.	あたりが薄暗くなったときの
*Boom-de-ah-da, Boom-de-ah-da,	ブンディアーダ、ブンディアーダ
Boom-de-ah-da, Boom-de-ay.	ブンディアーダ、ブンディエイ
*繰り返し	

令和2年度版検定教科書（*Junior Total English 2*（学校図書）、*Here We Go! 5*（光村図書）など）掲載

1） ねらい

　英語圏で広く知られているキャンプソングである。輪唱曲としても楽しめる。daffodil（ラッパ水仙）は英国では春を象徴する花である。歌詞の後半の Boom-de-ah-da はとくに意味はなく、耳に残るフレーズとして楽しまれている。このうたは、米国のディスカバリー・チャンネルが2008年に公開した "The World is Just Awesome"（世界はまさに素晴らしい）のなかで、「山、海、空、世界…が大好き」と替え歌にして使われた。同2020年度版（Boom De Yada 2020）も同様に、世界のさまざまな地域や環境を生きる人々が、大好きなものに歌詞を替えて歌う映像と歌声がYouTubeで公開されている。

2) 活動の進め方

・準備物：A4サイズ程度の絵カード（♥×5, mountains, rolling hills, flowers, daffodils, fireside（背景は薄暗い））

・指導の手順：

① 指導者は、CDをかけて児童に聞かせ、聞き取れた表現や単語を児童に尋ね、児童の "I love ....", "Mountains.", "Flowers." などの返答に合わせて、絵カードを黒板に貼る。このさい、歌詞の流れに従って貼り、聞き取れていない部分は空白にして、次に聞き取る箇所に児童が集中できるようにする。（必要に応じて繰り返し聞かせる）

② 絵カードがすべて黒板に貼り出されたところで、指導者はカードを指し示しながらゆっくり歌い、「何のうたかな」「どんな気持ちを歌ったうたかな」と児童に問い、意味理解へと導く。

③ 指導者のリードに合わせて、児童も一緒に歌う。

3) 指導上の留意点

歌詞の聞き取りは、名詞、動詞など主たる語彙が聞き取れればよい。定冠詞、接続詞などは、次の名詞へのつなぎの音として軽く発音する。

具体例2 うた **Sally Go Round the Sun**——サリー、お日さまのまわりを回れ

Sally go round the sun,	サリー、お日さまのまわりを回れ
Sally go round the moon,	サリー、お月さまのまわりを回れ
Sally go round the chimney pots	サリー、煙突のまわりを回れ
On a Sunday afternoon. Boom!	日曜日の昼下がり　ブーン！

1) ねらい

　英語圏の集団遊びのうたである。歌い遊ぶことで、児童は英語のリズムに慣れ親しみ、英語圏の文化に触れることができる。また遊び方は歌詞の1〜3行目の意味と一致しており、遊びつつ意味を体得できる。

（歌詞の "Sally go ..." は、文法的には "Sally goes ..." であるが、このうたは古くから "Sally go ..." と表記されている。"Sally(,)" という呼びかけ＋命令文と考えられる。）

2) 活動の進め方

・準備物：A4 サイズの太陽、月、煙突（2 枚）の絵カード

・指導の手順：

①　指導者はうたの CD をかけ、児童に、歌詞のなかの「女の子の名前」「曜日」「3 つの語句（sun, moon, chimney pots）」を聞き取るよう促す。

②　絵カードを示しながら、「3 つの語句」の意味を確認する。

③　指導者は絵カードを示しながら、ゆっくり歌う。

④　指導者のリードに合わせて児童も一緒に歌う。

⑤　全員で大きな輪になる。太陽（1 人）、月（1 人）、煙突（2 人）役の児童を決め、その児童らは太陽・月・煙突を表すポーズをとって輪の中に立つ。残りの児童のなかからサリー役（S1）を 1 人決める。

⑥　全員でうたを歌う。S1 は、うたの歌詞に合わせて、太陽、月、煙突のまわりを回り、うたの終わりの "Boom!" のところで、輪の最寄りの児童（S2）にタッチする。

⑦　S2 は、⑥と同様にうた遊びを続ける。S1 は輪の S2 の位置に留まる。

3) 指導上の留意点と応用・発展

　歌詞の "Sally" のところを、"Akira go round the sun" のように、児童の名前に替えて歌うとさらに楽しめる。また、歌詞の "go round" の意味は、うた遊び

樋口忠彦（監修）・衣笠知子（執筆）『学研英語ノートパーフェクト 1——英語でエンジョイ！』（Gakken、2010）より転載。

のなかで遊びつつ、「まわりを回る」だと理解させればよい。高学年では遊びの難易度を上げて、歌詞の "go round" のところを、適時、"go over（乗

りこえる)”、“go under（くぐる)” に替える。そのさい、太陽、月、煙突役は、それぞれ二人一組で両手をつないで立ち、サリー役が乗りこえたりくぐったりしやすいように協力する。

Sal-ly go round the sun,　　Sal-ly go round the moon,
Sal-ly go round the chim-ney pots On a Sun-day af-ter-noon.　Boom!

具体例 3　チャンツ　**I'm Good at Running**──走るのが得意

A: I'm good at running.　×	私は走るのが得意
× How about you?　×	あなたはどう？
B: I'm good at swimming.　×	僕は水泳が得意
A:　× Oh, that's cool!　×	わぁ、かっこいい！
B: I'm good at singing.　×	僕はうたが得意
× How about you?　×	君はどう？
A: I'm good at dancing.　×	私はダンスが得意
B:　× Oh, that's great!　×	わぁ、すごい！

令和 2 年度版検定教科書（*Here We Go! 6*（光村図書））より

1）　ねらい

　すべての検定教科書で扱われている “be good at ...” の表現を用いて、得意なことを他者意識をもって伝え合う対話性のあるチャンツである。4 拍のリズムに乗せて、英語特有の強弱の等時性リズムをつかみたい。

2）　活動の進め方

・準備物：A4 サイズの絵カード（running, swimming, singing, dancing）

・指導の手順：

①　デジタル教材がある場合は児童に視聴させ、ない場合は指導者がチャンツを言い、聞き取れた表現や語彙を児童に尋ねて絵カードを黒板に貼

り、チャンツの意味を考えさせる。（必要に応じて繰り返し聞かせる）

② チャンツを1行ずつ、指導者の後について児童は繰り返す。

③ Aの部分を指導者が、Bの部分を児童が言う。次に役割を交替して言う。

④ 児童を2グループに分けて掛け合いで言う。さらに列ごと、ペアなどさまざまな掛け合いでチャンツを楽しむ。

3) 指導上の留意点と応用・発展

　チャンツに慣れたら、ペアになり、互いの得意なことに語彙を替えてオリジナル・チャンツを創り、リズムに乗せて言う活動へと発展させたい。

具体例4　ライム　**Eeny, Meeny, Miny, Moe**──だれにしようかな

Eeny, meeny, miny, moe,	だれにしようかな
Catch a tiger by his toe;	虎の足さき捕まえろ
If he hollers, let him go,	吠えたら放せ
Eeny, meeny, miny, moe.	だれにしようかな

Let's Try! 2, Unit 2（創作メロディ付）より

1) ねらい

　英語圏でとてもよく知られている「鬼きめうた」のライムである。語尾の moe, toe, go, moe が韻を踏んでいる。一人ひとりを指しながらこのライムを言い、最後の "moe" で指された人が「当たり」となる。授業のさまざまな場面で、誰か一人を選ぶさいに指導者が使うとよい。教室で何度も耳にするうちに、児童は詩とリズムを耳で覚え、一緒に言えるようになる。

2) 活動の進め方

　指導者の質問に挙手した多数の児童のなかから、1人を選ぶ場面で使う。

・指導の手順:

① 指導者は、手をあげている児童一人ひとりを順に指しながら、"Eeny, meeny, miny, moe …" とライムを言う。そのさい、ストレス（●印）の位置で児童を指す。

② ライムの最後の "moe" に当たった児童に、"○○さん、please answer the question." と言い、質問に答えるように促す。

3) 指導上の留意点

　ライムは、英語の等時性のリズムにのせて、ストレスのある語を強く言うとよい。

2. クイズ

　クイズは新教材の導入時に使うことで児童の新教材への興味・関心を高めたり、学習した表現や語彙の復習をクイズ形式にすることで遊びの要素を加えたりと用途は広い。表現や語彙に慣れ親しむ活動として効果的に活用したい。

❶　クイズの意義

1)　集中して英語を聞く機会となり、聞こうとする態度や聞く力を育む。

2)　未習の表現や語彙が少し含まれていても、理解できる表現や語彙をもとに全体の意味を類推し、答えを導きだそうとする知的活動となる。

3)　「聞く」だけの活動ではなく、答えを言ったり、クイズによっては質問をしたり、児童が積極的に「話す」活動になる。

❷　選択、開発、および指導のポイント

1)　児童の興味・関心に合った題材について、新教材の導入を目的とする場合を除き、基本的に既習の表現や語彙を使って問題を作成する。

2)　クイズを出すさいは、まず普通の速度で、次はゆっくり、その次は表情やジェスチャーをつけて言う、というように、児童の理解度に応じて、徐々に分かりやすくする。

3)　答えが分かった児童は、すぐに答えを言わずに「手をあげる」ことをルールにする。全員が答えにたどり着くプロセスを大切にする。

4)　クイズの答えは、口頭で言うだけでなく、絵カードを示すなどの方法で、全員が答えを確認できるようにする。そのさい、絵カードを示しながら再度クイズを言い、ポイントとなる表現や語彙の意味も確認させる。

5)　高学年では、児童がクイズを作って出題する活動に発展させるとよい。

具体例1　Three-hint-quiz──スリーヒントクイズ

1)　ねらい

　与えられた3つのヒントから答えを考えるクイズである。児童の興味・

関心に合った題材選びと、学習段階に応じてヒントの難易度を調整することで、低学年から高学年までの児童に満足感を与える活動になる。

2) 活動の進め方——果物編

・表現：What's this?　It's …. など

・語彙：果物の名前、形、色、大きさを表す形容詞など

・活動形態と所要時間：全体、5～10 分

・準備物：答えの確認用の A4 サイズの絵カード／写真

・指導の手順：

① 指導者は答えとなる絵カードや写真などを 1 枚裏向けて持ち、"What's this?" と呼びかけ、ヒント（④の問題例を参照）を言う。

② 答えが分かった児童は手をあげる。ヒントの途中で手をあげてもよい。

③ 指導者は 1 人を指名し、指名された児童は答えを言う。

④ 同様に続ける。以下は果物編の問題例。

例1　(It's) long.　(It's) yellow.　(It's a) fruit.

例2　(It's a) vegetable.　(It's) big and round.　(It's) black and green.

例3　(It's) small and red.　(It has) a green hat (on top).　(It's) on a cake.

3) 指導上の留意点と応用・発展

　クイズ問題の英語は、語彙のみでも文でも楽しめるので、発達段階や学習段階に応じて調整する。動物編では、"It can …." "It likes …." "It's from …." などの表現も使うことができる。動物編の問題例を次にあげておく。

例1　(It's an) animal.　(It has) two long ears.　(It likes) carrots.

例2　(It's an) animal.　(It's) black and white.　(It's from) China.

例3　(It's an) animal.　(It can) jump.　(It's from) Australia.

具体例2　Twenty Questions——20 の扉

1) ねらい

　指導者の "I'm an animal. Guess what I am." という呼びかけに対して、児童は、大きさ、色、特徴などを一般疑問文で質問し、指導者の Yes / No の返答だけで答えを当てるクイズである。児童は指導者からより多くのヒントを得ようと、さまざまな質問を考えて積極的に発言する。指導者よりも児童の発話量のほうが多い活動となる。

2) 活動の進め方――動物編

・表現： 一般疑問文、Are you a bear?―Right.

　　　　（大きさ）Are you big?―Yes, I am. / No, I'm not.

　　　　（色）Are you brown?―Yes, I am. / No, I'm not.

　　　　（身体の特徴）Do you have a long nose?―Yes, I do. / No, I don't.

　　　　（好きな食べ物）Do you like honey?―Yes, I do. / No, I don't.

・語彙： （動物名）elephant, zebra, mouse, bear, penguin など

　　　　（外見の特徴）色・大きさなどを表す形容詞、身体の部分の名称

　　　　（好きな食べ物）honey, apples, cheese, fish など

・活動形態と所要時間： 全体、10〜15 分

・準備物： 答えの確認用の A4 サイズの絵カード／写真

・指導の手順：

① 活動で使用する一般疑問文や語彙を簡単に復習する。

② 指導者 (T) は絵カードを 1 枚裏向けて持ち、次のように進める。

```
T: I'm an animal.          S3: Are you brown?
   Guess what I am.        T: Yes, I am.
S1: Are you big?           S4: Do you like honey?
T: Yes, I am.              T: Yes, I do.
S2: Do you have a long nose?  S5: Are you a bear?
T: No, I don't.           T: Right.
```

③ 同じ要領で、クイズを続ける。

3) 指導上の留意点と応用・発展

　児童が "Brown?" と単語のみで質問したり、表現に誤りがある場合は、指導者はさりげなく文や正しい表現を示すようにする。また「蜂蜜ってなんて言うの？」などの声があがった場合は、"What's 'hachimitsu' in English?" という表現を教えて、尋ねさせるとよい。can が既習の場合は、Can you swim / fly? などの疑問文や動詞を加えるとよい。

3. ゲーム

　外国語の授業において、ゲームの果たす役割は大きい。学習する表現や語彙を使って聞いたり話したりするゲームに取り組むことによって、児童

は楽しみながら言語材料に慣れ親しみ、自分のものにしていく。

❶ ゲームの意義

1) ゲームの持つ遊戯性は、英語を使う動機づけとなり、照れくささや気後れなどを軽減する。

2) 遊びのなかで、ターゲットの表現や語彙、発音・抑揚などに慣れ親しみ、繰り返し練習することができる。

3) ペアやグループで行うため、助け合い、学び合いの場となる。

❷ 選択、開発、および指導のポイント

1) 発達段階に合うゲームを選択する。

2) 学習する言語材料を使う必然性の生じるゲームを選択する。

3) 単なる遊びに終わることのないように、言葉のやり取りを重視する。

4) ルールは英語や日本語で長々と説明するのではなく、ゲームで使用する英語を使って実演を行い、見せて理解させる。

5) 勝敗、順位、優劣など、ゲームの結果にこだわりすぎない。

具体例 **1 Touching Game**──タッチ・ゲーム

1) ねらい

　学習した「問い」の文を一斉に言い、「答え」の文を聞き取って、教室の壁に貼ってある絵カードから答えに合うものを探してタッチするゲームである。ルールが簡単で、動きがあるため、児童に人気がある。一斉活動のためプレッシャーが少なく、自信のない児童も他の児童の発話を聞いて、真似して発話しているうちに言えるようになる。

2) 活動の進め方──「好きなスポーツはなに？」編

・表現：What sport do you like?―I like baseball.

・語彙：baseball, soccer, swimming, basketball, table tennis など

・活動形態と所要時間：全体、5〜10 分

・準備物：A4 サイズの 5〜10 種類のスポーツの絵カードを各 3 枚

・指導の手順 [☞資料①教室英語]：

① 指導者はあらかじめ教室の壁のあちらこちらに絵カードを貼っておく。

② 児童 (S1) を 1 人選ぶ。S1 と他の児童全員 (Ss) で次のように進める。

　Ss: What sport do you like?

S1: I like soccer.

Ss: Me, too. / Not me.

③　Ss は、"Me, too."（「私も」）もしくは "Not me."（「私は違う」）と言いながら、S1 の答えたスポーツの絵カードを探し、タッチする。

④　S1 役を交替して続ける。

3)　指導上の留意点と応用・発展

　壁に貼るものは、各スポーツの用具、各スポーツの有名選手の部分写真、単語の綴りカード（例：soccer）など、児童の発達段階や学習段階に応じて難易度を変える。このゲームは、What sport do you play? など、さまざまな wh 疑問文に適用できる。

具体例 2　Relay Game──伝言ゲーム

1)　ねらい

　列の先頭の児童から最後尾の児童へと順番に伝言を回すゲームである。ルールがよく知られているゲームなので不安なく参加することができ、ターゲットの表現や語彙を聞いたり話したりする機会になる。

2)　活動の進め方──「宝物はどこ？」編

・表現：Where is the treasure?

　　　　　It's [on / in / by] the [red / blue / black] box.

・語彙：場所を表す前置詞　　on, in, by

　　　　　色の名前　red, blue, black　　　　　名詞　treasure, box

・活動形態と所要時間：全体、5～10 分

・準備物：宝物のありかを描いた A4 サイズの絵カード 9 枚（赤・青・黒の箱の、それぞれ上・中・横に宝物を表すダイヤモンドなどの印が描かれている）

・指導の手順：

①　児童は 6 人程度の同人数のグループに分かれ、それぞれ 1 列に平行に並ぶ。

②　指導者は、絵カードのなかから各列に 1 枚ずつ選び、各列先頭の児童（S1）だけに見せる。見せた絵カードは、裏向きに黒板に貼っておく。

③　指導者の "Start!" の合図で、各列 2 番目の児童（S2）は、S1 に次のよ

うに尋ね、S1 は見た絵カードに合わせて、S2 の耳元で他の児童に聞こえないように答える。

S2: Where is the treasure?

S1: It's in the blue box.

④ 次に 3 番目の児童 (S3) が S2 に尋ね、最後尾 (S6) まで同様に進める。S6 まで伝わったら、S6 は "Finished!" と言い、その列の児童は全員座る。

⑤ 全列が終了したら、1 列ごとに答え合わせをし、S6 の回答と絵カードが一致することを確認する。

S1: Where is the treasure?

S6: It's in the blue box.

T: Let me see.（黒板のカードをめくり）Yes. It's in the blue box. Good!

3）指導上の留意点

速さを競うあまり、言葉のやり取りの質が疎かにならないように、相手の目を見て "Where is the treasure?" と尋ねる、耳元にささやかれた伝言が聞き取れたら "Okay." と言う、というように指導する。

具体例 3　Card Game——カードをそろえよう！ ゲーム

1）ねらい

英語を言いながら絵カードを 1 枚ずつ隣に回し、同種の絵カードをそろえるゲームである。"What day is it?" "What do you study?" など多くのターゲット表現に適用できる。新教材の口慣らし練習後に、またコミュニケーション活動や自己表現活動への橋渡し練習として活用できる。

2）活動の進め方——文房具編

・表現： What's this?——It's a pencil.

・語彙： pencil, pen, notebook, textbook, ruler など

・活動形態と所要時間： 5 人程度のグループ、10 分

・準備物： トランプサイズの、グループの人数と同数の種類で 1 セットの文房具の絵カードをクラスの児童数分（5 人グループなら文房具 5 種類 × クラス人数）

・指導の手順：

① グループのメンバーの 1 人がカードをシャッフルして、等分に配る。

② 各児童は配られたカードを他の児童に見えないように広げて持ち、そ
ろえるカードを1種類決める。何をそろえるかは他の児童には言わない。
③ 一斉に "What's this?" と言いながら、"this" のところで捨てるカード（そ
ろえる種類以外のカード）を1枚、右隣りの児童の正面に裏向けて置く。
④ 各児童は前に置かれたカードを手に取り、そのカードの絵を見て、"It's
a/an …." と一斉に答える。
⑤ ③,④を繰り返し、グループの誰か一人の手持ちのカードがすべて同
じ種類のカードになるまで続ける。そろえるカードは、ゲームの進行途
中に回ってくるカードに応じて臨機応変に変えてよい。そろった児童は、
"Finished!" と言い、ゲーム終了を告げる。

3) 指導上の留意点と応用・発展

このゲームは、What's this? × × It's a pencil. × × と、一定のテン
ポを保ってリズムゲームのように進めることもできる。しかし、とくに
④では、やや遅れて答える児童もいるので、リズムに乗ることよりも、一
人ひとりが答え終わるまで待つことを大切にしたい。

4. 絵 本

外国語活動や外国語科の授業では各単元で学習する表現や語彙を使った
短い会話のやり取りが中心になり、その結果、まとまりのある英語を聞く
機会が少ない。絵本の読み聞かせは、児童がある程度まとまりのある英語
を聞き、英語の音声的特徴や異文化に触れることのできる活動である。

また絵本は、英語劇、ペープサート劇、オペレッタへと展開することが
でき、さらにストーリーづくり、オリジナル絵本づくりといった創造的活
動や自己表現活動へと発展させることができる。学習段階に応じて、聞く
ことから話すことへ、読むことから書くことへとつないでいきたい。

❶ 絵本の意義

1) ある程度まとまりのある英語を聞くことを通して、英語特有の音・リ
ズム・抑揚などに触れることができ、英語の文構造に無意識のレベルで
触れることができる。

2) イラストと理解可能な言葉をヒントに前後関係などから、未知の表現
や語彙の意味を類推・推測する力や、大意をつかむ力を育む。

3) 王様や蛙など日本の絵本ではあまり扱われないモチーフや、イラストに描かれる事物・自然・建物・衣服・生活習慣などを通して異文化に触れ、異文化への興味・関心が高まる。

4) 外国の民話など、その国特有の物語の展開を通して異なる世界観や価値観に触れ、無意識のレベルで異文化の深層に触れることができる。

5) 中・高学年になると、文字にも興味が向くようになり、音と文字とのつながりに興味・関心が高まる。また文字を意識しながら、指導者について何度も繰り返しているうちにしだいに音読の力が育つ。

6) 絵本にはメッセージ性の高いものも多く、こころの成長を助ける。

❷ 選択および指導のポイント

1) 児童の発達段階、興味・関心に合う内容の絵本を選択する。

2) 絵本の選択にあたっては、1 ページあたりの語数が多すぎず、意味理解のヒントとなる分かりやすいイラストのものを選ぶ。

3) 指導者が読み聞かせに不安がある場合は、絵本に付属する CD を活用したり、ALT に頼むとよい。

4) 絵本の読み聞かせの方法は絵本の内容によって一様ではないが、指導者による読み聞かせ、児童が一部を繰り返す、一文ずつ指導者の後について繰り返すというように段階を追って進める。

5) ページをめくる前に次に起こることを予想させたり、読み終わった後で登場したものの内容を尋ねたりと、インタラクティブに進める。

具体例 1 低学年

　低学年には、ごく身近な題材を扱ったもので、同じ表現が繰り返し使われるパターン・ブック（pattern books）が向いている。パターン・ブックは、繰り返し聞くうちに、表現を音のまとまりとして容易に暗誦できる。次の 3 冊はすべてパターン・ブックである。

1) *Strawberries Are Red* (by Petr Horacek, Candlewick Press)

　6 種類の果物と色が紹介されるだけのごく簡単な内容だが、最終ページで果物がフルーツサラダに変わる仕掛け絵本である。児童の好きなサラダを描き、オリジナル絵本づくりへ発展できる。（14 頁*、28 語）

*頁数は、原則として総頁ではなくストーリーの書かれた頁の数を示す。以下同様。

2） *Brown Bear, Brown Bear, What Do You See?*（by Bill Martin, Jr., Macmillan ほか）

パターン・ブックの定番の一冊で、題材は動物と色である。Brown bear, brown bear, what do you see? I see a red bird looking at me. という文がリズミカルに繰り返される。（24頁、196語）

具体例2　中学年

中学年は、抽象的思考能力が発達し、知的・認知的な言語活動を好むようになり、また自意識も強くなるので、ストーリーの展開を他教科で得た知識を生かして予測したり、日本語と英語の語順の違いについて気づきを促したり、自己表現的に展開したりできる絵本を選びたい。

1） *Lemons Are Not Red*（by Laura V. Seeger, Roaring Brook Press）

果物、野菜、動物などと色が扱われているパターン・ブックである。Lemons are not RED. Lemons are YELLOW. Apples are RED. という文が繰り返され、単語を置き換えるだけで読むことができる。（26頁、65語）

2） *Quick as a Cricket*（by Audrey Wood, Child's Play）

22種類の生き物とその特徴や性格が紹介される。実はこれらはすべて一人の男の子の性格を表現しており、人はみなさまざまな側面を併せ持つことを表している。この絵本はオリジナル絵本づくりへと展開したい。また生き物の特徴や性格のとらえ方が日本とは異なることに児童は関心を持つ。（31頁、140語）

3） *Skeleton Hiccups*（by Margery Cuyler, Aladdin）

ガイコツがしゃっくりを止めるためにいろいろと試す面白い話で、起きる、シャワーを浴びる、歯を磨く、といった日常的な動詞が使用されている。しゃっくりの止め方の日本の習慣との違いにも気づく。（29頁、76語）

4） *White Rabbit's Color Book*（by Alan Baker, Kingfisher）

三原色と混色が題材である。指導者はページをめくる前に児童に "What color will it be?" と問いかけ、児童は混色を考えて答えるというように進めるとよい。yellow, red, brown は暖かい、blue は冷たいなど、暖色・寒色といった色のイメージにも触れられる。（23頁、160語）

5） *Three Billy-Goats*（Classic Tales, Oxford University Press）

ノルウェーの民話。「三びきのやぎのがらがらどん」として知っている児童もおり、英語で聞くことに興味がわく。日本にはなじみのないトロール（鬼）が登場し、痛快な結末は元気あふれる中学年に向く。（18頁、442語）

　高学年には、児童の興味・関心やこころの成長に合ったメッセージ性の高い絵本で、かつ英語の難易度が高すぎず語数が多すぎない絵本を選びたい。次の5冊は、比較的これらの条件に合うものである。イラストも分かりやすく描かれている。一部難しい表現や語彙があっても、児童は推測力や類推力を働かせて、またイラストをヒントに大意をつかもうとする。

1)　*The Carrot Seed* (by Ruth Krauss, Harper Trophy)

　男の子がニンジンの種を植え、家族みんなに "I'm afraid it won't come up." と言われるなかで、あきらめず水やりや草抜きを続け、特大のニンジンを収穫するという話である。イラストも分かりやすい。（24頁、101語）

2)　*A Color of His Own* (by Leo Lionni, Dragonfly Books)

　居る場所によって色が変わるために独自の色を持たないことに悩むカメレオンが、友との出会いで、自分を受け入れていくという話である。（28頁、239語）

3)　*Anansi the Spider* (by Gerald McDermott, Square Fish)

　「月はなぜ空にあるか」を語るガーナの民話である。アシャンティ族の民話によく登場するクモのアナンスィや、万物の神ニヤメなど、日本の児童にはなじみのない世界観との出会いとなる。（34頁、368語）

4)　*We're Going on a Bear Hunt* (by Michael Rosen, Aladdin Paperbacks)

　英語圏でよく知られる熊狩りのライムを題材にした絵本である。語数は多いが、同じパターンの繰り返しが多く読みやすい。さまざまな擬音語が楽しめる。（34頁、409語）

5)　*Just Like Heaven* (by Patrick McDonnell, Little, Brown and Co.)

　昼寝から目覚めると濃霧に一面覆われており、「天国に来た！」と勘違いする猫の話である。霧が晴れて景色が見えると、そこは天国ではなく自分の町だったと気づく。大震災の教訓として、なんでもない日常のなかに幸せがあることを知った児童のこころに響く絵本である。（41頁、268語）

❸ 指導計画

45 分授業において、10 分間 3 回の帯活動で絵本 *Lemons Are Not Red* を使った指導計画は次の通りである。

時	目標と主たる学習活動
1 時 (10 分)	読み聞かせを聞いて、ストーリーの意味の推測を楽しむ。絵本に出てくる果物・野菜・動物・色などについて、カタカナ音と英語の発音の違いに気づく。 ・読み聞かせを聞く。 ・読み聞かせの後で、"What fruit (vegetable, animal) do you remember?", "What color?" といった質問に答えるメモリー・クイズをする。 ・発音および "not" が強調される英語のリズムを意識しながら、1 文ずつ、指導者の後について繰り返す。
2 時 (10 分)	読み聞かせを聞いて、ストーリーの意味を理解する。指導者について、絵本のパターンの文が言える。 ・読み聞かせを聞く。 ・絵本に出てくる果物・野菜・動物などの絵カードを、絵本に出てくる順番に黒板に並べて貼るゲームをする。 ・答え合わせを兼ねて、もう一度、絵本の読み聞かせを聞く。 ・指導者が示す絵本を見ながら、指導者と一緒にパターンの文を言う。
3 時 (10 分)	絵本の全文を、リズミカルに言う（読む）ことができる。 ・読み聞かせを聞く。 ・指導者が示す絵本を見ながら、指導者と一緒に絵本の全文をリズミカルに言う（読む）。児童が言えないページがあれば、指導者の後について言う練習を何度か繰り返し、全文言える（読める）ようになるまで行う。 ・児童だけで、全文をリズミカルに言う。

〔発展活動〕グループでオリジナル絵本を創り、発表する。(45 分×2)

（衣笠　知子）

学 習 課 題

1. クイズ、ゲームが外国語授業で活用される理由をまとめよう。
2. 語彙をヒントとする Three-hint-quiz と、文をヒントとする Three-hint-quiz を、中学年用と高学年用に 2 つずつ作成しよう。

❸

児童の興味・関心を引きつける活動の工夫

　文科省作成教材 *Let's Try! 1, 2*、および検定教科書が配布されたことで、多くの学校では、それらの指導資料に示された学習指導案通りに授業を進めているようである。毎日空き時間もなく全教科を教える学級担任にとって、指導資料通りに進めれば何とか授業が成立するのは、心強いものである。しかし、児童の実態に合わせて、指導資料の内容を取捨選択し、児童に合う活動を挿入することは、授業づくりの楽しみである。

　Let's Try! や検定教科書にはうたやチャンツがあるが、私は学校の予算で購入した、市販の英語のうたの CD 等をよく活用する。うたの指導はまず、CD を聞かせ、何に関するうただったかを考えさせる。次に、絵を使って内容についての会話をしながら、歌詞を理解させる。うたの指導では、このような途中の会話を大切にしている。曜日や月名のうた、数のうたなどは、順番を入れ替えたり、逆から歌ったり、一部を抜かして歌ったり等のアレンジをして楽しむ。また、クラスの児童にとって身近なものに歌詞の一部を替えて歌うこともある。そして、学級担任だからこそできることであるが、朝の会や帰りの会、音楽の時間の初めなどに歌ったりすることもある。

　絵本の読み聞かせも楽しい活動の一つである。指導資料通りに進めると、絵本の読み聞かせを行う時間はあまりないが、短い時間でも絵本の読み聞かせをぜひ取り入れたい。読み聞かせにさいしては、タイトルや表紙の絵から内容を想像させる教師の発問や、次のページに何が出てくるのかわくわくさせるようなページのめくり方などの工夫をしたい。

　ゲームのルールの説明も英語で実演を交えて行う。児童はルールを理解しようと一生懸命英語を聞こうとする。理解できないときは、繰り返したり説明方法を変えたりする。

　指導者は、定型的なクラスルーム・イングリッシュだけでなく、児童の様子に合わせて臨機応変に英語を使いこなす力を身につけるべく、少しずつ努力を積み重ねたいものである。

（上原　明子）

8章 | 教材研究②——児童が創意工夫し、生き生きと英語を使う活動

　7章で扱った活動などで英語の語彙や表現に慣れ親しませた活動後には、児童が主体的に自分の考えや思いを伝えたり、情報のやり取りをしたり、英語を生き生きと使って何らかの伝達目的を達成するといった発展的な活動に取り組ませる。この章では「英語でこんなことができた」と児童に達成感や満足感をもたらし、「次は英語でこんなことをしてみたい」と動機づけになる活動について考える。

1節　望ましい活動の条件と改善・開発の視点

1. 望ましい活動の条件

　児童が主体的に生き生きと英語を使う活動とは、「伝えてみたい」、「尋ねてみたい」という児童の伝達意欲を満たすことのできる、あるいは「伝える価値がある」と児童が感じる内容を備えた活動である。本章で扱う活動はいくつかのタイプに分類されるが、以下のように、共通して備えておくべき条件がある。

1) 伝える内容に自己と関連性がある。
2) 他者と関わり合いを持つ必然性が内包されている。
3) 目的や場面、状況などが具体的に設定されている。
4) 使用する語彙・表現や伝える内容に、限定的であっても自由度がある。
5) 目的達成の手段として活動が位置づけられている。

2. 改善・開発の視点

　児童に、より質の高い、より望ましい活動を提供するためには、文部科学省（以下、文科省）作成教材や検定教科書、市販の教材に示されている活

動に改善を加えたり、独自に新しい活動を開発したりすることが大切である。そのさい、上述の条件に加え、以下の事柄にも十分配慮したい。

1) 児童の実態や発達段階、興味・関心に合い、知的好奇心を満たすことができ、児童が個性や創造性を十分に発揮し得る題材や内容にする。

2) 児童の作品や絵などの非言語情報も活用して、児童の限定的な言語使用をうまく補う活動を工夫する。

3) 各単元で目標とする言語材料だけでなく、既習の言語材料を適切に取り入れて、児童が表現する内容の幅を拡げるとともに、既習事項にスパイラルに慣れ親しむ機会とする。

4) 異文化理解や環境教育などのテーマを扱う単元に関連づけ、児童が考えたり話し合ったりする体験を通して、国際理解の視点を養っていけるような活動を計画する。

5) 個人、ペア、グループ、あるいはクラス全体など、活動内容に応じた適切な活動形態を工夫する。なお、ペアワークの場合は、特定の相手に限定して伝える場合 (fixed pair work) と不特定多数の相手に対して伝える場合 (flexible pair work) を適切に使い分ける。

1. で示した活動の条件と合わせてこれらの視点を踏まえ、指導者として育成したい児童像を意識し、活動を設計する力を養っていきたい。また、実施段階においては、使用する語彙や表現に十分に慣れ親しませ、レディネスを保証してから活動に入るよう心がけなければならない。このように段階的な指導計画も見通したうえで、「主体的・対話的で深い学び」の実現につながる活動を設計する必要がある。

2節　創意工夫し、英語を生き生きと使う活動

1. Small Talk

❶ Small Talk の役割と指導のポイント

Small talk とは、「帯活動で、あるテーマのもと、指導者のまとまった話を聞いたり、ペアで自分の考えや気持ちを伝え合ったりすること」（文科省 2017a）と定義されている言語活動である。第5学年では教師の話を聞くことを中心に教師と児童のやり取りを行い、第6学年では児童同士のやり取

りを行う。活動を行う目的として、(1) 既習表現を繰り返し使用できるようにしてその定着を図る、(2) 対話を続けるための基本的な表現の定着を図る、が挙げられる。Small talk は指導過程（復習段階、新教材の導入、言語活動の提示等）のさまざまな場面で利用できる。

Small talk 指導のポイントとして、次の点に注意が必要である。
・身近な話題の中で、自分自身の考えや気持ちなどを伝えさせる。
・教師も自分自身のことを英語で伝え、やり取りを楽しむ。
・対話を継続することができるような表現を段階的に使わせる。

例えば、あいづちを打つ (I see. Too bad. Sounds good.)、分からないことについて聞き返す (Pardon? Excuse me?)、自分のことを述べてから相手に質問する (I enjoy swimming. How about you?)、間を埋める (Well, Ah, Hm, etc.) 等の表現を使って、モデルを示す。

❷ Small Talk の実際
1) 5 年生
「身近な人を紹介する」(*Blue Sky elementary 5* (啓林館、令和 2 年度版)、Unit 5, This is my sister.) の導入で行う small talk の例である。She can / can't sing well. は既習表現である。

T: Who's this?（自分の子供の写真を示す）Is this my mother? Is this my father? Is this my child?

Ss: Child.

T: Great. Good guess. This is my child, my son. His name is Taku-chan. He's cute. Do you know how old he is?

Ss: Two. Three, …（さまざまな答えが返ってくる）

T: Thanks. Your answers are close. He is two years and six months old. What can he do?

Ss: Walk? Eat? Drink milk?

T: Well, that's right. He can walk well. He can run slowly. He likes swimming.

S: Swimming?

T: He likes swimming. He can't do the backstroke. He can float in the water.（水に浮かんでいる写真を示す）

2) 6年生

「週末の出来事」（*Blue Sky elementary 6*（啓林館、令和2年度版）, Unit 5, What did you do last weekend?）を話題とする児童同士のやり取りを促すための small talk の例である。

T: Last Sunday, I went to the USJ with my family. We had a good time there. （USJ での家族写真を示す）

Ss: What (kind of) ride (did you enjoy)?　*（　）内に正しい表現を示す。

T: Oh, I enjoyed riding the roller coaster called "The Flying Dinosaur." （ジェットコースターの写真を示す）　It was very scary, but fun. （顔の表情や声の調子で意味を推測させる）

Ss: How about Mario World?

T: I didn't go to New Nintendo World. It was very crowded. I want to go there next time. Well, what did you do last weekend? Did you go somewhere? Did you see your friends? Did you stay home? Did you play video games with your brothers or sisters? Please make pairs and have a chat with your partner.

S1: I stay (stayed) home.

S2: What did you do?

S1: I played video games.

S2: Played video games. Who (did you play with)?

S1: Ahh, no (with nobody). Only one (I played the games alone).

S2: Oh, one? (Did you play the games alone?)

S1: Yes. It was fun. What did you do last weekend?

S2: Well, I went to my grandpa's house, Ojii-chan's house. (I had a) happy time.

S1: Sounds good.

2. コミュニケーション・自己表現活動

コミュニケーション・自己表現活動では、話し手として相手を意識しながら話をしたり、聞き手として相手にしっかり反応しながら聞いたりできる力や態度を養うことを目標とする。そのためには、活動中の児童の意識

が、意味やメッセージのやり取りに自然に向けられるように活動を設計する必要がある。話し手と聞き手の間にインフォメーション・ギャップ（情報の格差）を作り、新しい情報交換が起こるような活動を立案しなければならない。また、活動のさいには、場面によっては丁寧な伝え方を意識させるなど、人と関わるときに求められるマナーについても体験的に学ぶ機会となるよう指導したい。

活動例1: なりきり自己紹介——スパイの正体はだれ？

1) ねらい

　発表者はクラスの友だちの一人になりきり、適切な姿勢や発声を意識しつつ絵を見せながら自己紹介する。聞き手はその人物の好みとコードネームを聞いて、それが誰の自己紹介かを考えたり推測したりする。

・I like .... や I don't like .... の表現を使って、好きなものと好きではないものを伝える。

・アルファベットと数字を使って、自分のコードネームを考える。

・友だちのことを伝えたり、聞き取ったりする発表を楽しむ。

2) 活動の進め方

・表現： I like ....　I don't like ....
　　　　 Who am I? Are you ...?——Yes, I am. / No, I'm not.

・語彙：（教科）Japanese, math, social studies など、（スポーツ）baseball, soccer, tennis など、（食べ物）pizza, curry and rice, cake など、（その他——好きでないもの）spider, snake, ghost など

・活動形態と所要時間： 全体（児童の実態に応じてグループ）、約30分

・準備物： 自己紹介ボード（B4またはA3サイズ。次頁参照）

・指導の手順：

①　食べ物や教科、スポーツから、好きなものを3つと、小動物など好きでないものを1つ考えさせる。児童から使用する語彙について質問が出ることが予想されるので、指導者は必要に応じて個別に支援する。

②　アルファベットと数字の組み合わせを使って、自分に4桁のコードネームをつけさせる。指導者はコードネームを数例示しながら、自分に関連したアルファベットと数字を使うように説明する。例： Y3T7

表面	裏面
	コードネーム: Y3T7 名前: 山田哲也 コードネームの説明: Yamada Tetsuya で 3 月 7 日 生まれだから。

③ 自己紹介ボードを配り、表面には選んだものの絵を描かせ、裏面には
コードネーム、名前、コードネームの説明を書かせる。

④ 自己紹介ボードを回収し、再度ランダムに配付する。本人の手元に戻
らないように注意する。

⑤ 児童は受け取った自己紹介ボードの持ち主になりきって発表できるよ
うに、個人で練習する。指導者は必要に応じて個別に支援する。

⑥ 準備が整ったら、発表を始める。発表者は自己紹介ボードを見せなが
ら以下のように話す。聞き手は自己紹介を聞いて、そのコードネームの
人物を当てる。正解が出るまで質問を続ける。

　　S1: Hello. My codename is Y3T7. (コードネームを板書) I like music.
　　　　I like table tennis. I like pizza. I don't like spiders. Who am I?

　　S2: Are you Minako Hara?

　　S1: No, I'm not.

　　S3: Are you Tetsuya Yamada?

　　S1: Yes, I am.

⑦ 指導者は答えを当てた児童にどの情報をもとに推測したのかを尋ねた
り、答えの児童にそのコードネームの意味について尋ねたりする。

3) 指導上の留意点

　発表活動の場合、しっかり伝えることができたという成功体験を味わわ
せるためにも、事前に個人で練習させる時間を十分確保することが大切で
ある。また、一人で発表することが困難な児童がいる場合には、指導者が
隣に立って支援するなどの配慮が必要である。

活動例2: スキットづくり——困っている外国人のお手伝い

1) ねらい

　児童の生活に身近な話題について特定の場面や状況を想定し、既習事項を活用して伝えたい内容を表現する機会を設けて、臨場感のある言語使用を体験させる。ペアやグループで協働したり個性を発揮したりする創造的な表現活動の中で、児童にこれまでの学習の成果を実感させたい。

・つなぎ言葉や尋ねる、お礼を言うなどの機能表現を積極的に活用する。
・ジェスチャーや表情などの非言語要素を使って、伝えたいことを表現する。

2) 活動の進め方

・表現：（機能表現）Excuse me.　Can I help you? など
　　　　（その他既習事項）I can't ....　It's .... など

・語彙：（性格を表す形容詞）kind, friendly, shy など
　　　　（良い状態を表す形容詞）nice, good, great, wonderful など

・活動形態: 全体とペア

・指導計画と所要時間:

　第1時: モデル・スキットの提示と個別指導（スキットのオリジナル化、小道具などの準備）、約40分（必要に応じて授業時間外に＋α）

　第2時: リハーサルと発表、約40分

・準備物:

① モデル・スキットのワークシート×児童数

J: 日本人、F: 外国人

J: Excuse me. Can I help you?

F: Oh, thank you. I can't read this Japanese.

J: Let me see. It's *Tachiirikinshi*.

F: *Tachiirikinshi*? What does it mean?

J: Well, ...（ジェスチャーで示す）

F: Oh, I see. Thank you for your help. You're very kind.

J: You're welcome. Have a nice day!

② スキットのモデル提示用小道具（「立入禁止」の標識）

・指導の手順：

第1時：

① 黒板にドアを描き、そこに「立入禁止」の張り紙をして、部屋の入口前での会話であることを示す。発表のモデルを ALT と演じてみせる。指導者が一人の場合はパペットなどを使う。また、このモデルをもとに、ペアでスキットをオリジナル化して発表することも伝えておく。

② 会話の流れが理解できたかどうか確認し、理解のあいまいな部分についてヒントを与えたうえで数回モデルを演じてみせる。

③ 全員が理解できたことを確認してから、モデル・スキットのワークシートを配付し、数回読んで聞かせ、理解を徹底する。

④ 指導者の後について音読させる。

⑤ ペアで相談してスキットをオリジナル化するように指示し、会話の場面と下線部の標識の日本語表示、その意味を伝えるうえで必要な表情やジェスチャーを考えさせる。また、点線部は別の言い方が思いつけば、自由に変えて構わないことを、例をあげながら伝える（例：Can I help you? → Are you OK?, What does it mean? → I don't understand. など）。

⑥ 個別に各ペアを指導して回り、小道具の準備や、オリジナル・スキットの練習を支援する。

第2時：

① 各ペアでスキット上演のリハーサルを行う。

② 各ペアが順番にオリジナル・スキットを発表する。

③ 指導者は、各発表に対してよくできていた点を簡潔に取り上げる。ALT がいる場合はコメントを求める。

3）指導上の留意点

　ジェスチャーで表現することが苦手な児童の参加を促すためにも、まずは指導者が率先して大げさに表現してみせて、開放的な雰囲気を作り出すよう努めたい。また、指導の手順として、モデル・スキットのワークシートを配付する前に、音声で会話の内容が十分に理解できている状態を保証するよう配慮したい。

活動例 **3**: 私の好きな曜日──モデル文からライティングへ

1) ねらい

小学校段階における「書くこと」はモデル文をなぞったり、示された語群から必要な単語を選び、それらを書き写したりする活動が中心であるが、児童が自分の考えや気持ちを自由に書いて表現する喜びを味わえる機会を計画的に設け、表現したいことを伸び伸びと書こうとする意欲を育てたい。

・時間割の観点から好きな曜日を選び、その理由も表現する。

・モデル文を参考にしながら、好きな曜日についてまとまりのある内容を書くことを楽しむ。

2) 活動の進め方

・表現：My favorite day (of the week) is ....　I like ....
　　　　I have [教科名] on [曜日]. I can ....

・語彙：（曜日）Monday, Tuesday など、（教科）English, P.E., music など、
　　　　（動詞）speak English, run fast, sing well, play the piano など

・活動形態と所要時間：個人、約 30 分

・準備物：

① 4 線入りワークシート×児童数

② モデル文ワークシート×児童数

My favorite day of the week

My favorite day is Monday.　I have P.E. on Mondays.
I like soccer.　I'm a good soccer player.
I have music on Mondays, too.
I can sing well.　I can play the recorder.

参考にしよう。

・曜日名

Monday　Tuesday　Wednesday　Thursday　Friday

・教科名

Japanese　math　social studies　science

・指導の手順:

① モデル文を数回読んで聞かせ、What words did you hear? など、どんな情報が聞き取れたか尋ねたり、What's my favorite day of the week? などと質問したりして、児童の理解を徹底する。

② モデル文ワークシートを配付して、再度読んで聞かせる。

③ 指導者の後について音読させる。

④ 好きな曜日とその理由を考えさせ、モデル文を見ながら点線部を入れ替えて自分のことを書かせる。そのさい、語句群から選んで書き写す、または表現が分からなければ指導者に尋ねるよう指示する。

3) 指導上の留意点

　児童が書くことに対して徐々に自信を積み上げていけるように、入門期には自己表現に必要な語句や文をなぞったり書き写したりして表現させる段階を大切にしたい。また、まとまりのある内容を書く喜びを児童に味わわせるためにも、日ごろの指導において既習事項に繰り返し触れさせる機会を設け、自己表現に活用できる力を養っておきたい。さらに、書いた内容をスピーチとして発表させることで、複数の技能を連動させた授業展開が可能になる。

3. 他教科・他領域に関連した活動（教科横断的な活動）

　他教科・他領域の学習内容は、教育課程（カリキュラム）の特性上、学習者の認知発達段階に合致しているため、外国語学習においても児童の知的好奇心や興味・関心をより喚起する要素になり得る。他教科・他領域で学習済みであるからこそ、クラス全体で共有し得る題材として扱うことができる。また、児童にとってもそれらの授業を思い起こしたり既有の知識を活用したりして学びを深める機会となるので、活動設計のさいには他教科・他領域の学習内容を積極的に取り入れていきたい。ただし、取り上げる題材によっては語彙や表現など言語材料が増えたり活動内容が複雑になったりしがちでもある点にも留意しておきたい。

活動例 1： 友だちの好きな二字熟語を当てよう

1) ねらい

　数を扱う単元において、好きな漢字の画数を扱った活動がよく行われるが（例：*Let's Try! 1*, Unit 3 の Activity 2）、ここでは難易度を少し上げて、「二字熟語」を題材として取り上げる。友だちとのやり取りを通して、相手の選んだ二字熟語を当て合うクイズ活動を楽しむ。国語科での学びを振り返ったり、クラスの友だちと相互理解を深めたりする機会としたい。

・ターゲットの表現を使って、下記 2) の出題用ワークシートにある漢字の画数や二字熟語を尋ねたり答えたりする。

・Is it a number?, Hint, please. など、情報を引き出すように働きかけたり、相手の質問に既習事項やジェスチャーなどの非言語要素を活用して答えたりする。

2) 活動の進め方

・表現： For the [first / second] kanji, how many strokes? ― Eight strokes.
　　　　　Is it "学?" ― Yes, that's right. / No, it's not "学."

・語句：（数字）one, two, three など

・活動形態と所要時間： 全体、約 15 分

・準備物：出題用ワークシート（二字熟語と各漢字の画数を書く欄があるもの：児童数分）、画数別漢字一覧表（児童数分）

・指導の手順：

① HRT と ALT で以下のようなやり取りを見せ、活動の趣旨や質問の仕方と答え方など、児童に活動の見通しをもたせる。

　　HRT&ALT: Hello.

　　HRT: （出題用ワークシートを裏向きで胸にあて、それを指しながら）
　　　　　I like this two-kanji word. What is this?

　　ALT: A two-kanji word? Ok. For the first kanji, how many strokes?

　　HRT: （相手に見えないように小さく空書きした後に）Eight strokes.

　　ALT: （漢字一覧表を見ながら）Is it "学?"

　　HRT: No, it's not "学." It's a color.

　　ALT: Ah, is it "青?"

　　HRT: Yes, that's right.

ALT: Good! For the second kanji, how many strokes?

HRT: (相手に見えないように小さく空書きした後に) Eight strokes.

ALT: (漢字一覧表を見ながら) Hmm.... Hint, please.

HRT: (飛行機のジェスチャーをしてみせる)

ALT: An airplane? Oh, I know! Is it "青空?"

HRT: (出題用ワークシートに書いた二字熟語を見せながら) Yes, that's right. I like blue sky. I feel happy on sunny days.

ALT: Great!

② 画数別漢字一覧表を見ながら好きな二字熟語を考えるように指示し、その漢字と画数を出題用ワークシートに記入させる。

③ 教室を自由に歩いて友だちとクイズを出し合うように指示し、5分経過した時点で着席させる。

3) 指導上の留意点

　英語で表現できない時はジェスチャーなどの非言語要素を活用するよう促すなど、コミュニケーション方略を意識させる機会にしたい。また、学習段階や活動時間に応じて難易度調整が必要なさいには、画数別漢字一覧表に掲載する漢字を絞り込んで答えとなる二字熟語を統制する、二字熟語の最初の文字のみを当てるように簡易化するなどの調整が考えられる。さらに、このように自由度のある活動では、やり取りに工夫がみられたペアに再現させてクラス全体に共有するなど、中間評価も積極的に取り入れていきたい。

活動例 2: 色を混ぜ合わせよう

1) ねらい

　混色に必要な色を求めて、友だちとコミュニケーションする。単に色を集めるだけではなく、児童に考えさせたり相手に尋ねたりする必然性を加味してある。低中学年から図工で扱われる内容と関連づけられ、活動の流れも単純で、児童が取り組みやすいコミュニケーション活動である。

・次頁 2) の、ターゲットの表現を使って、物の所有について尋ねたり答えたりする。

・相手に物を手渡すさいに、Here you are. — Thank you. と言葉を添えて受

け渡しをする。

・色の混合を考えて、必要な色のシールを友だちにもらう活動を楽しむ。

2) 活動の進め方

・表現: Do you have ...? ― Yes, I do. / No, I don't.

・語彙: (色) red, blue, yellow, white など

・活動形態と所要時間: 全体、約15分

・準備物:

① 封筒 (児童数分) と赤、青、黄、白色のシール (各色につき児童数×3枚＋α)

  *各封筒に任意の2色を選んで各色6枚＋αずつ (計12枚＋α) 入れておく。
  *混色を間違う児童がいるとシールの数が合わなくなってしまうので、予備 (＋α) を入れておく。
  *このようなシールは100円均一ショップにて購入可能。

② 混色ワークシート (カラー印刷)

  *実際のワークシートでは、□□□□内の色を着色しておく。

1. ○ ＋ ○ ＝ ピンク色	4. ○ ＋ ○ ＋ ○ ＝ 薄緑色
2. ○ ＋ ○ ＝ 橙色	5. ○ ＋ ○ ＋ ○ ＝ 茶色
3. ○ ＋ ○ ＝ 水色	

・指導の手順:

① 上記のワークシートと封筒を配付して、各児童が手元に持っている色を使うと考えられる箇所にシールを貼るよう指示する。

  例: 1. ○ ＋ ○ ＝ ピンク色

赤と黄を持っている児童であれば、1つ目の○部分に赤のシールを貼る。

② HRT と ALT によるデモンストレーションを見せ、以下のように友だちと会話をして、自分が持っていない色を友だちからもらい、ワークシートを完成させることを理解させる。

  HRT&ALT: Hello.

  HRT: Do you have white?

  ALT: Yes, I do. Here you are.

  HRT: Thank you.

  ALT: Do you have blue?

HRT のワークシート (一部)
1. 赤 ＋ ○ ＝ ピンク色
2. 黄 ＋ 赤 ＝ 橙色
3. ○ ＋ ○ ＝ 水色

HRT: No, I don't. I have red and yellow.

ALT: Red, please.*

HRT: Sure. Here you are.

ALT: Thank you.

```
┌─────────────────────────────┐
│ ALT のワークシート（一部）    │
│ 1. ⑬ ＋ ○ ＝ ピンク色      │
│ 2. ㉧ ＋ ○ ＝ 橙色         │
│ 3. ⑬ ＋ ○ ＝ 水色         │
└─────────────────────────────┘
```

*相手の持っている色が必要ないときには No, thank you. と言う。

③ 活動を開始し、全員がワークシートを完成させたら答え合わせをする。

3) 指導上の留意点

　このような活動では、児童はワークシートの完成を急ぐあまり、コミュニケーションのマナーがいい加減になりがちである。一人ひとりと丁寧な会話を心がけるよう指導したい。また、視線はワークシートではなく話し相手に向けるように意識づけすることも重要である。

4. 国際理解活動

　国際理解教育の目標は、他国と自国、他文化と自国文化の理解や相互依存関係の認識、人権や多様性の尊重を基盤にして、国際的に平和な社会を形成する市民を育成することである。そのためには、他国の生活文化に関する知識を学んだり、他文化の人々と積極的に接しようとする態度を身につけたりする過程で、自国の生活や文化を客観的に見つめる視点を養い、自分たちの日常が他国の人々と直接的・間接的に密接に関わり合っている点を認識させることが大切である。ゆえに、単元の題材と関連をもたせ、児童の生活に身近な場面から徐々に世界に視野を広げる仕掛けを工夫し、活動を通して世界とのつながりを実感させたい。また、このような活動を継続的かつ計画的に体験させ、自尊感情や他者尊重の態度を養い、多様な価値観への気づきを促していく指導観も不可欠である。

　活動例: 世界の小学生たちがつきたい職業は？

1) ねらい

　将来の夢を扱う単元では、導入の一環として、あるいはスピーチ発表後の締めくくりとして、世界の小学生はどんな職業につきたいと考えているかを紹介したい。キーワードや視覚資料の情報をもとに、どの国の小学生について話しているのかを推測させる。そのさい、小学生の夢は国の歴史

や文化、産業などの特徴と関係していることを気づかせる。

2) 活動の進め方

・表現： I want to be ....　I like ....　I can .... など

・語彙：（職業名）doctor, vet, scientist など、（国名）Vietnam, Australia, America など

・活動形態と所要時間： グループ・全体、約 15 分

・準備物：

① 掲示用資料： 世界の小学生がつきたい職業──人気ランキング

世界の小学生がつきたい職業──人気ランキング

小学校名		★ Vietnam アウ・ユーム・ラン小学校	Australia シティ・ビーチ公立小学校	America ニューヨーク公立小学校
Boys	1st	doctor	actor	sports player
	2nd	scientist	B	D
	3rd	engineer	farmer	lawyer
Girls	1st	A	swimmer	singer
	2nd	teacher	C	actress
	3rd	scientist	singer	vet

② 表中の A〜D に入れる職業名カード： doctor, football player*, vet, scientist

　　*厳密には Australian football player であるが、状況や文脈で明らかな場合は、football player.

③ 表中の A〜D に入れる職業名に関連した画像または絵カード： 医者の前に患者が行列を作って診察を待っている様子（doctor）、オーストラリアンフットボールの試合場面（football player）、獣医の前にコアラ、カンガルー（vet）、宇宙（scientist）

・指導の手順：

① 掲示用資料を黒板やスクリーンに提示し、表中にある国名と職業名の語彙を確認する。また、表中に入れる職業名についても同様に確認する。

② ある国の小学生が将来の夢について話をするので、抜き出した職業名がA〜Dのどこに入るかを考えながら聞くように指示する。

③ 指導者は以下のように、画像あるいは絵カードを見せながら話をする。Q1〜4をすべて聞かせる。児童の理解度によっては2度聞かせる。

Q1. Hi. This is a picture of Aussie football in Australia. It is popular for boys. I can kick a ball well. I want to be a football player. (Answer：B)

Q2. Hello. I like animals. Do you know koalas and kangaroos? They are very cute. I want to be a vet. (Answer：C)

Q3. Hello. I like watching the stars at night. Stars are beautiful. I want to study the universe. I want to be a scientist. (Answer：D)

Q4. Hi. We need doctors in our country. Many boys and girls want to be a doctor. I want to be a doctor, too. I want to help people. (Answer：A)

④ グループで、表中のA〜Dに入る職業名を、理由も含めて考えるように指示する。

⑤ 全体で答えを確認し、気づいたことを発表させる。指導者は最後に、ベトナムの戦争や内戦が起因して医療の必要性が高まった歴史的・社会的背景や、オーストラリアの自然豊かな地理的特徴、アメリカのNASA（航空宇宙局）を中心とした宇宙開発や民間の宇宙ビジネスについて触れ、これらが小学生の夢と関係していることを確認する。

3) 指導上の留意点

児童にまとまった内容を英語で聞かせるさいには未習事項も含まれるが、画像やイラストをうまく活用しながら理解を補うように工夫したい。ただし、児童に答えの理由を聞くときは英語による発話を求める必要はない。

5. プロジェクト活動

プロジェクト活動とは、例えば理想の給食メニューづくり、日本の伝統的な行事やふるさとの紹介、自己紹介の絵本の創作など、児童に取り組ませるテーマを設定し、主としてペアやグループによる協働学習を重視しながら、ある程度まとまった内容を扱う発展的・総括的な課題解決型活動で

ある。児童の創造性を引き出し、学び合いの中で最後まで興味を持続して取り組ませる活動を立案する工夫が必要である。年間指導計画を立てるさい、学校行事や国際交流会と関連させたり、学期の終わりなどの節目に計画的に取り入れたりすることで、児童にとってはそれまでに学んできた語彙や表現を応用して、コミュニケーションしたり自分の考えや思いを発表したりする楽しさや喜びを体験する機会となる。児童が段階的に発展する活動に主体的に取り組む過程で、達成感や成就感を味わえるように指導計画を作成したい。そして、その体験を通して自己効力感や他者尊重の気持ちを育んでいけるように学習を支援したい。

活動例: 外来語ノートを作ろう

1) ねらい

　生活の中にあふれている外来語を集め、さまざまな資料を使って調べながらカードづくりを楽しみ、外来語ノートとして冊子にまとめる。活動を通して外来語の存在に目を向けることで言葉への興味・関心を高め、さらに外来語と英語の音声的な違いを実感させたい。

・外来語を意識的に取り上げることで日本語や外国語に対する理解を深めたり、その外来語に相当する英語の発音に着目したりする。

・外来語カードやノート作成に能動的に取り組み、グループで協力して調べたり資料を作ったりする。

・調べた外来語について、既習事項も活用しながらクラスの前で発表する。

2) 活動の進め方

・表現: ［外来語］come(s) from ［言語］.　I (don't) like ....
　　　　I (don't) have ....　I can (not) ....　I want .... など

・語彙: (言語) English, French, German, Dutch, Chinese など
　　　　(その他) スポーツ、動植物、飲食物、楽器・文具、家電・道具、衣服などのカテゴリーにおいて、児童が選ぶ外来語に相当する英単語

・活動形態: 4〜5名のグループから全体へ

・指導計画と所要時間:

第1時: 活動内容の説明を聞き、グループごとに担当するカテゴリーを

決めた後、各グループでブレインストーミングする (40 分)。

第 2 時、第 3 時: 身の回りにある外来語について辞書やインターネットで調べて外来語カードを作成し、発表内容を準備する (各 40 分)。

第 4 時: 外来語ノート発表会 (45 分 ＊事前指導も含む)。

・準備物:

① 外来語カード見本 (A3 サイズ)

◀外来語カードの例

② A3 サイズ画用紙×児童数、筆記用具 (色鉛筆やマジックなど)

③ パソコン (インターネット環境)、国語辞書、和英辞書など

④ 言語名カード (A5 サイズ)

＊児童の発表に出てくる言語名をすべて用意する。

| English 英語 | French フランス語 | German ドイツ語 | Dutch オランダ語 | Chinese 中国語 |

・指導の手順:

第 1 時:

① 発表のモデルを以下の要領で示す。

HRT: Look at this picture. (セーターのイラストを指しながら) It's a sweater. "Sweater" comes from English. I have nice sweaters. I like my sweaters. (別のカードを見せ) Look at this picture. (フルートのイラストを指しながら) It's a flute. "Flute" comes from French. I can play the recorder, but I can't play the flute. Thank you.

② このように外来語カードを作成して発表することを説明し、グループ分けをした後、各グループで取り組みたいカテゴリ (スポーツ、動物、植物、お菓子など) を考えさせ、担当を決める。

③ 児童は、各グループで担当するカテゴリーの外来語を書き出していく。

第 2 時：
① 児童はグループに分かれ、前時に書き出した外来語について、由来と なった言語は何語かを辞書やインターネットで調べる。また、その外来 語に該当する英単語についても同様に調べる。
② 児童は調べた外来語を、1 人につき 2, 3 語担当できるようにグループ 内で分担を決める。そのさい、「〜が好き」、「〜を持っていない」など、 担当する外来語を使って表現したいことも考えるように指示する。
③ 前掲の見本にならい、外来語カードの作成を進める。この作業は第 3 時も続ける。

第 3 時：
① 指導者は発表のモデルを再度示し、各グループで助け合いながら発表 の準備を進めるよう指示する。各グループを巡回し、調べ方や発音、表 現の指導など、必要に応じて個別に支援する。
② 外来語カードを完成させる。

第 4 時：
① 児童はグループ内で発表の練習をし、お互いに感想を述べ合う。うま く伝わっていない部分などがあれば、指摘し合って全体発表に備える。
② グループごとに、全員の前で外来語カードを持って発表する。
③ 各グループの発表後、発表した外来語から任意の数語を選び、黒板に カタカナで書き出す。各外来語の由来となった言語は何語と発表されて いたかを問い、グループで考えさせる。その後、児童を指名し、各外来 語の下に該当する言語名カードを貼らせ、全体で確認する。
④ 各グループの発表が終わったら、まとめとして外来語発表会をして分 かったことや気づいたことをグループで話し合わせ、全体に報告させる。
⑤ 全グループの外来語カードを外来語ノートとして冊子にまとめ、教室 内で閲覧できるようにしておく。

3) 指導上の留意点
　英単語の発音を聞かせるさい、パソコンやスマートフォンを使って教室 にインターネット環境を整えておけば、ALT の代わりにウェブ辞書を活用 して英語話者の音声を再生することも可能である（例：Oxford Learner's Dictionary online）。

活動のまとめのさいには、児童が集めてきたカタカナ語には、ナイターやプリントのように外来語ではなく和製英語も含まれていた点も指摘し、外来語の理解を深めたい。さらに、tofu, tatami, ninja など日本語から英語に入った借用語を紹介すると、外来語があるのは日本語だけではない点や、日本語の語彙が英語の音韻体系で発音されている点などに気づかせることも可能だろう。

6. 国際交流活動

　国際交流活動の目標は、日本と外国の生活や習慣、行事などの違いを知り、多様な考えがあることに気づくことや、異なる文化をもつ人々との交流などを体験し、文化等に対する理解を深めることにある。今後ますます増えていくと予想される異文化や異言語をもつ人々との交流のさいに、このことはとても重要となる。児童期の段階で異文化に触れ、交流の体験をすることが、他者や異文化への受容的、寛容的態度を育てていく。また、異文化を理解することは、自文化を知ることにもつながる。そして、世界には英語を含むさまざまな言語や文化があることに気づいていく。

　英語を使う意味を感じさせること、異文化を理解しようとする心を育てることは多様な方法で可能だが、中でも「外国」を教室に持ち込むことは、その格好の機会となる。それが国際交流である。また、1人1台端末を持つようになったことで、以前と比べて国際交流活動が格段にやりやすくなっている。以上を踏まえ、守口市立さつき学園の実践例を紹介する。

活動例：海外の友だちに日本の学校生活を紹介しよう

1）ねらい

　New Horizon Elementary 6（東京書籍、令和2年度版）の Unit 1, This is me! の単元を使って自己紹介をして交流をスタートし、Unit 8, My Best Memory の単元を使って小学校時代の思い出から自分たちの学校生活を紹介する。小学生にとって、英語を使って外国の人とその場でやり取りをするのは難しい。しかし端末を使って動画を撮影し、その動画を Padlet 等のオンライン上の掲示板アプリに投稿すれば何回も見ることができ、翻訳アプリを使ってコメントを入れることも可能になる。言葉も文化も違う相手

に、どうしたら自分たちの生活を伝えられるのかを考えさせることで、相手意識をもって話すようになる。また相手の学校からの返信動画を視聴することで、自分たちの知らなかった文化を知る。自分の「当たり前」は当たり前ではないかもしれないと気づくことで、視野の広い多様な価値観を認められる子どもに育っていくのである。

2）活動の進め方

【Unit 1　This is me】

・表現：I'm .... I'm from .... I like .... My birthday is ....

・準備物：Keynote などの資料作成アプリ、Padlet などの交流機能のあるアプリ

① 教科書を使って自己紹介のやり方を練習する。

② 一人ずつ自分の自己紹介資料を Keynote などで作成する。

③ グループになって自己紹介の練習をする。発表練習は動画に撮って本人に見せながら児童同士でお互いにアドバイスをする。

【自己紹介の例】Hello! I'm 〜. My birthday is October 30th. I like to dance. I like piano. I can play the piano. Thank you.

④ クラスで資料を見せながら自己紹介をしている様子を撮影する。（①, ②をまとめて、最初から一人ひとり音声入りの自己紹介動画を作成してもよいが、クラスメイトの前でパフォーマンスを行い、みんなから拍手や笑い声、声援などの反応がある動画にすると、クラスの雰囲気をライブ感とともに伝えることができる）

⑤ 自分の自己紹介をしている動画を Padlet に投稿する。（Padlet は教員がアカウントを持っていれば、児童は QR コードで入ることができ、端末にアプリを入れる必要がない）

⑥ 相手校の先生にも QR コードを伝え、同じ Padlet に相手校の児童の自己紹介動画を投稿してもらう。コメントを書き込めるようにしておくと、お互いに翻訳アプリを使って英語でコメントを書き合うことができる。

【相手校（台湾）の児童の英文例】Hello, everyone. My name is 〜. My Chinese name is 〜. I'm twelve years old. My birthday is January 29th. My favorite subject is music. Good bye. 再见。

⑦　交流を通して気づいたことを話し合った後、振り返りカードに書き残
　　しておく。

【Unit 8　My Best Memory】
　・表現：My best memory is ....
　　　　　　We［went to / ate / played / studied / saw / enjoyed］.... It was ....
　・準備物：Keynote, iMovie, CapCut, Google 翻訳, DeepL, Padlet などのア
　　　　　　プリ
①　交流が始まるときから、相手校に学校紹介を兼ねた思い出動画を送る
　　ことを児童に知らせておき、こまめに写真や動画を残しておく。
②　交流相手に伝えたい小学校生活の思い出をピックアップする。修学旅
　　行や運動会、遠足などはもちろん、委員会活動やクラブ活動、授業、給
　　食、清掃の様子なども入れられるとよいと伝えておく。
③　教科書を使いながら、思い出を英語で伝える練習をしていく。必要で
　　あれば、機械翻訳を使用させる。（自然な翻訳は DeepL、発音を知りた
　　いなら Google 翻訳などと使い分けをする）
　　【思い出紹介の例】Our best memory is school trip. We went to Hiroshima. We
　　talked to for many people! Peace message. We went to Okunoshima, too. We
　　saw cute rabbits. We enjoyed our school trip.
④　思い出動画を作成する。使用する動画や画像はクラスで共有できるよ
　　うにしておくとよい。クラスの実態に合わせて、個人あるいはグループ
　　で作成してもよい。
⑤　クラスで動画を見合って、改善のためのアドバイスをし合う。
⑥　完成した動画を Padlet に投稿する。
⑦　相手校から送られてきた動画にコメントを書く。
⑧　交流を通して気づいたことを話し合った後、振り返りカードに書き残
　　しておく。

3）　指導上の留意点
　　国際交流の相手先を探すには、知り合いのつてをたどる方法もあるが、
　NPO 法人グローバルプロジェクト推進機構ジェイアーン（JEARN）などの
　教育国際交流機関に登録するという方法もある。
　　翻訳アプリなどの機械翻訳を使う時には、なるべく短く簡単な日本語で、

主語を入れた文を使うといった点に留意させるなど、国語で学習している「人に伝えるための工夫」と同じであることに気づかせたい。また、自分が伝えたい文になっているか、逆翻訳をして確認させるとよい。機械翻訳を使いこなせるリテラシーも育てたい。

　また、活動後には必ず気づきや発見の意見交流をさせ、その後、省察の時間をとって記録として残したい。これが学びの足跡となって、児童が自分の成長を1年間で振り返ることができるポートフォリオとなる。最初は「外国の人はこわい」、「外国の人とは関わりたくない」と書いていた児童が、交流を何度も経験して「自分と違う生活をしているけれど、どこか似ているところもある」、「違うところもあるけれど、それはそれで素敵」と互いの違いを尊重できる自分に成長したことに気づくようになる。

（田邉　義隆、國方　太司、北野　ゆき）

学　習　課　題

1.　児童が生き生きと英語を使う活動を設計するために、指導者が計画段階で留意しておくべき点をまとめよう。
2.　題材（話題、場面・状況）と言語材料（語彙と表現）を決め、児童が創意工夫を凝らして英語を使用するコミュニケーション活動を設計してみよう。

📖 参考図書

髙橋一幸（2021）『改訂版 授業づくりと改善の視点——小と高とをつなぐ新時代の中学校英語教育』教育出版.

樋口忠彦・泉惠美子（編）（2011）『続 小学校英語活動アイディアバンク——チャンツ・ゲーム・コミュニケーション活動・プロジェクト活動』教育出版.

樋口忠彦（監）、今井京・梅本多（2003）『英語ではじめよう国際理解〈4〉英語で国際交流！』学習研究社.

樋口忠彦（監）、梅本龍多・田邉義隆（2010b）『学研英語ノートパーフェクト4——英語でディスカバー！ 文化交流』学研教育出版.

❹

児童が生き生きと英語を使う活動とは？

　児童が創意工夫し、生き生きと英語を使うためには、聞いたり伝えたりしたくなるような目的や内容が必要である。

　例えば、クラスで人気のある給食についてのグラフを作るために、友だちと好きな給食メニューを尋ね合う活動や、人気のある教科のランキングを作るために、友だちと好きな教科を尋ね合う活動などが考えられる。児童は、英語を使って集めた情報によって、グラフやランキングのように、目に見える形ができあがることに喜びと達成感を感じる。

　また、他教科と関連させた内容に、児童は知的好奇心をくすぐられ、興味をもって聞いたり伝えたりする。5年生の国語科で、マザー・テレサの伝記の学習をした後に、日本の偉人について調べ、夏目漱石の写真を見せながら "This is Natsume Soseki. He is a novelist. He wrote Botchan." のように英語で ALT に伝える活動を行った。ALT は日本の偉人についてほとんど知らなかったので、児童の発表に質問をしたり、感想を述べたりして、コミュニケーションが発展していった。また、家庭科で卵料理の調理をした後に、ALT の国の卵料理を教えてもらう活動を行った。児童は、日本にはない調理法に驚き、作り方を熱心に聞いていた。さらに、社会科との関連で、都道府県の人口、面積、特産品などを使ったクイズ大会を行った。いずれの活動も、児童が知りたい、伝えたいと思う内容である。

　国際交流も、外国の人に伝えたい内容があれば、児童が生き生きと英語を使う活動となる。私の前任校では、留学生などの外国人を大勢招いて交流会を開いている。高学年の児童は、日本の文化を伝える活動を行う。児童は、伝える内容を事前に英語で練習して臨むが、実際の交流では、外国人が児童の話す内容を理解できないことが多々ある。その場合、児童は必然的に、繰り返したり、実演をしたりしながら、これまで学習した英語を総動員して一生懸命伝えようとするのである。

　教師が用意した英語表現や単語のみで自己表現させようとしても、児童は生き生きと活動しない。伝えたい、知りたいと思う内容に関する活動を準備することが大切である。

（上原　明子）

9章 指導方法と指導技術

本章では小学校の外国語の授業で活用できる指導法を紹介する。小・中・高における外国語教育においては「コミュニケーションを図る資質・能力」の育成が目標とされている。そこで本章ではとくにコミュニケーション能力の育成に焦点を当てた指導法や指導技術を中心に紹介するが、指導法についてはどれか1つを選択するというよりも、それぞれの特徴を理解し、自らの学級や指導目標にふさわしい方法を選択し、組み合わせて指導することが求められる。

1節　外国語の授業で活用できる指導法

外国語の授業では音声を中心に、外国語を用いてコミュニケーションを図る体験が重視されている。本節ではこの授業理念に合致する6つの指導法を紹介する。

1. Communicative Language Teaching（CLT, 伝達中心の指導法）

CLTは現在、世界で広く受け入れられている指導法と言えるだろう。CLTは、言語習得においては文法構造の習得だけでなく、コミュニケーション能力の育成に焦点を当てる必要性があるとの考えをベースにしている。1970年代初頭に、アメリカの社会言語学者であるHymes（1972）が、それまでのlinguistic competence（言語能力）に対する概念としてcommunicative competence（コミュニケーション能力）を提唱し、文法構造を学習しただけでは対応しきれないルールが実際の言語使用にはあることを指摘した。この指摘を出発点に、CLTは言語をコミュニケーションの道具として使用できることを目的とした教授理念として発展していった。

❶ 特　徴

　コミュニケーション能力は研究者によりさまざまに定義されてきたが、現在最も広く受け入れられているのは Canale（1983）による定義だろう。彼はコミュニケーション能力を次の4つの要素から構成されると定義した。
1）　文法能力：語彙、語形変化、文法、音韻等に関する知識やそれを操る能力。
2）　社会言語学的能力：相手に応じて適切な表現を使うなど、言語の使用場面における適切さを考慮する能力。
3）　談話能力：まとまりのある発話をしたり、一貫性のある談話を行ったりする能力。
4）　方略的能力：コミュニケーションに詰まった時、言い換えたり、例をあげたりしてコミュニケーションを円滑に継続する能力。
　CLT ではコミュニケーションを重視するが、文法の習得を不要のものと考えているわけではない。このことは文法能力がコミュニケーション能力を構成する一要素であるとしていることからも明らかである。ただし、意思の伝達を主目的として行っている活動時には、言語形式（文法）の正確さよりも意味のやり取りがより重視される。

❷　授業での活用

　外国語活動では「コミュニケーションを図る素地となる資質・能力」、外国語科では「基礎となる資質・能力」の育成が目標として掲げられている。CLT の理念に基づく指導は、小学校における外国語教育の理念と合致するものである。実際の授業においては、教室という空間ではあるが、できる限り現実味のある表現活動の場を用意することが重要となる。そのさいには、英語を使って伝えることが必要な場面や会話が行われる状況がイメージできるような場面の設定が必要となる。また、言葉を用いて伝え合う目的を明確にすることも重要である。
　例えば、買い物のロールプレイを行うとして、何の目的の設定もなく「10ドルで買い物をしよう」というのでは、ただ覚えた表現を繰り返すだけの活動になってしまう。子どもはお店に置かれた商品カードを見ながら、"Apple, please." "How many?" "Two, please." といったやり取りを行うが、な

ぜリンゴを選び、2個購入することにしたのか、と尋ねると「なんとなく」と答えることが少なくない。それは「友だち5人でケーキづくりをするために必要なものを買う」「冬の北海道に着ていく服を買う」など具体的な買い物の目的の設定がないことに起因する。また、値札が置かれているのに、"How much?" と尋ねなくてはいけない等の活動場面の設定の不適切さにも注意が必要である。自然な言語使用場面を設定し、そこで何とか気持ちや考えを伝え合わなければならないような活動にすることが大切である。

2. The Natural Approach (ナチュラル・アプローチ)

　ナチュラル・アプローチは、1970年代後半に Terrell が提唱した、母語習得のような自然な外国語習得をめざした指導法である。Terrell は Krashen と協力してナチュラル・アプローチの理論的裏づけを行った（Krashen & Terrell 1983）。

❶ 特　徴

　ナチュラル・アプローチもコミュニケーションを重視する指導法であり、この点では CLT の理念と重なるものである。ナチュラル・アプローチでは、言語はコミュニケーションの道具であり、意味やメッセージを伝達する道具であると考えられ、「目標言語でのメッセージを理解したときに、初めて習得が行われる」とされている。よって、目標言語によるインプットが重視され、学習の初期段階から母語の助けを借りずに目標言語を使用することが基本となる。

　Krashen はモニター・モデルと呼ばれる言語習得に関する5つの仮説を提唱した。そのなかでもとくに外国語の授業を進める上で有効な示唆となるのが Input Hypothesis（インプット仮説）[☞2章1節] と Affective Filter Hypothesis（情意フィルター仮説）である。情意フィルター仮説とは、学習者の不安や自信のなさ、恥ずかしさ等がフィルター（障壁）となり、インプットの受け入れが妨害されるという考え方である。そのため、不安を和らげるような学習環境づくりにつとめたり、学習者の興味・関心に合致した、親しみやすい内容を選択したりすることが重要となる。また、情意フィルターを上げないために、コミュニケーションにおける意味伝達に支障の

ない誤りは、明示的には指摘せず、学習者に気づきを促すことが勧められている。例えば、学習者が "I like apple." のように文法的に誤った発言をした場合、それに対して指導者は "Oh, you like apples. I like apples, too." のように正しい表現をそれとなく示す (recast) 方法である。さらに学習者の負担感を抑えるために、学習者は話す準備ができるまでは聴解に専念し、目標言語での発話時期を遅らせることが勧められている。

❷ 授業での活用

　学習者の興味・関心を踏まえた内容を取り上げることや、言語形式よりも意味内容に重点を置き、学習者が理解可能なインプットを豊富に与えることなど、入門期の学習に適した要素を含んだ指導法である。あまりに早く発話を求めることは児童に負担や不安を感じさせる可能性があることから、ナチュラル・アプローチの推奨する聴解に専念する期間を確保することは、初期の学習においては有効と言えるだろう。また、聴解を助けるために多くの視覚情報を活用することは、授業において指導者が意識したい点である。

　一方で、インプットの理解だけでなく、アウトプットの機会を提供することも必要という指摘もあり (Swain 1985)、インプットからアウトプットへの移行も検討する必要があるだろう [☞ 2 章 1 節]。また、学習期間が長くなり、学習が進んでくると、適切な誤りの訂正や文法構造の指導も必要になってくる。中学年からの音声中心の学びをもとに、高学年での学習のあり方を考えるさい、アウトプットや文法構造への注意の促し方や、児童自らが気づくための手立てについて検討することが求められる。

3. Content-Based Instruction（CBI, 内容中心の指導法）

　CBI もまた CLT の理念に基づく指導法である。私たちの実際のコミュニケーションでは、言語は自分の考えや気持ち等の「内容」を伝えたり、理解したりする道具として働く。つまり「内容」のないコミュニケーションはなく、コミュニケーションを重視するということは、内容の伝達を重視するということである。

❶ 特 徴

一般的に CBI における内容（content）とは教科の学習内容のことであり、教科内容の学習を目標言語で行うことを通して、内容と言語を同時に学ぶことをめざす。これは、私たちは第二言語そのものについて学ぶよりも、情報を収集したり、内容を理解したりするための手段として第二言語を使うことにより、言語習得が一段と促進されるという考えに基づいている。教科の内容を理解するために、言語を聞いたり、読んだりすることから、多くの意味のあるインプットを受けることになり、また内容についての意見交換などアウトプットの機会も与えられる。

CBI の課題としては、内容伝達に重きが置かれるため、言語の正確性が軽視されがちであることや、教科内容と第二言語の両方に堪能な教員の確保の難しさなどがあげられる。

❷ 授業での活用

外国語活動および外国語科の実践に関し、学習指導要領（文部科学省 2017b）においても、「言語活動で扱う題材は、児童の興味・関心に合ったものとし、国語科や音楽科、図画工作科など、他教科等で児童が学習したことを活用したり、学校行事で扱う内容と関連付けたりするなどの工夫をすること」との記述があり、他教科での学習内容を外国語授業の中で適切に生かすことが推奨されている。CBI にはイマージョン教育のように学校での学びの多くを目標言語で行うものから、外国語の授業において内容を重視したトピックやテーマを活用するものまで、幅広いレベルでの指導があり得る。日本の小学校では後者のような、他教科ですでに学習した内容を英語学習に取り上げることから始めることが現実的かつ、効果的だろう。一方、教科内容の理解が不十分な児童にとっては、教科内容が分からないために英語での活動に参加できない、といった状況が生まれる可能性が考えられるため、細心の配慮を要することになる。

4. Content and Language Integrated Learning（CLIL, 内容言語統合型学習）

CLIL はその名の通り、教科等の内容の学習と外国語学習を統合して行

指導方法と指導技術

う学習方法である。CLILという名称は1994年頃からヨーロッパで使われるようになり、今日では世界的に広く認知されている。教科内容と目標言語を統合して学ぶ点においてはCBIと理念的に重なる部分も多い。

❶ 特　徴

　CLILでは理科や社会科といった教科の内容（Content）と外国語を用いた学び（Communication）を統合しながら学習を進める。そのさい、知識・理解にとどまることなく、学習者が個人で、あるいは仲間と考え、分析し、振り返り、知識を応用するといった認知活動（Cognition）や文化理解を促す学習（Culture / Community）を通して、自律した学習者（independent learner）に育つことをめざしている。これらの内容（Content）、言語（Communication）、認知（Cognition）、文化（Culture / Community）の4点はそれぞれの頭文字をとって4Csと呼ばれ、CLIL指導の原理となっており、互いに関わりながら発達していく。またCLILでは本物らしさを重視し、学習者自身による積極的な学び（アクティブ・ラーニング）や仲間同士の協働、学習者自身による学習成果の振り返りなどを大切にしている。これらのCLILの特徴は、「主体的・対話的で深い学び」をめざす日本の教育理念にも通ずるものであり、他教科等での学びを生かそうとする外国語活動および外国語科の指導に対しても示唆を与えるものである。

❷ 授業での活用

　他教科の内容を外国語の単元全体あるいは1時間全体を使って学習することはハードルが高いと感じる指導者も多いだろう。CLILでは先述の理念を踏まえて指導することが重要であり、取り扱うテーマや時数は柔軟に応用することが可能である。例えば、外国語の授業で動物の名前が登場したさいに、それらの動物の生息地域について学ぶ活動を盛り込んだり、数字の学習と気温（世界の地域による気温の差や摂氏と華氏の単位の違いなど）の学習を関連させて、言葉を活用しながら内容を学んだりすることもできるだろう。取り上げるテーマの大きさや児童の実態等に応じて、45分間の授業全体を通してCLILを行うことも可能である一方、45分間の授業において10〜15分間の帯活動として行うことも可能である。帯活動の場

合は、前時までの外国語の学習内容を生かすよう関連を持たせる方法と、逆にまず CLIL を通して学習を行い、そこで登場した言語面への理解をさらに深めるような外国語の授業へとつなげることも可能である。

　これらの実践で重要なことは、児童が内容に興味をもって学ぶことであり、「表現を何度も復唱して覚え、暗記した表現を使ってペアで会話を行う」といった、従来散見された外国語学習とは理念を異にすることに留意しなくてはいけない。

5. Task-Based Language Teaching（TBLT, タスク中心の指導法）

　TBLT はタスク、すなわち「課題」を目標言語を通じて遂行することを指導の中心に据えた指導法である。タスク活動とは目的を達成するために目標言語を用いる活動で、ここでは意味のやり取りが重視される。

❶　特　徴

　TBLT には「タスク完遂のために英語でやり取りを行う」「英語の正確さよりも意味伝達に焦点が置かれる」「現実社会での言語使用を反映したものである」といった特徴がある。例えば、「修学旅行の行き先を話し合って決める」「動物園へ行くための最も効率的なルートを決める」等のタスクが考えられ、グループ内で意思決定を行ったり、各自が持っている情報を出し合って結論を導いたりする過程において、意味に焦点を当てた英語の使用が生まれるよう計画される。

❷　授業での活用

　外国語の授業では、「友だちの好きなものを尋ねながら、友だちのためのＴシャツを作る」「時差を確認して、日本時間の何時ならカナダに電話をかけてもよいかを考える」「クラスメイトの好きなスポーツを尋ねて、クラスの人気競技ランキング表を作成する」等のタスクが考えられる。

　実際の日常生活で起こり得るタスクを設定することにより、児童は意欲を持ってタスク遂行に取り組むことができる。ただし、きちんと「意味のやり取り」が生まれるようにタスクを計画することが重要である。例えば「買い物をする」「道案内をする」といったタスクを設定しても、モデルス

キットを丸暗記して、相手が次に何を言うのかが分かった状態で活動を行ったのでは、真の意味での「意味のやり取り」は発生しない。また、「道案内をする」タスクにおいても、両者がまったく同じ地図を持って"Where is the station?"と尋ね合うような活動では、自分の地図を見れば分かることを、ただ表現をなぞるだけの練習になってしまう。児童は限られた語彙や表現しか持たないため、自ら表現を選択しながらタスクに取り組むことは容易ではないが、可能な限り本物らしい意味のやり取りが生じるようにタスクを計画することが求められる。そして、児童が「知っていること」を自ら考えて活用できるようなタスクの設定が望まれる。

6. Total Physical Response（TPR, 全身反応指導法）

TPR は Asher（1977）が提唱した子どもの母語習得をモデルにした聴解中心の指導法である。乳幼児は、言葉を話すことができるようになる前に、その発話の意味を理解し、体で反応を示す段階を通過する。この時期は「沈黙期（silent period）」と呼ばれ、この時期を経て、しだいに発話が生まれてくるようになる。この子どもの母語習得過程をモデルにしたのがTPRである。

❶ 特　徴

TPR では、学習者に発話を強制せず、指導者から与えられるインプットに対して、動作で反応することを求める。指導者からのインプットの多くは命令（指示）の形をとり、インプットの理解が動作での反応と結びつくことにより、学習が強化されると考える。

また、TPR の特徴として、話すことを強要しないことから、学習者が緊張したり、不安を覚えたりすることなく学習に取り組めるという利点がある。とくに外国語学習の初期段階には効果的な指導法である。

❷ 授業での活用

児童の発達段階や英語学習の段階から考えても、TPR は有効な指導法であると言える。ただし、TPR を効果的に行うためには、聴解が大きな目的であることを指導者が理解しておくことが重要である。TPR の指導手順は

次のようになる。

1) 指導者が指示（例えば "Stand up."）を出す。

2) 最初は指導者が指示に対する反応（例えば「立ち上がる」）を示して、児童に音と意味の一致をさせる。

3) 慣れてきたら、指導者の指示に対して、児童自身が反応で理解を示す。

指導者がいつまでも体を動かして指示に対する反応を示していては、児童は指示を聞いて理解する必要性がなくなってしまう。聞くことを目的とした活動であることを常に意識し、適切に 2) から 3) の段階へとステップアップすることが大切である。

また、TPR の代表的な活動である "Simon Says" のように、全身で反応する活動だけが TPR ではない。例えば、指示を聞いて色を塗ったり、カードを並べ替えたり、カルタ取りをしたりといった活動があり、学習者の発達段階を考慮に入れながら、活動内容や指示内容を変化させていくことができる。

ただし、TPR には「聞く」以外の技能への配慮があまりないことや、動作と結びつかない事項は扱いにくいといった課題もある。しかし外国語学習の初期段階での効果的な指導法であり、授業のウォームアップとしてや、新しい単元で初めて触れる語彙や表現を聞いて理解する目的において効果的といえる。

2節　児童に合った望ましい指導法とは

前節では、今日の英語教育の大きな目標であるコミュニケーション能力の育成に寄与する指導法や、自然な言語習得過程を意識した入門期に適した指導法を紹介した。これらの指導法のどれか 1 つを選択して指導にあたるというよりも、基本理念を踏まえた上で、学習者の状況やニーズに適した指導法を選択したり、組み合わせたりしながら授業を構築していくことが重要である。そのさい、考慮すべき事項として、次の 4 点をあげたい。

1. 発達段階と学習段階

指導法の選択にあたり、児童の発達段階や英語の学習段階のバランスを

考えることは重要である。例えば、中学年で英語学習を開始した段階では
ナチュラル・アプローチや TPR の考えに基づく聴解に専念できる期間を
保障したり、高学年ではタスクが学習者の知的好奇心を刺激したりするよ
うなものになるよう工夫が必要である。

2. 授業時数

どのくらいの学習時間を確保できるかによって、目標の設定が変わって
くる。例えば、地域や学校 (研究開発学校等) によっては低学年から外国語
の学習を開始したり、中学年から週に 2 回以上授業を行ったりすることも
考えられる。1 年生から学習を始めた場合の 3 年生の目標や活動内容と、3
年生から始める場合の目標や内容は当然異なるものになる。そのような実
態に応じて、各段階にふさわしい指導法を選択することが必要である。

3. 学習者の特性

教室にはさまざまな個性を持った学習者が存在し、また彼らの好む学習
スタイルもさまざまである。視覚からの情報入手が有効である者もいれば、
聴覚を重視する学習スタイルを好む者もいるだろう。また各学習者の得意
分野もさまざまである。すべての学習者に適した唯一の指導法を見つける
ことは困難だろうが、自分の担当する児童たちの特性を知ることで、より
適した指導法や活動の選択が可能になる。

4. 母語の役割

本章 1 節で紹介した指導法は、いずれも基本的には目標言語を用いてコ
ミュニカティブな言語活動を行うことを重視している。児童ができるだけ
多くの英語音声に触れ、それを理解し、英語を使う体験を行うことが重要
である。しかしながら、ごく限られた学習時間で学ぶ日本の学校教育を想
定すると、適切な母語の使用が学習を促進する場合も考えられる。以下で、
児童の母語使用と指導者の母語使用の 2 つの側面から考えてみたい。

❶　児童の母語使用
指導者から英語で話しかけられたとき、児童は理解した内容を確かめる

ために日本語で質問をしたり、日本語で答えたりすることがある。とくに新出事項を提示する場面ではこのような反応が想定される。児童のこのような反応は、英語を理解しようとしていることの表れであり、許容されてよいだろう。児童の日本語での反応に対して指導者が適切な反応を英語で行うことにより、児童は意味と言語形式を学んでいくことができる。

❷　指導者の母語使用

　指導者の母語使用については、目的と場面を意識して選択することが重要である。いつも日本語で説明をしたり、日本語訳を提供したりしていると、児童は英語を使う必要性を感じなくなるだろう。また、教員が英語を話すことへの抵抗を見せている場合には、児童の英語に対する態度形成に否定的な影響を与えることも考えられる。したがって、視覚情報を活用することで内容が十分に伝わる場面においては、目標言語を用いるように努めることが大切である。他方、英語と日本語の違いや文化的な気づきについて振り返る場面などでは、深い洞察をクラスで共有するためには母語の使用が必要になるだろう。指導法の選択と同様に、目的や場面、児童の実態等を考慮しながら、学習にもっとも効果的な目標言語と母語の使用について考えることが大切である。

3節　外国語の授業で活用したい指導技術

1.　アクティブ・ラーニング（AL）と協働学習

　AL は教師からの一方的な講義形式の知識伝達型教育から脱却し、学習者自身が主体的に問題を発見し、考え、解決しながら汎用的能力の育成を図るものである。そのための方法としてグループ・ディスカッションやグループワーク、プロジェクト活動などがあるが、あくまで主眼は「主体的・対話的で深い学び」を実現することであって、ペアワークやグループワークを行うことが AL ではない。

　外国語の授業では、単元ごとに目標となる語彙や表現があり、それが単元という単位で細切れになっていることも少なくない。しかし将来的には、場面や状況に応じて、知っている語彙や表現を引き出し、つなぎ合わせな

がらコミュニケーションを図る能力が望まれる。そのためには、一定の語彙や表現の学習が進んだところで、子どもたち自身が何かを伝えるために、これまでに学習したどの語彙や表現を活用できるかを考えながら、国際交流を行うなどの取り組みができるだろう。

　また、「主体的・対話的で深い学び」の実現のためには、協働学習の視点も重要である。「競争ではなく協働を」としばしば言われるが、Deutsch (1949) は、協働的な状況とは皆が一緒に達成できる目標に向かっている状況を指し、競争的な状況とは、誰か 1 人がゴールに到達すると、他の人はゴールにたどり着けなくなるような目標に向かっている状況を指すとした。つまり、競争的な要素がある活動を行っていたとしても、それを通して学習者全員が目標に向かって学んでいる場合は、協働的な学びであると考えられる。また、個人で取り組む作業を行っていても、必要に応じて教え合い、助け合うなど「クラスの全員が理解する」という同じ目標に向かっている時には、そこは協働学習の場といえる。そのような雰囲気が醸成された学級で安心して学べるよう、学びの場づくりを行うことが求められる。

　なお、外国語の授業では時に競争的要素が強く、児童の「勝ちたい」「速く仕上げたい」「より多く集めたい」といった思いが強くなりすぎるタスクが見受けられる。このような競争的なタスクでは、丁寧な発音や相手に伝わるような表現方法など、本来のコミュニケーションにおいて重視されるべき点がないがしろにされてしまう可能性があるため注意が必要である。

2. 発問、指名の方法

　発問においては、そのねらいを意識することが重要である。既習事項を確認するための発問や、本時の学習の興味づけのための発問、分かったことを共有するための発問、本時の内容から発展した発問等があり、単元や各時間の学習過程に応じて選択することが必要である。いずれにせよ、外国語の授業では児童の英語力が限られていることから、簡潔で分かりやすい問いになるよう心がけたい。

　また、児童に問いを投げかけたとき、指名をする場面もあるだろう。クラスの中には引っ込み思案な児童や英語への自信が十分でない児童等、さまざまな児童が存在する。したがって、指名にはたいへんデリケートな配

慮が必要であり、児童や学級の実態を十分に把握できていない教育実習生やALT、非常勤講師等の外部講師には難しいものである。ティームティーチングで授業を行っている場合でも、誰もが正解できるシンプルな問いである場合を除いては、学級担任が指名するほうが望ましい。学級担任の深い児童理解や人間関係への理解があってこそ、授業を円滑に進めるための指名が可能になるだろう。

3. 活動形態

　授業では、一斉、グループ、ペア、個人で行う活動を効果的に選択することが望まれる。活動形態を選択するさいに考慮すべきことを2点示す。

❶　目標と目標達成に至る学習過程に応じて選択する

　どのような内容を、どのように指導するかを考えるときには、常に目標を意識しなくてはならない。例えば、新しい語彙や表現を導入する場面では、クラス全員に意味と言語形式の導入を図るために、指導者がデモンストレーションを行い、意味と言語形式の理解を促す「一斉活動」の形態をとることが多いだろう。他方、「隣の席の友だちのために、おすすめのランチメニューを作る」というタスクに取り組む段階では、ペアワークを行うだろう。

　また、設定した目標やタスクと同時に、学習過程にも配慮して活動形態を選択することも大切である。新しい表現を初めて学習した場面では、TPR的活動や発音練習等をクラス全員で一斉に行い、さらに聴解の練習を進めるために、カルタ取りなどの活動をグループで行ってから、ペアでの活動に移ったり、あるいはまだ練習が不十分な段階ではまず個人で聞き取った通りにカードを並べるなどの活動を行った上で、ペアやグループでの活動に移ることもあるだろう。さらには、一度は一斉活動からグループ活動へ移った後でも、児童の学習状況を確認した上で、必要に応じて一斉活動に戻るなどの選択も時に必要になる。次頁に授業の流れに応じた活動形態の例を示しておく。

表 9.1　授業の流れ―導入から振り返りまで―と活動形態（例）

場　面			主な活動形態
導入		指導者によるデモンストレーション・意味や言い方の理解	一斉
展開	練習（1）	TPR 的活動・モデルの後について繰り返す発話練習	一斉
	練習（2）	カルタ等の聞き取り活動・Go Fish など数人での発話練習・ICT 端末等で個人練習	グループ、個人
	練習（3）	コミュニケーションへの橋渡しとして、学習した表現を用いた対話や発表の練習	ペア、グループ
発展	コミュニケーション活動	目的や場面、状況を意識して行うインタビューや発表などの活動	ペア、グループ、一斉
振り返り		活動の振り返りと共有	個人、一斉

＊上記の表はあくまで一例である。例えば練習（3）で、ICT 端末で録画した自分の発表動画を個人で振り返ったり、ペアでの練習の途中に学級全体で注意点を再確認することもあるだろう。児童の学習の状況や学級の実態に応じた適切な選択が重要である。

❷　児童の学習段階や心理面に配慮しながら選択する

　母語習得において、発話するまでの間に長い沈黙期があることを第 1 節で述べたが、外国語学習においても、学習の初期段階ですぐに発話を求めることは児童に緊張や不安を強いることになりやすい。そのため、新しい語彙や表現を導入してすぐに人前での発話を求めることには十分注意したい。

　また一見、クラス一斉の活動で安心して活動に臨んでいるように見えても、実は個人に負担を強いる活動になっていることもある。例えば、輪の真ん中に立つオニ役の児童の発話でゲームが進むフルーツバスケットのオニ役や、カルタの読み上げ役をグループ内で順番に担当させるなどのやり方は、一斉やグループの形態を取りながらも一人で発話する場面を生みだしている。さらに、その児童の発話によりその後の活動が展開するため、責任を感じやすい状況になる。よって、このような活動は児童の話すことへの自信がついているかをよく観察して決定する必要があるだろう。また、例えば「買い物客」として一人で行うことができるタスクであっても、一人で作業を行うことに不安を覚える児童が多い学級の場合は、ペアになって買い物をさせるなどの対応も求められる。

4節　指導形態に応じた円滑な授業実践のために大切なこと

　現在の小学校における外国語の指導者や指導形態の状況を見ると、学級担任には単独で授業を進められる力と、ALT等の英語に堪能な指導者とティームティーチングを進められる力の両方が必要である。単独授業においても、ティームティーチングにおいても、学級担任が外国語活動や外国語科の目標や指導内容、指導方法を深く理解していることは重要なことである。また、いずれの指導形態にも共通して大切なことと、それぞれの指導形態に特有な留意すべき点がある。

1.　単独授業、ティームティーチングに共通する大切なこと

　いずれの授業においても学級担任が指導目標を理解したり、適切な指導過程および指導内容や指導方法を選択したりすることは重要なことである。また、児童の学びを支援したり、適切に評価したりするためには、学級担任が授業への深い理解を持ち、積極的に授業に関与することが欠かせない。

2.　学級担任による単独授業で大切なこと

　単独授業の場合、自らが計画した授業を一人で進められるという点においてはスムーズな授業展開が可能になる。一方で、英語力に不安を抱える指導者は、指導に難しさを覚えるかもしれない。そこで、視聴覚教材やICT教材を有効に活用することが推奨される。また、ALT等が定期的に来校する場合は、ALTが来校できないときの授業のために、事前にスキットをビデオ録画したり、ALTからのメッセージをビデオに撮るなどの工夫により、単独での授業をより豊かなものにすることが可能である。学級担任の指導力を生かしつつ、足りない部分をどのように補うかを工夫することが大切である。

3.　専科教員や交換授業担当教員による授業で大切なこと

　近年では専科教員や交換授業担当教員による授業が増えている。高学年からの教科担任制導入の流れや、外国語が優先的に専科指導の対象とすべき教科とされたこと（文科省2021a）から、今後も専科教員による指導は増

加することが予想される。

　文科省（2022）が実施している「英語教育実施状況調査」では授業担当教員に関する調査が行われているが、学級担任のほかに、同学年他学級担任、他学年学級担任、専科教員等、他小学校所属教員、中・高等学校所属教員、非常勤講師、ALT などと多様な立場、所属の指導者が授業に関わっていることが示されている [☞ 3 章 1 節 1]。したがって、外国語指導にあたっては、それぞれの利点を最大限生かし、指導していくことが重要である。

　同じ学校の同学年他学級担任による交換授業の場合は、学校の特性、交換授業で担当する他学級の雰囲気、他教科の学びの状況などを理解した上で授業に臨むことができ、また外国語学習に不安な児童や特別な支援などを必要とする児童がいる場合にも、その学級担任にすぐに相談することが容易であるという利点がある。また、専科教員等による授業の利点は、教材研究の充実や、その結果としての授業の質の向上が期待できることである。とくに年間カリキュラムや他学年の学習内容とのつながり、中学校の学びへの接続を踏まえた系統的な指導を展開することが望まれる。

　一方、専科教員による指導で懸念されることは、担任ではない学級を教えるため、児童理解に基づく指導が難しいことである。外国語指導に専念する専科教員の場合、複数の学校を受け持ち、担当する学級数が 10 を越えることも少なくない。その場合、個々の児童理解が難しく、児童の実態を把握し、それに応じた指導を行うことや、各学級のルールや風土を踏まえた授業を展開することに困難を覚える可能性がある。この課題を少しでも解消するためには、学級担任からの情報提供や、専科教員からの学級担任への報告、相談を可能にする仕組みを構築することが望まれる。

4.　ティームティーチングで大切なこと

　ALT や非常勤講師等の外部講師とティームティーチングを行う場合には、学級担任と ALT や外部講師の両者が当該の授業についてきちんと理解しておくことが欠かせない。授業前には十分な打ち合わせが必要である。授業中に片方の教員が何の役割もなく立っているような状況は避けなくてはならない [☞ 13 章 1 節]。

また、ALT や外部講師は英語に堪能である一方で、教育経験や児童への理解が乏しいことも少なくない。あるいは逆に私塾などでの指導経験が豊富で、学校が設定している目標とは異なる自らの指導理論で授業を進める可能性もある。このような事態をコントロールするのも、学級担任の役割である。したがって、ティームティーチングにおいては、学級担任がそれぞれの指導者の役割を明確にしておく必要がある。

　他方、ALT や外部講師の特質を最大限生かすことも大切である。ALT は異なる文化背景を持って来日しているし、日本人の外部講師も海外経験を有する人や、英語に堪能な人材が多い。このような ALT や外部講師の経験等を十分に活用することで、豊かな授業が可能になるだろう。そのためには、両者が打ち解け、良好な人間関係づくりに努めることが望まれる。

（松宮　奈賀子）

学　習　課　題

1.　CLT、ナチュラル・アプローチ、TBLT の共通点と相違点をまとめよう。
2.　外国語学習において「本物」の教材やタスクを用いることの意義を考え、説明しよう。

📖 参考図書

サンドラ・サヴィニョン（草野ハベル清子他訳）（2009）『コミュニケーション能力――理論と実践』法政大学出版局．［原典： Savignon, S. (1997) *Communicative Competence: Theory and Classroom Practice* (2nd edition), New York: McGraw-Hill.］

J. ブルースター & G. エリス（佐藤久美子編訳）（2005）『「小学校英語」指導法ハンドブック』玉川大学出版部．［原典： Brewster, J., Ellis, G. & Girard, D. (2002) *The Primary English Teacher's Guide* (2nd edition), Harlow: Penguin English.］

10章 いろいろな教材、教具の活用法

　文部科学省から配布される外国語活動教材（*Let's Try! 1, 2*）や検定教科書を使用するにあたり、それらに付随する教材を使うことで事足りると感じている教員は多いだろう。しかし、実際には ICT の普及とともに、児童には 1 人 1 台の端末が配布され、教科書もデジタル化の時代にあってその活用法は多岐にわたる。今後はますます、教材、教具の選定や活用法に新しい視点が必要となる。

　本章では、外国語の授業に適した教材、教具の選定の視点、活用法と作成方法、および利用上の留意点について考える。

1節　教材、教具の選定の視点

　外国語の授業構築のなかで大切なことは、初めに教材、教具ありきではなく、その授業の目標を達成するためにどういった教材、教具が最もふさわしいかという視点を持つことである。他教科では周知のはずであるが、外国語の授業においては、音声・動画・実物・画像などあまりにも広い選択肢があることによって、つい使いたい教材、教具が先行してしまう。なぜ、その教材、教具をそこで使うのか、何のために使うのか、それを使うことでどのような学習効果が得られるのか、という視点がすっぽりと抜け落ちてしまう傾向がある。それはデジタル教材や ICT アプリに関しても同じように言える。それらを使いこなすことを目的とせず、いかに活用するかということに重きを置きたい。

　また、指導者がオリジナル教材を作成する場合、準備に時間をかければかけるほど「よく練られ完成度の高い教材」であると錯覚してしまうこともある。自作教材の良し悪しは、その見た目や作成にかけられた時間や労力ではなく、授業の目標を達成するのにどれだけ寄与したかによって判断

したい。

　以下、3つの視点から、教材、教具の選定について考える。

1.　視点①──音声や基本的な表現に慣れ親しませる

　英語の音声に慣れ親しむための音声教材や、基本的な表現を繰り返し練習するための絵カードなどは、現在教科書とともにデジタル化されたものが容易に入手できるようになった。教科化によって検定教科書が配布される中、教員が自ら音声教材を探して、教室で使用する機会は減ってはきているが、何かを選ぶとすれば次の2点に留意して選定し、活用したい。

❶　児童の発達段階に合った教材を選定する

　イギリスやアメリカなど英語圏の国で作られた教材は、その多くが3〜6歳の幼児を対象としている。うた、チャンツなどはそのまま英語の初学者である小学生に使える場合も多いが、なかには、絵本などをコンテンツのある絵カードとして使う場合を除き、内容があまりに幼稚すぎて小学生にそぐわない場合もある。また、反対に、英語のうたで、児童にとってメロディがCMなどで聞き慣れているものでも、内容や英語表現が難しいものは小学生にふさわしいとは言えない。音声と文字と意味を一致させることをめざした指導の場において、ただリズムに乗って英語のうたを歌うことを楽しむだけではなく、内容理解をともなった指導に用いるのに適切なうたを選びたい。

❷　教材の活用方法を工夫する

　カードゲームやカルタなど、取り札を囲む班活動では児童に進行を任せるのではなく、ALTが全員に向かって読み上げる全体活動にするなどの工夫が必要である。できるだけグループ・ダイナミックスを使い、学級全体が取り組める活動を行うことで、指導者が児童をしっかり見取れる活動にしたい。また、速さを競ったり、ゲームの勝敗だけにこだわったりする活動もなるべく避けたい。

2. 視点②——主体的にコミュニケーションを図ろうとする態度を育成する

　児童が外国語の授業のなかで、主体的に外国語を聞いたり、話したりし、他者と主体的にコミュニケーションを図ろうとする態度を育成するためにふさわしい教材、教具とはどのようなものだろうか。児童の興味・関心の高い題材や児童の知的レベルにふさわしい題材について、児童に「聞いてみよう」「話してみよう」と思わせる工夫がなされた教材である。

❶　聞かせる内容と聞かせ方の工夫

　色を表す語彙や表現を導入するにあたり、児童の聞きたい気持ち、さらには話したい気持ちを掘り起こし、世界に目を向けさせることを目的に、「世界の郵便ポスト」を話題にした例を紹介する。導入を行うさいには、絵カードより写真、あるいは写真と国旗を合成した写真で作成したプレゼンテーションソフトを用いると、児童の関心をより引きつけ、気づきをより容易に促すことが可能である。

T： Look! This is a mailbox in Japan. It's red.

Ss： Red.

T： Look at this yellow mailbox. Which country is it?

Ss： America?

T： No. It's Canada. In France, it is yellow, too. Look at this mailbox. It's blue. Which country?

S1： America?

T： Yes! That's right. It's blue in America. How about this one? Do you know this color? A green mailbox! Which country is it?

Ss： Korea? China? Italy? (たくさんの国名があがる)

T： It's China. (韓国、続いてイギリスの郵便ポストを見せながら) Now, look at this mailbox. What color is it?

Ss： Red.

T： Yes. In Korea, the UK and Japan, we all have a red mailbox!

---

❷　インタビュー活動用のワークシートの工夫

　"What fruit/sport/color do you like?"といった疑問文と答え方を練習した後、友だちに質問し、その答えを記入するためのワークシートを取り上げてみよう。時間内に最も多く質問できた児童がチャンピオンになる、といったことを意図したゲーム性で児童を引きつけるワークシート（例1）は、「外国語の音声や基本的な表現に慣れ親しませる」という目的は果たせても、「主体的にコミュニケーションを図ろうとする態度の育成」には必ずしも結びつかない。指導者は、ゲーム的な要素が仮になくても児童が主体的に他者と関わり、相手に尋ねたいことを質問したり、あるいは自分の伝えたい情報を伝えたりする状況を作りだせるワークシートを作成したい。

ワークシート　例1

～たくさんの友だちに好きなスポーツを聞いてみよう～

What sport do you like?　　I like ＿＿＿＿.

	soccer	baseball	volleyball	tennis	running	Others そのほか
例)　田中くん		○				
1						
2						
3						

➤　何人にインタビューできましたか？　　　（　　　　）人

　例えばこのワークシートを、1) しっかり質問を考え、次に自分の答えを書き込む、2) クラスの友だちに質問をする、3) 意見が同じ友だちを見つけたらサインをしてもらう、といったワークシート（例2）にする。そうすることによって、前者と同じ質問をしながらも、相手の好きなものを知りたい気持ちが働いたり、質問をする前に「○○君は自分と答えが同じじゃないか」と予想したりするといった本来の質問の意味が少しでも生かされ

る活動となるだろう。児童の本当の情報や意味のあるインタラクションを
大切にし、それができるだけ生かせる教材づくりが望まれる。

ワークシート　例2

〜好きなスポーツを聞いてみよう〜

What sport do you like?　　I like ＿＿＿＿.

① 自分の好きなスポーツを選んで〇をつけよう。
② インタビューして、同じスポーツが好きな友だちにはサインをもらおう。

スポーツ　　　名前	soccer	baseball	volleyball	tennis	ping-pong	Others そのほか	友だちサイン
Me （自分）		〇					
例）田中くん		〇					Hiroki Tanaka
Me							
1							
2							

3.　視点③──異文化について理解を深める

　その教材、教具が言語や文化の違いに対して学習者に「気づき」を促す
ことができるかという点を十分考慮する。外国語の音声や文字、あるいは
日本と世界の国々の習慣や文化の共通点・相違点を知識として与えるので
はなく、児童の興味を喚起し自然な形で気づきを促し、さらに本時のコミュ
ニケーションを中心とした活動へ導くものが望まれる。

　こういった教材が動画を交えて含まれるものがテキストとしてすでに存
在するが、自作教材として資料を収集し、利用する場合、以下のようなも
のが考えられる。

● 題　材

　世界の朝食、小学生に人気のおやつやスポーツ、学校給食、お手伝い、
小学校の制服、時間割、小学生が将来つきたい職業、民族衣装、世界の音
楽、世界の郵便ポストや交通信号機、虹の色、太陽や月の色、世界の天気

予報、行事、お正月の料理など。

● 教材とその提示方法

・実物（地図・絵葉書・本・各国の通貨・民族衣装・食べ物）を実際に教室で提示。あるいは、実物投射機（OHC）を使い提示。

・写真素材（教室に実物を持ち込めないもの）を絵カード、プレゼンテーションソフトにして提示。

・動画（ビデオレター、世界の子ども向けニュース、海外小学校との交流）をDVDあるいはインターネットを使って提示。

・授業内容にふさわしい題材が取り扱われている絵本の読み聞かせ。

　これらを教材として使用するさいには、伝える情報の正確さに留意しステレオタイプな先入観を児童に与えないことや、ジェンダーなどの人権に対する配慮も必要である。また、教室に迎えたALTの出身国などの情報や、今日の世界の天気、あるいはスポーツの国際大会の結果を取り上げるなど、リアルで身近な共通の関心事を題材とするのも体験的な理解を促すにはふさわしい教材である。

2節　教材、教具、機器の活用法と作成方法

　本節では、外国語の授業でよく使われる教材、教具、機器の活用法や作成方法を紹介する。

1.　実物、模型、写真など

　実物には、食べ物の名称を導入する場合に使えるプラスティックでできた模型や、月の名前を紹介する場合のカレンダー（日本のものと外国のものがあればいっそう興味深い）、数字の紹介にも使える外国紙幣などがある。

　これら以外にも、教科を扱う単元では、教室に掲示されている時間割表を使ったり、行きたい国の話を扱う単元では旅行会社のパンフレットやその国の絵葉書を使ったりすることで、児童はイメージを膨らませ、活動により積極的に取り組む。また、学校周辺の地図や古地図などを利用し、公共の場所や商店名を導入することもできる。以下に、スーパーのチラシの活用例をあげておく。

- スーパーのチラシの活用例: 数字を言ったり、予想して数字を発話したりする活動。

> T: Look! This is ABC Supermarket's today's special. (特価品の卵、10個180円と書かれた部分を示して) How much is ONE egg?
>
> Ss: 18.
>
> T: That's right! It's 18 yen. (値段の部分を隠して) How about this? How much is this tomato?
>
> S1: 30 yen.
>
> T: No. (ジェスチャーで上を指しながら) Higher.
>
> S2: 55 yen.
>
> T: No. (ジェスチャーで下を指しながら) Lower.
>
> Ss: ....
>
> T: (正解を見せ) It is 48 yen!

2. 絵カード

絵カードはさまざまな活動で利用できる。ここでは、絵カードの作成方法、用途とサイズ、および活用方法について紹介する。

❶ 作成方法

絵カードは、テキスト教材などからダウンロードできるものや、市販されているものがたくさんある。しかし、自作教材として、プレゼンテーションソフトを利用して、画像を貼りつけたり、撮影したオリジナルの写真を使ったりして簡単に作成することができる。

デジタル教材を自作するメリットは、授業者が意図するイメージに最も近い絵カードが作成でき、その画像に児童になじみのある場所、人物、物を入れることで、児童の興味を引きつけ、思わず発話したくなるような状況を作ることが可能となることである。教科名の紹介に実際の教科書の画像を示したり、児童が指導を受けている体育や音楽の先生の写真を使って教科名を導入することもできる。また、児童のよく知っているスポーツ選手のイメージを使ってスポーツ名をあてさせるなどの活動もできる。

さらに、写真素材は、イメージが固定的になりがちなイラストと異なり、

柔軟にイメージを広げることも可能である。例えば、apple であれば、赤だけでなく、黄色や緑色のリンゴもあるということをビジュアルで示すことができる。

❷　用途とサイズ

　絵カードの大きさは、指導者が児童に提示したり、黒板に掲示したりするには、最低 A4 サイズの大きさが必要である。プレゼンテーションソフトで作成する場合は、そのままファイルを A4 用紙に印刷すればよい。カラー印刷したものをクリアファイルに入れ、シート型のマグネットを貼ることで黒板に掲示するピクチャーカードとして使用することもできる。

　使用目的によっては A5 サイズも扱いやすい。授業者が児童に近い距離まで移動するアクティビティに適している。その場合、カードをラミネーターで保護した上、穴をあけリングで 20〜30 枚をまとめるといった工夫をすることで、カードを次々にめくりスピーディに提示できる。

　名刺あるいは葉書サイズのカードは、児童がペアやグループで Q&A を行いながらカード交換する活動や、小グループに分かれてのカルタ取りゲーム、あるいはアルファベットの文字を順番に並べる活動などに適している。

❸　イラストと綴りからなる絵カードの活用方法
1)　文字への興味を芽生えさせる
　絵カードには、画像とともに単語の綴りも入れ、自然に文字への興味・関心を喚起させたい。表面は絵のみ、裏面は絵＋文字といったカードであれば、新しい単語の導入時には、表面を見せて音声を聞くことに集中させる。次の段階では、What's this? と問いかけ、文字なしの表面を見せた後、裏面を見せる。児童は、その単語の最初の文字や綴り全体の形を目にすることを通して、自然に文字への興味を芽生えさせていく。

カードの例　　　　表　　　　　　　　　　裏

2) 音と文字を結びつけさせる

　ある程度の数の単語を学習した時点で、食べ物、身の回りの物、動物などの名詞や形容詞、動詞をアルファベット順に集めてセットにすれば、音韻認識を自然に高める教材にもなる。このように A から Z まで語頭の音が同じ単語を集め、アルファベットジングルを作成しリズムに合わせて繰り返すことで、音と文字を結びつける活動を行うことができる。

カードの例　生き物ジングル

3) 語順への気づきを促す

　5, 6 年の外国語の学習においては、語順への気づきを促す活動が可能である。例えば、主語、動詞、目的語となる絵カード（綴り入り）をバラバラに提示し、英語の文を聞かせてカードを正しい順に並べ替えさせる。さらにそのカードの絵やそこに書かれた英語をヒントにもとの英語の文を全員で言わせる、といった活動である。高学年のリテラシー指導では、それらのカードを並べ替えた後、語順に注意を払いつつ書写させる活動、あるいはそれを読み上げる活動もできる。

カードの例　並び替え　I like apples.

4) ストーリーのあらすじを再生させる

　簡単な絵本を読み聞かせた後、1 シーンに 1 文程度の文字を入れたカードを 5〜6 枚提示し、あらすじを考えながらそれらを並べ替えるといった活動もできるだろう。並べ替えを行うことで、絵本の内容への理解を深めるとともに、並べ替えの終了時にはその絵を追ってリテリング（再話）するといった発話の機会を与えることもできる。

3. ICT 教材とデジタル教科書の活用法

❶ ICT 機器と教材

学習指導要領においては、学習の基盤となる資質・能力として情報活用能力が位置づけられている。さらに、ICT 活用によって児童の学習上のつまずきの発見や、学習の個別最適化も検討されるようになってきた。

そもそも外国語指導において CD や DVD は、インプットの量を確保するために不可欠の教材であった。今後、教室の ICT 機器設備が整っていくことで、視聴覚教材が外国語指導に果たす役割はこれまで以上に大きいものとなる。

OHC などの実物投射機は、児童の新しい学習内容の理解や発表活動を助けるものとして利便性が高い。また、OHC は、絵本の提示などにも利用できる。タブレットを使用することで、自作の映像資料を示しながら発表することも、すでに多くの小学校現場で実践されている。

これらに加えて、近年、電子黒板の普及や ICT 教育機器の開発も目覚ましい。外国語教育における ICT 機器の学習に及ぼす効果については、さまざまな実践報告がなされ研究も進んでいる。中でも、黒板をクリックするだけで動画や音声が手際よく扱える電子黒板の使用は、授業の効率化に大きく寄与している。

以下、文部科学省が挙げる ICT 教材と外国語指導の 3 つの利点からその具体的な活用法を考える（文科省 2020）。

1) 言語活動

言語活動、とくに「話すこと」「書くこと」の機会の充実に役立てることができる。

例えば、発表活動においては児童の情報活用能力を生かし、タブレット、PC などを使って調べ学習を行ったり、英語辞書を利用したり、プレゼンテーションソフトを使って準備することが可能になる。そうした準備過程を経て作成したものを発表することが、発表活動への積極性を高める。また、準備から発表までを班活動にすることで、児童同士の自主的な協働学習の機会を与えることもできる。かつては紙のポスター制作をしていたものも、タブレットの画面を示しながら show and tell 風に行う発表活動とし、そこで実際の写真や動画を挿入し実物に近いものを示すことが可能になっ

た。また、発表の前段階で録音機能を使い練習すると、自らのパフォーマンスを振り返りながらよりよい発表に向け努力しようとする姿勢にもつながる。

やり取りを行う活動でも、児童が端末を用いて撮影した写真を使いクイズを作ったり、自分が撮影した画像を紹介したりすることによって、児童の表現意欲を高めることができる。

書く活動では、ネットワーク環境を利用すれば児童が書いたものを瞬時にクラスで共有することができ、それを読む活動につなげることもできる。また、それらの成果物はすべて蓄積することが可能なので、教員にとっては貴重な資料になるとともに、評価の効率化に役立てることができる。

書く活動自体は、児童が鉛筆を使ってワークシートやノートに書いた後、撮影機能を使って画像を提出するとよいだろう。事前に書写する手本などを端末に送ることにより、各自が必要な大きさに拡大することもでき、書くことに苦手意識を持つ児童には大きな支援となる。

また、そうして提出されたものを回収する手間と確認して返却する時間の短縮化は、紙ベースと比べ教師の負担を大きく軽減するだろう。

2) 交流・遠隔授業

Web 会議システムやライブカメラで、海外や遠隔地にいる児童を相手に自分の地域などを紹介し合うことが可能である。また、英語を使って話す対象が教室にいない時でも、ネット環境さえ整えば離れた場所にいる ALT と話したり、PC 上でバーチャル世界の相手と児童や教員がやり取りしたりするといったコミュニケーション場面の設定も今後は増えるかもしれない。さらに、「Google Earth」や世界のニュースを見せ、教室にいながらにして、リアルタイムで児童に世界を身近に感じさせることができる。

ある小学校では 5 年生のクラスで、海外の姉妹校の児童に向け、各班がおすすめの日本料理の紹介を行い、各自で撮影した動画を送った。動画はネットで共有するだけで相手国でも視聴できることから、数日後には相手校から、それを見た児童の反応やどの料理が一番人気だったかという動画が送られてきた。ICT 機器の即時性を活用し、「動画を海外の小学生に見てもらう」という本物の目的を設定することで、児童の主体的な取り組みが大きく変わった例である。教員は、以前のような教師中心のビデオ撮影

やそのカセット郵送などによる負担が軽減されたものの、今後はいかに最新のICT機器を使いこなすか、またどのような目的で授業に取り入れるか等、教員自身の柔軟な発想が重要になってくるだろう。

　また、もう一つの大きな利点は、自然災害や感染症の拡大など予想できない状況で対面授業が不可能な場合に、遠隔授業という形で学びが保証できるという点である。したがって、いつどのような事態が起こっても対応できるよう、平常時から各家庭と連携してネット環境の確認が必要となる。

❷　デジタル教材（教科書）の活用法

　学習者用デジタル教科書は、各児童が端末を使って操作することが前提となり、紙ベースの教科書と内容はほぼ同じである。外国語指導において、学習者用デジタル教科書が紙の教科書に勝る大きなメリットは、拡大機能が付いていること、音声再生ができることである。

　一方、指導者用デジタル教科書は、教師用の教材であり、多くの小学校教員が他教科で目にしたことがあるように、さまざまな機能をともなう。その両者を組み合わせ、さらにICT機器の機能を最大限に活かすことで、従来の一斉学習のみならず、個別学習やグループ学習で児童が主体的、対話的で深い学びを得る効果が期待できる。

　そのためには、デジタル教科書、教材をどのように使い、そうすることでどのような学習効果が得られるのか、といった見通しを、単元計画作成時に立てることが必要である。また、特別な配慮を要する児童に対しても、デジタル教科書、教材を使うことで学習上の困難をどれだけ低減できるかなど、今後の研究が必要となる。

● 　デジタル教科書・教材の活用例: 単元「新任の ALT の先生に町の紹介をしよう」
＊DT: デジタル教科書、AP: ロイロノートなどのアプリ、HOM=Hand-On-Materials: 自作デジタル教材
1)　ゴールの課題に向けて興味を高める。
・ALT による自国（アメリカ）の故郷の紹介（HOM）

・HRT による自分の出身地（和歌山県）の町紹介（HOM）

・町紹介の動画視聴と聞き取れた表現や語彙の確認（DT）

2)　新出単語や表現に慣れ親しむ。

・聞こえた単語や表現を繰り返し言う練習（DT）

・音声と絵を結びつけるリスニングクイズ（DT）

・学校の他の先生の出身地についての発表（HOM）

・振り返りによる形成的評価（AP）

3)　自分のことを伝え合うコミュニケーション活動を行う。

・町案内のプレゼンテーション資料を作成（HOM）

・ペアでのコミュニケーション活動（HOM）

・グループでの協働学習（DT / HOM）

・パフォーマンス評価に向けてのルーブリックの提示（AP / HOM）

・振り返りによる形成的評価（AP）

4)　ALT に町のことをよく知ってもらうための発表を行う。

・発表に向け、端末の機能を使い動画を撮影しながら練習（HOM）

・パフォーマンスルーブリックの参照（AP）

・パフォーマンス評価（AP / HOM）

【デジタル教科書活用のヒント】

・拡大機能などの見せる機能や、隠す効果を最大限に活かす。

・記録に残せる機能を活用し、前時の学びを即座に本時につなぐ。

・教材作成機能を使って、児童の実態に合わせたデジタルおよび紙ベース
　の自作教材開発を行う。

❸　オンライン授業の進め方

　指導者用デジタル教科書およびそれ以外の ICT 教材を教壇でそれぞれ操
作しながら提示するのではなく、タッチペンやリモコン、タブレット端末
などを使用することで、教員は自由に机間を移動し、児童の目線で教材を
見ることができる。さらに、教室の PC と児童の手元にある端末をつなげ
ると、児童の様子をその場でモニターし、共通する間違いを全員で共有す
るなどして理解を深めることも可能になる。

しかし、これはあくまでも教室環境での ICT 活用の大きな利点であり、そのまま遠隔授業に当てはまるものではない。オンラインの同期型配信では、対面と同じようにリアルタイムで教師と児童が授業に参加するものの、児童の様子を教室と同じように把握するのは困難である。また、学齢によっては児童が PC 画面に向かって座り続けることが可能な時間も限られている。一つの活動を短く、できるだけ児童の反応をモニターできる状態で集中が途切れない授業を行う工夫が必要である。

　また、非同期型でも、通常授業をそのままオンデマンドとして録画配信すると、教師からの一方的なものになり、児童は受け身となってしまう。児童が何度も繰り返し視聴できるオンデマンドの長所は最大限に生かしつつも、個々の児童が主体的に取り組めるよう、配信の開始時には必ずその授業のめあてを示し、最後には児童自身にどれくらい達成できたかを振り返らせ、視聴後に送信させることが重要である。

3節　教材、教具、機器利用上の留意点

　以下に、教材、教具あるいは機器を外国語の授業で使う場合に留意しておかなければならない点をあげておきたい。

1)　使用目的を理解している

　その教材、教具あるいは機器を使って、語彙や表現を活用できる技能を身につけさせたいのか、自分の考えや気持ちを伝え合うことができる力を養いたいのか、あるいは主体的にコミュニケーションを図ろうとする態度を養いたいのか、といった使用目的を事前に十分理解した上で教材、教具や機器を使用する。

2)　特徴を理解・熟知している

　教材、教具、機器を使いこなすには、それぞれの特徴を理解・熟知し、活動のねらいに応じて使い分けることが大切である。

3)　使用法を熟知している

　どんなにすばらしい教材、教具、機器でもその使い方を指導者がよく知らないで、扱いに手間取ると、児童の集中力が切れてしまう。とくにマルチメディア教材を使用するさいには、必要なものを必要な時に瞬時に取り

出せるように、事前の準備とその手順の確認をしておくことが重要である。

4) 作成した教材、教具をリサイクルし、共有する

　教材研究や作成に時間がかかりすぎ、指導内容や指導手順の検討に手が回らないということにはならないようにしたい。それゆえ、できれば作成した教材、教具は、何度もリサイクルでき、他の教員とも共有できるように外国語学習室や共用 PC のクラウド上にストックしておきたい。デジタル教材には、保存に場所を取らないという利点、紙媒体の教材と比べると摩耗耐性があるという特性もある。さらに、目の前の児童の実態に合わせて上書きが簡単にできるというメリットもある。ただし、作成した教材を共有する場合には自分以外の教員が見ても内容が分かるように、常にフォルダの整理をしておく必要がある。

5) その教材、教具がなくても授業ができる指導力をつける

　万が一、電子機器の不備で教材、教具が使えないといったアクシデントがあっても、黒板とチョーク、教室や身の回りにあるものなどを使って、その場で自分の授業ができる教師の心構えと指導力を身につけていることが大切である。さらに、デジタル教材を使った指導を重ねることで無意識にすべてをデジタル教材に依存し、児童がプロジェクターの画面や手元の端末しか見ていないということがないようにしたい。「この活動では、本当にこの教材、教具が必要であるか」と授業の準備段階で考えることが必要になってくる。　　　　　　　　　　　　　　　　　　　　　（田縁　眞弓）

学　習　課　題

1. 教材、教具の選定における留意点をあげよう。
2. 高学年児童に対して指導者が行う自己紹介を、プレゼンテーションソフトを使って写真等を入れて作成しよう。また、そこで想定できる指導者と児童のやり取りを英語で書いてみよう。

11章 評価のあり方、進め方

　外国語活動は教科ではなく領域扱いであるので、数値による評価はなじまないとされる。しかし、評価が不要であるということではない。一方、外国語科は教科であるため、数値評価、評定が必要になる。評価の観点や評価規準を設定し、児童の学びを支援し、彼らの学習改善や指導者の授業改善につながるよりよい評価について考え、実践する必要がある。授業がいかにすばらしくても、やりっ放しではなく、児童も指導者も内省を行い、現状を分析し、新たな目標に向かって課題を設定して取り組むといった PDCA（Plan, Do, Check, Action）サイクルが必要となる。

　本章では、評価のあり方、進め方について、評価の本質、観点別評価、評価方法について考察し、評価をどのように行い活用すべきか、また評価にあたっての留意点について考える。

1節　評価とは

　評価は何のために行うのであろうか。指導を行うさいには指導目標を立て、それを達成するために必要な言語材料、活動などを選定し、授業で指導し、評価を行い、目標が達成できたかどうかを確認する。目標が達成できていればよいし、そうでなければその原因を探る。例えば、難しすぎた、説明が分かりにくかったなど、指導に問題があったのか、あるいは学習者の興味・関心や発達段階等、ニーズや学力に合わなかったのか、などの振り返りを行う。そしてその結果を次時の指導に役立て、再指導を行ったり、授業内容や指導方法を改善したりといった手立てを講じることになろう。そのような過程を「指導と評価の一体化」という。

　学習者、指導者、保護者にとって、評価の機能は次の通りである。

・学習者：どこまで到達できたかといった自己評価につながる。

・指導者: 指導内容の確認や授業改善につながる。
・保護者: 児童がどのようなことがどの程度できるようになったかを知る
　　　　　手段となる。
　いずれにせよ、評価は指導や学習の改善に生かされなければならず、な
くてはならないものである。
　では、評価にはどのようなものがあるのだろうか。評価の目的や利用法
によって次のように大きく分けることができる。

┌ 到達目標や、基準を決めて到達度を見る絶対評価
└ 集団の中での位置づけを見る相対評価
┌ 学年末、学期末、学期途中などにまとめて行う総括的評価
└ 日常の授業において継続的に学習の過程を見取る形成的評価
┌ 習熟度、進級、卒業などに関する判断に用いる評価
├ 授業者の授業に関する決定をするさいの情報を得る評価
└ 学習者が自己の学習のモニターおよび、自己修正または自己調整に役立
　てる評価

2節　評価方法

　評価の方法としては、以下のようなものが考えられる。
・正しい答えを選ぶ多肢選択やリスニングクイズなどの筆記テスト
・ルーブリックなどを利用して実際にスピーチをしたりスキットで演じた
　りするパフォーマンスを評価するパフォーマンス評価
・振り返りカードなどを用いた自己評価や相互評価
・児童の作品やワークシートなどを蓄積しておき、それらを見直して評価
　を行うポートフォリオ評価
・児童の発表や行動の観察による評価
・到達目標に対して習熟がどれくらいできているかを見る CAN-DO 評価
・学期の終わりなどに実施するアンケート、など
　なお、外国語活動、外国語科の評価は、指導者による児童の行動や発表
の観察評価、ワークシートやノートの点検、児童による自己評価、課題がど
の程度できたかを段階で判断する CAN-DO 評価、ロールプレイ、スピー

チ、インタビューなどのパフォーマンス課題による評価、リスニングをはじめ簡単な筆記テストによる評価などで総合的に行うことが多い。また、授業中に教員が用いる Good job. Well done. Great! といった言葉かけも評価であることは言うまでもない。あるいは授業中に振り返りを行い、さらによいパフォーマンスを児童から引き出すことも時には必要となろう。外国語活動、外国語科における評価は、外国語との出会いの科目としてふさわしいものでなければならない。つまり、児童が目標を知り、見通しが持て、自分の進歩・向上が分かり、頑張りが実感できるような、自己肯定感や有能感を育む評価でなければならない。順位づけや優劣をつけるための評価ではなく、指導があってこその評価であり、目標に沿った評価にする必要がある。

3節　評価の観点と望ましい評価のあり方

　外国語活動の学習評価は、『小学校児童指導要録』に、各学校で評価の観点を定めて、児童の学習状況における顕著な事項や、児童にどのような力が身についたか、どのような理解が深まったかなど、評価を文章で記述するようにとある。

　学習指導要領（2017 年告示）においては、各教科を通じて「知識・技能」「思考・判断・表現」「主体的に学習に取り組む態度」の3観点で評価するとある。語彙、表現や文法などの知識の習得に主眼を置くのではなく、それらを活用して実際にコミュニケーションを図ることができるような知識や自律的・主体的に活用できる技能を評価したり、コミュニケーションを行う目的・場面・状況等に応じて、情報や考えなどを的確に理解したり適切に表現したりするなど、伝え合うことができているかに留意して評価を行うことになる（次頁の表 11.1 参照）。

　また、「外国語を用いて何ができるようになるか」という観点から単元全体を見通した上で、単元目標と年間指導目標とが有機的につながるよう、単元・年間を通してすべての観点から総合的に評価することが大切である。例えば、将来の夢・職業を伝える活動であれば、具体的な評価規準はそれぞれ、以下の通りになる。

・知識・技能：「知識」I want to be a …. など、職業を表す語や、つきたい

職業を表す表現やその尋ね方、答え方について理解している。

「技能」I want to be a .... など、職業を表す語や、つきたい職業を表す表現などを用いて、自分の考えや気持ちなどを含めて伝える技能を身につけている。

・思考・判断・表現：相手に自分のことを知ってもらうために、将来の夢や職業、つきたい理由などについて、簡単な語句や基本的な表現を用いて自分の考えや気持ちを伝え合ったりしている。また、話される英語を聞いて、その概要を捉えたり、簡単な語句や基本的な表現で書かれた英語を読んで、その意味が分かり、例を参考に書いたりしている。

・主体的に学習に取り組む態度：相手に自分のことを知ってもらうために、将来の夢などについて、伝えようとしたり、読んだり書いたりしようとする。

上記の3つの観点に沿って授業中に評価を行い、学習の状況を総括して評定（3段階）を行う。例えば、知識・技能や思考・判断・表現は、行動観

表 11.1　外国語活動と外国語科の評価規準

	知識・技能 (I)	思考・判断・表現 (II)	主体的に学習に取り組む態度 (III)
外国語活動	・外国語を用いた体験的なコミュニケーション活動を通して、簡単な語句や表現などの外国語を聞いたり言ったりしている。 ・外国語を用いた体験的な活動を通して、日本語と外国語との音声の違いに気づいている。	・簡単な語句や表現を使って、自分のことや身の回りのことについて、友だちに質問したり質問に答えたりして表現している。	・外国語を用いてコミュニケーションを図ることの楽しさや、言語を用いてコミュニケーションを図ることの大切さを知り、相手に配慮しながら外国語を用いてコミュニケーションを図ろうとしている。 ・言語の大切さ、文化の共通点や相違点、さまざまな見方や考え方があることに気づいて、外国語を用いてコミュニケーションを図ろうとしている。
外国語	・外国語で「聞くこと」「話すこと」「読むこと」「書くこと」について、定型表現など実際のコミュニケーションにおいて必要な知識・技能を身につけている。 ・外国語の学習を通じて、言語の仕組み（音、単語、語順など）に気づいている。	・なじみのある定型表現を使って、自分のことや気持ち、身の回りのことなどについて質問したり答えたりするなどして表現している。	・外国語を用いてコミュニケーションを図ることの楽しさや、言語を用いてコミュニケーションを図る大切さを知り、他者に配慮しながら外国語を用いてコミュニケーションを図ろうとしている。 ・外国語の学習を通じて、言語や、多様なものの見方や考え方の大切さに気づき、主体的に外国語を用いてコミュニケーションを図ろうとしている。

察、ワークシートやテキストの記述分析、振り返りカード、CAN-DO 評価やパフォーマンス評価で、主体的に学習に取り組む態度は、行動観察、ワークシート、振り返りカードなどで記録に残す評価を行う必要がある。また、児童の学習改善と、教員の指導改善につなげ、児童の学びを「動機づけ」「方向づけ」そして「意欲化をはかる」ことが大切であり、児童に目標を意識させ達成感を持たせるための評価や、よりよいフィードバックの方法を考え、自律した学習者を育てたい。

なお、「内容のまとまり（五つの領域）」ごとに、観点別に評価規準を作成するが、その例は次頁の表 11.2 の通りである（国立教育政策研究所 2020）。その上で、単元の目標と評価規準、指導と評価の計画を作成し、授業を行い、観点ごとに総括するというのが主な流れである。

4 節　さまざまな評価方法と進め方

指導計画を立てるさいに評価計画も立てておく必要がある。例えば、*Blue Sky elementary 6*（啓林館、令和 2 年度版）の Unit 7, I want to be a vet. などの場合、1 単元 8 時間で指導すれば評価は 173 頁の表 11.3 のように考えることができる。まずその時間の学習活動のなかで主なものを選び、評価規準と方法を考える。そして最終的に 3 観点を 1 つの単元のなかで見取ることができるように配列する。ただし、記録に残す評価は、単元後半や単元末の活動を通して行う。また、主体的に学習に取り組む態度は単元をまたいで長期的に評価することもある。

一方、児童には、振り返りで CAN-DO を意識させ、表 11.4 のような振り返りカードを作成して本時の目標が達成できたかどうかを自己評価させる。

次に、評価の方法について主なものをあげてみる。

1.　児童の発表や行動の観察による評価

授業中の学習活動の様子を観察し、児童ができたこと、頑張ったことを取り上げ、励ましのある評価、やる気が起こる評価、次につながるプラス評価を心がける。例えば、Excellent. Very good. Good try. Close. Emi had a clear voice. など、さまざまなほめ言葉を投げかけ、優れた点を具体的にほ

表11.2　内容のまとまりごとの評価規準（例）

	知識・技能（I）	思考・判断・表現（II）	主体的に学習に取り組む態度（III）
聞くこと	[知識] 英語の特徴や決まりに関する事項を理解している。 [技能] 実際のコミュニケーションにおいて、自分のことや身近で簡単な事柄などについて話される簡単な語句や基本的な表現、日常生活に関する身近で簡単な事柄について具体的な情報を聞き取る技能を身につけている。	コミュニケーションを行う目的や場面、状況などに応じて、日常生活に関する身近で簡単な事柄などについて話されるのを聞いて、その概要を捉えている。	外国語の背景にある文化に対する理解を深め、他者に配慮しながら、主体的に英語で話されたものを聞こうとしている。
読むこと	[知識] 英語の特徴や決まりに関する事項を理解している。 [技能] 実際のコミュニケーションにおいて、活字体の文字を識別したり、その読み方を発音したりする技能を身につけている。	コミュニケーションを行う目的や場面、状況などに応じて、日常生活に関する身近で簡単な事柄や、自分や相手のことおよび身の回りの物に関する事柄などについて書かれた簡単な語句や基本的な表現を読んで、意味が分かっている。	外国語の背景にある文化に対する理解を深め、他者に配慮しながら、主体的に英語で書かれたものの意味を分かろうとしている。
話すこと[やり取り]	[知識] 英語の特徴や決まりに関する事項を理解している。 [技能] 実際のコミュニケーションにおいて、日常生活に関する身近で簡単な事柄や、自分や相手のことおよび身の回りの物に関する事柄などについて、簡単な語句や基本的な表現を用いて、自分の考えや気持ちなどを伝え合う技能を身につけている。	コミュニケーションを行う目的や場面、状況などに応じて、日常生活に関する身近で簡単な事柄や、自分や相手のことおよび身の回りの物に関する事柄などについて、簡単な語句や基本的な表現を用いて、自分の考えや気持ちなどを伝え合っている。	外国語の背景にある文化に対する理解を深め、他者に配慮しながら、主体的に英語を用いて伝え合おうとしている。
話すこと[発表]	[知識] 英語の特徴や決まりに関する事項を理解している。 [技能] 実際のコミュニケーションにおいて、日常生活に関する身近で簡単な事柄や、自分や相手のことおよび身の回りの物に関する事柄などについて、簡単な語句や基本的な表現を用いて、自分の考えや気持ちなどを話す技能を身につけている。	コミュニケーションを行う目的や場面、状況などに応じて、日常生活に関する身近で簡単な事柄や、自分や相手のことおよび身の回りの物に関する事柄などについて、簡単な語句や基本的な表現を用いて、自分の考えや気持ちなどを話している。	外国語の背景にある文化に対する理解を深め、他者に配慮しながら、主体的に英語を用いて話そうとしている。
書くこと	[知識] 英語の特徴や決まりに関する事項を理解している。 [技能] 実際のコミュニケーションにおいて、大文字・小文字の活字体を書く技能を身につけている。	コミュニケーションを行う目的や場面、状況などに応じて、日常生活に関する身近で簡単な事柄や、自分や相手のことおよび身の回りの物に関する事柄などについて、簡単な語句や基本的な表現を書き写したり、自分のことや身近で簡単な事柄について、書いたりしている。	外国語の背景にある文化に対する理解を深め、他者に配慮しながら、主体的に英語を用いて書き写したり書いたりしようとしている。

表11.3　1単元の評価計画（例）

時	評価規準とポイント（＊）	学習活動（◎、○は評価を行う活動、〈　〉は評価方法）	I	II	III
1	・職業を表す語彙や、つきたい職業を表す表現が分かる。 ・職業に関する話を聞いて、つきたい職業やその理由が分かる。 ＊映像を見たり、音声を聞いたりして記入している内容を観察したり、内容を点検したりする。	・Small Talk：つきたい職業とその理由 ・音声を聞いて、職業名など分かったことを表に記入。 ・ジェスチャーゲーム ・ポインティングゲーム ◎音声を聞いて、登場人物と該当するイラストを線で結ぶ。〈記述分析〉 ○音声を聞いて繰り返し言った後、単語を選んで書き写す。〈記述分析〉	◎		○
2	・職業を表す語彙や、つきたい職業を表す表現が分かる。 ・職業に関する話を聞いて、つきたい職業やその理由が分かる。 ＊映像を見たり、音声を聞いたりして記入している内容を観察する。	・Small Talk：世界の子どものつきたい職業 ・ジングル：職業 ◎音声を聞き、分かったことを表に記入。〈記述観察〉 ・ポインティングゲーム ・キーワードゲーム ・チェーンゲーム（職業）	◎		
3	・職業に関する話を聞いて、つきたい職業やその理由が分かり、どんな職業につきたいかを聞いたり答えたりする。 ＊インタビュー活動を観察する。	・Small Talk：つきたい職業とその理由 ・チャンツ What do you want to be? ・映像を視聴し、分かったことを伝え合う。 ◎どんな職業につきたいかを友だちに尋ねたり答えたりする。〈行動観察〉 ○ What do you want to be? I want to be a vet. など、音声を聞きながら、英文を書き写す。〈ワークシート記述分析〉	◎		○
4	・単語や英文を書き写す。 ・どんな職業につきたいかを聞いたり、理由を含めて答えたりする。 ＊インタビューの様子を観察したり、結果を書き込ませた表を点検する。	・音声を聞き、分かったことを表に記入。 ・児童にどんな職業につきたいか、またその理由は何かを尋ねる。 ◎ペアになって、将来どんな職業につきたいかを尋ね合い、表に記入。〈行動観察、振り返りカード点検〉 ○職業名の語彙や、What do you want to be? I want to be a pilot. など、音声を聞いて、英文を書き写す。〈ワークシート記述分析〉		◎	○
8	・将来の夢についての互いのスピーチ原稿を読んだり、働く人たちの考えや気持ちを聞いて分かる。 ・他者に配慮しながら将来の夢について書かれたものをもとに尋ねたり答えたりしようとする。 ＊発表によるパフォーマンス評価を行う。	◎互いのスピーチ原稿を読み、内容についてやり取りした後、全員の前でスピーチを発表する。〈パフォーマンス評価〉 ○世界の興味深い職業について考えたり、働く人たちの話を聞いて分かったことや感じたことを発表する。〈振り返りカード点検〉		◎	○

注）◎は主要な評価、○は次に主要な評価。I, II, III は表 11.2 の評価の観点を示す。
　　この表では形成的評価も含めている。

表 11.4　振り返りカード（第 6 時用）

振り返りカード

組（　　）番号（　　）氏名（　　　　）

1　自分が将来つきたい職業について理由をつけてうまく話せますか。
　①　まだあまりうまく話せない。
　②　将来つきたい職業は話せるが、理由はうまく言えない。
　③　つきたい職業と理由が一人でも言える。
　④　つきたい職業やその理由をはっきりと話せる。

2　友だちが将来つきたい職業について話すのを聞いて理解できますか。
　①　まだあまりわからない。
　②　ゆっくり話されればわかる。
　③　友だちが何になりたいかがわかる。
　④　友だちが将来つきたい職業について理由とともにわかる。

3　音声を聞いて、つきたい職業をたずねたり答えたりする英語の文を書き写すことができますか。
　①　まだ書き写すのは難しい。
　②　ゆっくり何度も聞けば、書き写すことができる。
　③　音声を一度聞いて、書き写すことができる。
　④　音声を聞いて、何も見ないで書くことができる。

4　気づいたことやわかったことなどを書いてみましょう。

めること、個々の児童をほめること、タイミングをずらさないことが大切である。自ら学ぶ意欲や、「声の大きさ」「ジェスチャー」「表情の豊かさ」「アイコンタクト」などの態度面もほめることにより、やる気を引き出し、以後の授業での頑張りにつなげたい。

2.　自己評価

　自己評価は児童の自己肯定感や有能感を高める役割を果たす。また、英

語学習が初期段階の学習者は、コミュニケーションの内容に焦点を当てて自己評価を行うことで、言語の習得が促進されるので（Blanche & Merino 1989）、自己評価は有効な方法である。自己評価を実施するにあたり、正確さを高めるための条件として、1）自己評価の項目が実際の場面に則していること、2）学習者が授業で実際に体験した内容であることが重要である（Ross 1998）。また、児童はおおむね自分の能力を正確に査定できるが、なかには厳しく査定する傾向もみられることから、自己評価による評価を行うさいは、求める知識や到達の基準やタスクの内容を明確にする必要がある（湯川・高梨・小山 2009）。

　次に、自己評価の進め方と具体例をあげておく。まず評価の 3 観点を中心に、その時間の指導目標に対する評価規準に基づいて、児童が評価しやすいように 4 段階程度の具体的な評価項目を用いて評価基準を作成し、それぞれに評価を行わせる。そのさい、児童に CAN-DO 評価を行わせることは、自己の成長を感じさせることができ、より具体的に到達点が示されることで自律した学習者に育てる上でも有効である。例をあげてみよう。*New Horizon Elementary English Course 6*（東京書籍、令和 2 年度版），Unit 3, Let's go to Italy. で、Where do you want to go? と尋ねられて、行きたい国やそこでできることを紹介する活動を行った場合、自己評価をさせるさいに表 11.5 のような 4 段階が考えられる。

表 11.5　CAN-DO 評価表【思考・判断・表現】

1　先生や友だちの助けがあっても、行きたい国を紹介することはまだ難しい。 2　先生や友だちの助けがあれば、行きたい国をどうにか伝えることができる。 3　行きたい国やそこでできることを、単元で学んだ表現を使って伝えることができる。 4　行きたい国やそこでできることを、既習表現も使って内容を膨らませて伝えることができる。

　なお、他の単元等でも共通に活用できる、話すこと［発表］の指標は次頁の表 11.6 のようになる。

表 11.6　CAN-DO 評価表【知識・技能】

> 1　聞いた英語を繰り返すことができる。
> 2　英語特有のリズム、アクセントに気をつけながら発音できる。
> 3　習った英語表現を使ってはっきりと話せる。
> 4　習った英語表現を自分で応用して使える。
> 5　わからないときは、別の言葉を使って相手に伝える工夫や努力ができる。

　とくに、知識・技能や思考・判断・表現に関する評価は、児童のレベルや活動内容に応じて、児童がどこまでできたかが分かるような評価基準を設定するとよい。CAN-DO リストを用いることで、より具体的に到達目標を示すことができ、児童の頑張りを促し、ポートフォリオ評価としても役立てることができる。

3.　パフォーマンス評価

　パフォーマンス評価は、「現実の世界で知識・技能を実際に用いることが求められる文脈を設定し、そこでの子どもたちの振る舞いや作品を直接的に評価する方法」である。外国語活動や外国語科の場合は、児童に英語でshow and tell やスピーチ、ロールプレイ、スキット、会話、発表、などを行わせ、それらを評価する。たっぷり練習させ、最終的な成果を評価することが大切である。児童に成功体験を積ませ、達成感・充実感を得させた上で、適切な評価を与えることで、児童へ肯定的なフィードバックを行う。

　パフォーマンス評価においては、評価規準や項目と、児童の具体的な姿を段階別に文章で記述した細目（ルーブリック）を作成し、それに照らし合わせて評価することが好ましい。

　なお、ルーブリックを作成するさいは、内容面、言語面、態度面、理解度、流暢さ、構成、努力なども取り入れると児童の特性を幅広く捉えることができる。それにより、評価の説明責任や成績づけにも生かすことができ、子どものメタ認知を高め、自己評価能力を伸ばすこともできる。さらに、ルーブリックの作成に児童も関わらせ、児童とともに評価活動を行うこと、学習のための／学習としての評価（Assessment for/as learning）を考えることが望まれる。具体的なルーブリック例（次頁の表 11.7）を見てみよう。

表 11.7 児童配布用ルーブリック例（班発表スピーチ「おすすめの国」）

観点	項目	評価規準	A	B	C
知識・技能	流暢さ*	つかえることなく、流れを保って話すことができたか。	しっかりと流れを保って話すことができた。	つかえることもあったが、一応話すことができた。	途中で止まってしまった。
	正確さ	内容が通じるように正しい文章で話すことができたか。	内容が通じるように正しい文章で話すことができた。	いくつか間違えたが、何とか話すことができた。	正しく話せなかった。
思考・判断・表現	考えの整理	自分の伝えたいことを学んだ英語表現を使いながらまとめられたか。	英語表現を使いながら理由を添えてまとめられた。	英語表現を使いながらまとめたが、十分に整理はできていなかった。	考えはまとめようとしたが、理由は述べられなかった。
主体的に学習に取り組む態度	態度・積極性	アイコンタクトを取りながら自然な表情で話すことができたか。	しっかりと相手を見て自然な表情で話すことができた。	アイコンタクトは取れたが表情がぎこちなかった。	アイコンタクトをうまく取ることができなかった。
	話し方	はっきり聞こえる声と相手に伝わる発音で話すことができたか。	はっきり聞こえる声と相手に伝わる発音で話すことができた。	何とか相手に伝わる声と発音で話すことができた。	声も発音も不明瞭だった。
	コミュニケーション・ストラテジー	言葉が詰まった時に、ジェスチャーで補うことができたか。	ジェスチャーをふんだんに使った。	ジェスチャーを意識して少し使った。	ジェスチャーは使えなかった。

*流暢さは「思考・判断・表現」として評価も可能。

4. ポートフォリオ評価

　ポートフォリオ評価は、これまで「総合的な学習の時間」などで実施されてきた。児童が学習の振り返りができるような各自の作品や成果物、振り返りカードなどの記録を残し、それらに基づき一人ひとりの授業での理解度を確認する。さらに、学習の到達状況を児童に伝えるとともに助言や励ましを与えることで、指導に生かすための評価である。大切な点は、資料を収集し、振り返り、査定し、文書化し、関連したものをつなげ、評価することである（CRADLE: collecting, reflecting, assessing, documenting, linking, evaluating）。また、教員もジャーナルをつけながら授業を振り返るとともに、児童のポートフォリオにコメントを書き、成長の過程を確認することで、自己の授業や指導のあり方を評価することも可能である。

　1人1台の端末が配付され、児童のパフォーマンスや作品などを、デジタルで容易に収集・共有・フィードバック・保存することができるようになった。今後は、デジタルポートフォリオの活用も進むと考えられる。

5. その他の評価方法

　1～4以外の評価方法として、児童にインタビューを行ったり、ワークシートをチェックしたりと日常的に行うさまざまな方法がある。また、児童が現在持っている能力と教員やほかの児童などの助けがあれば到達可能なレベルの間を意味するVygotsky (1978)の「最近接発達領域 (ZPD)」[☞2章1節] に基づき、児童が到達できるレベルを評価する、ダイナミックアセスメントという考え方もある。今後は、そのように形成的評価の中で児童を励まし、成長する過程や可能性を評価することも大切になるであろう。

　さらに、外部テストなどによる評価も考えられるが、授業で指導している内容とテストのねらいや内容が合致しているかどうかをよく確認することが大切である。むやみにスキルの習得を前面に出すテストによって、児童や保護者の不安をあおることは避けるべきである。

5節　評価の活かし方と留意点

　先にも述べたように、外国語活動や外国語科では、ねらいと指導と評価を一体化させることが重要である。それにより、指導・到達目標が明確になり、もっとも適切な活動を設定することができる。その流れは、次の通りである。

1）　ねらいの設定
2）　ねらいの到達を評価できる「評価規準」および「評価基準」の設定
3）　主たる活動とそれにつながる活動の計画
4）　授業の流れ、英語表現の提示、振り返りの計画
5）　授業実施
6）　振り返り

　また、児童のやる気を育て、評価を授業改善にも活かす評価の留意点として、以下のような事柄が考えられる。

1）　評価の場面を複数設けるなどして信頼性を高める評価方法を工夫する。
2）　授業中や授業後などさまざまな場面で、中・長期的スパンで子どもの成長と変容を見取るプロセス評価を重視し、授業に還元できるよう、適切な時期に適切な方法で評価を実施する。そのさい、CAN-DO を用いた評価も有効である。
3）　評価者は、専科教員、担任、ALT 等の外部講師、児童などが考えられる。それぞれ役割が異なるので、いろいろな場面や活動で、その立場を最大限に利用できるような評価を行う。
4）　指導案、ジャーナル、ビデオ、インタビューなどにより教員の授業の振り返りを行い、授業改善につながるアクション・リサーチに取り組む。
5）　評価により自律した学習者を育てるために、自己発信型コミュニケーション重視の活動を取り入れる。そのさい、児童が、自己決定能力、行動力を培い、互いの気持ちを伝え合い、意味を紡ぎ合い、英語を用いたコミュニケーション能力を養えるように励まし支援する。また、日本と他の国の言語や文化の違いを認識したり、共生や思いやりといった態度が育成されるように努める。
6）　社会的集団における協働の学びにおいて、子ども同士が互いに認め合

い、賞賛し合うことも重要である。児童と教師、児童同士のよい人間関係や認められたいという気持ちを大切に、自己肯定感を高める評価を実施する。 （泉　惠美子）

学　習　課　題

1. さまざまな評価の方法について特徴と留意点をまとめてみよう。
2. ある1つの単元（例：単元名は「一日の過ごし方を紹介しよう」、言語材料は日課、時間の言い方）の評価計画を立ててみよう。

📖 参考図書

国立教育政策研究所（2020）『「指導と評価の一体化」のための学習評価に関する参考資料［小学校　外国語・外国語活動］』

樋口忠彦・髙橋一幸・加賀田哲也・泉惠美子（2017）『Q&A　小学英語指導法事典——教師の質問112に答える』教育出版.

湯川笑子・高梨庸雄・小山哲春（2009）『小学校英語で身につくコミュニケーション能力』三省堂.

❺

児童を育てる相互評価と自己評価

外国語活動に取り組むなかで、気になることがあった。それは、「英語は楽しいが、苦手だ」と言う児童がいたことである。あんなにスラスラ言えているのに？　気づきを積極的に発表しているのに？

そこで、相互評価や自己評価としての CAN-DO 評価を取り入れたところ、児童の学習態度に変化が見られるようになった。

1.　児童による相互評価の実際

活動の終わりに、Who has a big smile? Who has a nice reaction? と、指導者が児童に問いかける。「笑顔で聞いてくれるので、話しやすかった」「答えの後に、一言付け加えていた」等、児童は友だちに拍手を送りながら、互いのよさを確認する。指導者は、児童の気づいていないよさを取り上げ、ほめることで、相互評価の視点を児童に伝える。温かい雰囲気の中で、児童が自分の学習を振り返り、学習への自信と意欲を高めていった。

2.　自己評価としての CAN-DO 評価の実際

―行事について聞いて、行われる月のイラストを指さすことができる―
① 　イラストを指さすことはまだ難しい。
② 　友だちといっしょなら、イラストを指さすことができる。
③ 　自信をもってイラストを指さすことができる。
④ 　素早く間違わずにイラストを指さすことができる。

児童は、英語を使ってどのようなことができるようになったかを、習熟度別に振り返る。たとえ思うようにできなくても、できるようになりつつある自分の能力を肯定的に捉え、評価を繰り返すことで、児童は自己効力感を育んでいく。

うれしいことに、児童は自己評価をすることで、学習に積極的に関わるようになった。「次の学習では、ここをこんなふうにできるようになりたい」と、発言や記述からも、活動のポイントに目を向け、児童が自分の学習に前向きであることがうかがえる。

児童による評価は、指導者に授業づくりや授業改善の視点を与えるだけでなく、児童を自律した学習者に向けて成長させている。

（河合　摩香）

181

評価のあり方、進め方

12章 授業過程と学習指導案の作り方

　学習指導案は、指導者が描く1単位時間の授業の設計図であり、授業をどのように展開するかを簡潔に記述したものである。教材を媒介にして、指導者と学習者の相互作用によってダイナミックに展開される授業を効率よく進めるには、目標、指導内容、指導手順、および目標の達成度を確認する評価規準と評価方法を、明確かつ具体的に示しておくことが大切である。なお、毎時間の授業は数コマによって構成される単元のひとコマであり、授業を充実したものにするには単元における各時間の位置づけを明確にし、学習指導案を作成することが重要である。

　この章では、まず外国語の授業の学習指導案の土台となる授業過程について考える。次に、学習指導案の構成と作成法、および学習指導案の具体例を示し、最後に、学習指導案の活用法を紹介する。

1節　授業過程——各授業過程の役割と必要な活動

　この節では、45分授業を1つの単位とする授業過程と、15分程度の短時間授業の授業内容と授業過程を示し、次に、各授業過程の役割とそれぞれの過程で行うべき活動について考える。

1.　授業過程
❶　45分授業の授業過程
　45分授業の一般的な授業過程は、次のようなものであろう。

> 1. はじめのあいさつ → 2. ウォームアップ → 3. 本時の目標の確認 → 4. 復習 →
> 5. 導入 → 6. 展開 → 7. 発展 → 8. 読んだり書いたりする活動 (5, 6年) → 9. 振り
> 返り → 10. おわりのあいさつ

これは、新しい学習内容について気づき、理解し、慣れ（導入）、次にコミュニケーション活動で使えるように練習し（展開）、コミュニケーション活動で実際に使ってみる（発展）という学習過程に基づくものである。「2. ウォームアップ」で新しいうたやチャンツを指導したり、「7. 発展」で絵本の読み聞かせや国際理解に関する活動を行ったりすることもある。また「5. 導入」は新しい言語材料を導入する場合と、新しい活動の内容や活動の進め方を導入する場合がある。

　なお、1時間の授業で導入 → 展開 → 発展 → 読んだり書いたりする活動（5, 6年）と進むことが時間的に難しい場合は、展開に多くの時間をかけ、発展を次時に行うこともある。

❷　短時間授業の授業内容と授業過程

1)　授業内容

　新教育課程では、高学年の授業は、45分授業と2週間に3回程度実施される15分の短時間授業の組み合わせで時間割が編成される地域や学校がある。この短時間授業の授業内容は、次のパターンが考えられるが、これらを単元計画に適切に位置づけることが大切である。

A.　繰り返し学習型：45分授業の学習内容について理解を深め、慣れ親しみ、コミュニケーションで使えるように学習する。

B.　補充学習型：単元のゴールとなるまとめのコミュニケーション活動をより豊かなものにするために必要な表現や語彙の補充学習をする。

C.　発表準備型：単元のゴールとなるまとめのコミュニケーション活動の発表の準備や練習をする。

　短時間授業では、これら以外に単元の題材に関連した国際理解に関わる活動や絵本の読み聞かせなどもよく行われる。

2)　授業過程

　短時間授業の授業過程は次のようなものが多い。1)で示したいずれのパターンの学習内容であっても、短時間であることもあり、活動は1種類、せいぜい2種類にしぼり、振り返りも振り返りカードなどを使用せず口頭で行うとよい。

> 1. はじめのあいさつ → 2. ウォームアップ → 3. 本時の目標の確認 → 4. 活動 →
> 5. 振り返り → 6. おわりのあいさつ

2. 各授業過程の役割と必要な活動

前節❶で示した授業過程における各過程の役割と、各過程で行うべき活動について考える。

❶ はじめのあいさつ

はじめのあいさつは、児童の緊張をほぐし、外国語の授業にふさわしい雰囲気づくりを行う第一歩である。クラス全体に英語であいさつし、時間の許す限り個々の児童に気分や体調を尋ね、日付、曜日、天候などについて定型的な会話などを行う。

❷ ウォームアップ

ウォームアップは、児童がリラックスした状態で授業に臨めるようにする準備活動である。全員で大きな声を出して歌ったり、チャンツを言ったり、全員が参加できる簡単なゲーム、とくに身体を使うゲームを行ったりすることも考えられる。また主に高学年では、当該単元の題材について、当該単元で学習中の表現や語彙に慣れ親しませるとともに、会話の展開をスムーズに進めるのに必要な表現を指導し、定着を促すために、各単元で3、4回程度 small talk [☞ 8章2節] を行う。最初は指導者と児童で、児童が慣れてくれば児童同士でやり取りを行わせるとよい。なお、small talk は 4. 復習や 5. 導入、コミュニケーションへの橋渡し活動として 6. 展開などで行ってもよい。

❸ 本時の目標の確認

本時の学習に本格的に取り組むにあたり、児童向けの表現に手直しした本時の目標を児童に提示し、理解させる。これにより本時の学習に対する動機づけを図るとともに、授業で取り組むそれぞれの活動のねらいや必要性を理解させる。この後、児童にも本時の目標に沿って各自の目標を考えさせてもよい。

❹ 復 習

復習は、前時や前時以前の学習事項で本時の学習内容と関係の深い項目について児童の慣れ親しみの度合を確認し、不十分な点を補強し、本時の

学習にスムーズに取り組めるようにすることが目的である。表現や語彙に慣れ親しませ、定着を促すことは容易ではないので、スパイラル状に繰り返し触れさせることが大切である。復習に適した活動として、復習させたい表現や語彙を含んだうたやチャンツ、クイズ、ゲーム、絵カードの絵の内容を英語で言う活動などがあげられる。

❺ 導 入

　新しく導入する学習内容は 2 種類に分類できる。1 つは新しく学習する表現や語彙、もう 1 つは新しく取り組む活動内容や進め方である。前者の導入では、絵や写真などの視覚教材を利用し、児童の興味・関心に合った話題について内容的にまとまりのある話や会話を聞かせ、新しい表現や語彙の音声的特徴、形（言語形式）や意味、使い方に気づかせ、理解させる。後者の導入では、どのような表現や語彙を使って、どのようなことを、どのような方法で行うのかを、デモンストレーションで示し、必要があれば簡潔に日本語で説明を加えて理解させる。いずれの導入においても、TTの場合は 2 人の指導者が、単独授業の場合はパペットを使って 1 人 2 役あるいは児童の代表と、上手に見せ、上手に聞かせることが大切である。

❻ 展 開

　新しく導入した表現や語彙について理解を深めさせ、慣れ親しませる活動を行う。そのさい、まず「聞く」活動をしっかり行い、音声に十分に慣れさせてから「話す」活動に進む。展開に適した活動は基本的に復習で行う活動と同じである。楽しく、夢中になって取り組め、飽きずに繰り返せる活動がよい。[☞ 6 章 2 節、7 章]

　新しく導入した活動の場合は、まず全体活動で、次にグループやペアで使用する語彙や表現、活動の進め方に慣れさせた後、語彙を一部置き換えたりしてペアワークなどを行わせるとよい。

❼ 発 展

　新しく学習し、十分に慣れ親しんだ表現や語彙を実際に使う自己表現、コミュニケーション活動である。児童は使うために英語を学習し、使うことによって英語を自分のものにしていく。したがって、目的や場面、状況を意識し、自分の伝えたいことを伝えたり、尋ねたいことを尋ねたりする活動を計画し、取り組ませることが大切である。そのさい、より充実した

自己表現、コミュニケーション活動に取り組ませるには、新出事項に加え既習事項も使用する活動を計画したい。

　発展に適した活動として、スピーチ、show and tell, クイズづくりと発表、ロールプレイ、インタビュー活動、スキットや英語劇のオリジナル化と上演、絵本づくりなどがある。[☞6章2節、8章]

❽　読んだり書いたりする活動 (5, 6 年)

　本時の活動を通して音声で十分慣れ親しんだターゲット文の意味を理解して、指導者について音読した後、児童全員で音読する。次に、ターゲット文の語順や書き方のルールに注意しながらノートに書き写す。その後、児童が自分のことや自分の考え、気持ちなどを伝えるために、例のように下線を付した語 (例: I want to be a <u>vet</u>. I like <u>animals</u> very much.) については、教科書の絵カードなどから自分の考えや気持ちを伝える語を選んで書き写すことによって、自分自身のことを伝える言語活動に高める。時間に余裕があれば何人かの児童に口頭発表させるとよい。

❾　振り返り

　本時の評価規準を、児童が振り返りを行いやすいように平易で具体的な表現に換えて振り返りカードを作成しておき、児童に記入させ、何人かの児童に発表させる。[☞11章4節]　指導者は、児童からの振り返りや児童から出なかった事柄を付け加えてまとめを行う。

❿　次時の予告とおわりのあいさつ

　次時への児童の期待を高め、動機づけを図るために、できるだけ明るい表情で次時の予告を行い、おわりのあいさつをする。

2節　学習指導案の構成と作り方

　学習指導案は、指導者がよりよい授業を展開するために作成するものであるが、外国語の授業は TT が多いので、ALT や非常勤講師等の外部講師との授業前後の打ち合わせや振り返りで利用することも多い。また校内研究会や地域の研究会などの研究授業で、参観される先生がたに配布し、目を通してもらうこともある。

　以上のような点を踏まえ、授業者の授業に対するねらいや考え方を反映

した学習指導案の構成と作成上の留意点をあげておく。

　ただし、以下の学習指導案の構成は、上記の研究会等で配布する改まった学習指導案で、日常の授業のために作成する学習指導案については簡略化し、冒頭の「本単元の指導にあたって」は箇条書き程度でよい。また、⑤単元の目標～⑩単元計画は、新しい単元のはじめに設定しておく。したがって、⑪本時の目標と展開以降を作成すればよいだろう。

1. 学習指導案の構成と内容

　授業者の氏名（TT の場合は担任と ALT 等の氏名）の後に、まず「本単元の指導にあたって」、次に以下の①～⑫を続ける。

・本単元の指導にあたって: 対象クラスの児童の興味・関心や外国語学習に対する取り組み状況を説明する。また本単元で取り上げる教材の意義、目標達成のための指導内容や活動の工夫、本時の単元指導計画における位置づけなどを書く。また必要に応じて他教科や地域、学校行事などとの関連についても示しておく。

① 日時: 授業日の年号、月、日、校時。

② 学年、組: 対象クラスの学年、組、人数。

③ 単元名: 教科書名、単元名。

④ 指導場所／教室: 授業が実施される教室や場所。（例）外国語特別室、家庭科室、体育館など

⑤ 単元の目標: 当該単元のゴールの活動を行う目的、その活動の目的を遂行するために必要な語彙や表現およびゴールの活動を示し、中学年では3領域、高学年では5領域のうち、当該単元ではどれを目標にするかを示し、1文でまとめる。また高学年では読むこと、書くことの目標も示しておく。

　　なお、単元の目標のうち記録に残す評価を行わない領域がある場合は、その旨示しておく。

⑥ 領域別目標: 学習指導要領・外国語活動および外国語科の「第2　各言語の目標及び内容等」の「英語　1　目標」に示されている領域別目標に基づき、当該単元の指導内容に応じた領域別目標を設定し、示す。

⑦ 単元の評価規準: 目標とする領域（記録に残す評価を行うもののみ）に

ついて、「知識・技能」、「思考・判断・表現」、「主体的に学習に取り組む態度」の3観点の評価のポイントを具体的に示しておく。なお、「知識・技能」は、高学年では［知識］と［技能］に分けて示す。

⑧　言語材料：本単元で新しく学習する表現、語彙、および本単元でよく使用する表現、語彙。

⑨　準備物：授業で使用する教材、教具、機器および授業で配付するワークシート、振り返りカードなど。

⑩　単元計画：単元を構成する各時間の目標と主な活動、指導上の留意点、必要に応じて評価する活動と評価方法を示しておく。

⑪　本時の目標と展開

1)　本時の目標：⑤単元の目標と⑩単元計画を踏まえて、本時の主たる活動の目的と活動内容を1文にまとめ本時の目標を設定する。

2)　本時の展開：1節1❶で示した45分授業の一般的な授業過程に基づく授業展開は、次のようになる。

| 1. はじめのあいさつ | 2. ウォームアップ | 3. 本時の目標の確認 | → | 4. 復習 |

→ | 5. 導入 | 6. 展開 | → | 7. 発展 | → | 8. 読んだり書いたりする活動 (5, 6年) |

→ | 9. 振り返り | 10. おわりのあいさつ |

*上の図の 1, 2, 3 はそれぞれ実線の枠で囲んでもよい。これは、5, 6 および 9, 10 についても同様である。

上の図の実線で囲んだ各授業過程の時間配分、各授業過程で行う児童の活動と指導者の活動、授業上の留意点、および評価規準と評価方法を示す。なお、充実した授業を展開するには適切な時間配分が大切である。1, 2, 3 および 9, 10 は短時間で行い、5, 6, 7, 8 に十分な時間をかけるようにする。

⑫　板書計画、振り返り欄、ご高評欄：学習指導案の最後に、板書計画や指導者自身の授業の振り返り内容を記載する振り返り欄を設けておく。

なお、各種の研究会での研究授業の場合は振り返り欄に加えてご高評欄を設けておく。

2.　本時の展開の内容と書き方

次頁の表のように、縦軸に授業過程と時間配分、横軸に児童の活動、指

授業過程 （時間配分）	児童の活動	指導者の活動 評価（☆）と方法〈　〉	準備物
1. あいさつ 2. ウォーム 　アップ 3. 目標の 　確認 　（6分）	・あいさつし、日付、 曜日、天候を答える。 ・曜日のうたを歌う。 ・本時の目標を確認 する。	・あいさつし、日付、曜日、天候 を尋ねる。 ・児童と一緒に歌う。 ・本時の目標を説明する。 *楽しく学習できる雰囲気を作るとと もに本時の目標を十分理解させる。	・日めくり カレンダー ・うたの CD
	将来の夢と夢をかなえる時間割を発表しよう		
6. 発展② 　（20分）	・自分の描いた絵を 見せ、将来の夢と夢 をかなえる時間割を 友だちの顔を見なが ら大きな声で発表す る。 ・友だちの発表を聞 いて、職業と時間数 の多い教科名など気 づいたことをワーク シートに記入する。	・将来の夢と夢をかなえる時間割 を show and tell 形式で友だちの顔 を見ながら大きな声で発表するよ うに指示する。 ・友だちの発表を職業と時間割の 関係（とくに時間数の多い教科名） に注意して聞くように指示する。 ☆自分の夢と夢を実現するための時 間割を友だちに意欲的に伝えよう としている。〈発表観察、パフォー マンス評価〉 ☆友だちのスピーチを聞き、分かっ たことをワークシートにメモして いる。〈ワークシート点検〉	・各児童： つきたい職 業の絵と作 成した夢の 時間割 ・ワークシー ト（職業名、 曜日名、時間 数の多い教 科名を記入）

注）　4. 復習、5. 発展①、7. 振り返り、8. あいさつはスペースの関係で省略。

導者の活動および準備物を書く。

　児童および指導者の活動については具体的、かつ簡潔に示す。そのさい、活動形態（一斉、グループ、ペア、個人）や TT であれば担任と ALT 等の外部講師の役割を明確にしておくことが大切である。

　指導者の活動欄には、各活動の指導にあたってとくに留意したい点があれば記入しておく。また評価は、本時の目標と関連する評価規準に沿って、どの活動で、何を、どのような方法で評価するかを示しておく。ただし、評価は単元ごとに時期や場面を精選して行うので、必ずしも毎時間記録に残す評価を行わなくともよい。

上掲の授業の展開例は、「夢をかなえる時間割を作ろう」という単元である。自分がつきたい職業につくという夢を実現するのに必要な時間割を、好きな曜日を2日選んで考え、夢の職業の絵を見せながら show and tell 形式でつきたい職業と時間割を発表することを主要な目標とする、8時間からなる単元の第8時の授業の展開例の抜粋である。なお、表で割愛されている「4. 復習」では、つきたい職業を伝える表現や時間割を伝える表現を復習している。また「5. 発展①」では、個人で練習後、小グループで順番に発表し、全員の前で発表する予行演習を行っている。

3節　学習指導案の具体例

　この節では、1節で示した授業過程と2節で示した学習指導案の構成に基づく学習指導案を2つ紹介する。

　学習指導案①は、文部科学省作成教材 *Let's Try! 2*（第4学年）の Unit 7, What do you want? と同教材の指導資料に基づいているが、同教材をより効果的に使用するために、活動の進め方に工夫を加えたり、単元のゴールとなる活動「オリジナル・ピザの紹介」に、児童により主体的に取り組ませるために、単元の配当時間を1時間増やして新たな活動を加えたりして作成した学習指導案である。

　学習指導案②は、積極的にコミュニケーションを図ろうとする態度とコミュニケーション能力の育成を目指した学習指導案である。検定教科書 *Junior Sunshine 5*（開隆堂、令和2年度版）の Lesson 2, When is your birthday? を基にしている。同教材の「クラスの誕生日ポスターを作ろう」という活動を活用しながら、単元の目標を達成するために児童が必要とする表現や語彙を積極的に加え、児童の伝達意欲を喚起している。

●学習指導案①●
Let's Try! 2 を創造的に活用した学習指導案

授業者名：　HRT　加藤拓由

●本単元の指導にあたって

　4年生は、なんでも自分でやってみたいという好奇心が旺盛な学年である。*Let's Try! 2* の Unit 7, What do you want? の第3時にオリジナル・パフェづくりなどのやり取りをする活動が設定されているが、4年生児童の積極的な好奇心を刺激し、第5時で「オリジナル・ピザの紹介」の活動につなげるために、第4時に「理想のコース料理を注文しよう」という活動を新たに加え、英語を使ったやり取りの活動を繰り返し行えるように工夫した。

　また、この時期の子どもたちは、自分と他人の考え方の違いに気づき、その違いから、自分の考え方を見つめ、深める省察力も徐々に芽生えてくる。そこで、本単元ではペアで「オリジナル・ピザのポスターづくり」をするという協働学習の要素も取り入れた。外国語活動を通して、他人との考え方の違いから、主体的・対話的で深い学びにつなげられるよう、活動設計にも工夫を凝らした。

　どの学校でも気軽に使える文科省作成教材をベースにしながら、他教科や領域で学んだ内容を取り入れたり、プロジェクト学習や協働学習の要素を取り入れたりすることで、外国語活動の幅をより広げたい。

1.　日時: 令和◯年1月25日 (水)、2時間目
2.　学年・組: 4年1組 (24名)
3.　単元名: *Let's Try! 2* (文科省), Unit 7, What do you want? ほしいものは何かな？
4.　教室: 4年1組教室
5.　単元目標

　おすすめのオリジナル・ピザを作る参考にするために、食材の特徴や産地、栄養素についての話を聞いたり、自分たちが考えたピザについて、相手に伝わるように工夫しながら、オリジナル・ピザの特徴についてポスターなどを作ってみんなに話したりする。

　＊なお、本単元における「聞くこと」については目標に向けて評価を行うが、本単元内で記録に残す評価は行わない。

6.　領域別目標
〇聞くこと

イ　ゆっくりはっきりと話された際に、身近で簡単な事柄に関する基本的な表現の意味が分かるようにする。

○話すこと［発表］

ア　身の回りの物について、人前で実物などを見せながら、簡単な語句や基本的な表現を用いて話すようにする。

7.　単元の評価規準

	知識・技能	思考・判断・表現	主体的に学習に取り組む態度
話すこと［発表］	自分たちが考えたピザについて、What do you want? I want ..., please. / How many? Two, please. We have .... is from ～. などを用いて、話すことに慣れ親しんでいる。	自分たちが考えたオリジナル・ピザについて、相手に伝わるように工夫しながら、食材やその産地について話している。	自分たちが考えたオリジナル・ピザについて、相手に伝わるように工夫しながら、食材やその産地について話そうとしている。

8.　言語材料

　【表現】　What do you want?—I want potatoes, please.

　　　　　　How many?—Two, please.

　　　　　　We have .... is from ～.

　【語彙】　potato, radish, mushroom, cabbage, lettuce, corn, bean, meat, fish, pork, beef など

9.　準備物

　デジタル教科書、1人1台端末、オリジナル・ピザを作るためのワークシート、食材のデジタルカード（教師が事前に作成し、児童の端末に送信しておく）、振り返りカードなど

10.　単元計画（5時間）

時	目標（●）と主な活動（・【　】、・） （＊創意工夫した活動・オリジナルな活動）	指導上の留意点 評価（◎）と方法〈　〉
1	●食材の言い方に慣れ親しみ、欲しいものを尋ねたり答えたりする表現を知る。 ・Small Talk（先生が食べた外国の料理） ・どこの国の、どんな食材を使う料理か考える。 ・【Let's Play 1】おはじきゲーム ・【Let's Watch and Think 1】世界の市場について視聴し、どんな品物があったか児童とやり取りする。	・食材や料理を表す語を理解させる。 ・外来語と英語の音の違いに気づかせる。

2	●食材の言い方や、欲しいものを尋ねたり答えたりする表現に慣れ親しむ。		
	・食材をもとに今日の給食は何かを聞く。 ・【Let's Chant】What do you want? ・クイズ（食材を聞いて給食のメニューをあてる） ・【Let's Watch and Think 1】世界の市場について視聴し日本の市場との相違点を児童とやり取りする。	・欲しい食材などを尋ねたり要求したりする言い方を理解して話せるようにする。	
3	●欲しいものを尋ねたり、要求したりする表現に慣れ親しむ。		
	・Small Talk（先生たちの好きなパフェ紹介） ・【Let's Play 3】フルーツパフェの中身を聞いて線で結ぶ。 ・【Activity 1】フルーツパフェを紹介しよう ・児童は、ペアでお店屋さん役とお客さん役になり、果物カードのやり取りをする。手に入れた果物を自分のパフェ台紙に貼り、オリジナルのフルーツパフェを作り、グループ内で紹介しあう。	・学校の先生たちの好きなパフェについて、食材やその特徴を英語で話してもらい、内容を理解させる。 ・場面や状況に応じて、相手に伝わるように工夫しながら、自分が考えたパフェを紹介できるようにさせる。	
4	●相手に伝わるように工夫しながら、欲しいものを尋ねたり要求したりする。		
	・【Let's Chant】What do you want? ・児童は、映像資料を視聴し、どんなメニューについてのやり取りかを考える。 ＊・理想のコース料理を注文しよう。 ・児童はペアで、客と店員に分かれてレストランでの注文をする。 ・指導者は、注文する時、料理の合計金額の上限を設定したり、食材に含まれる栄養素を指定したりするなど、他教科や領域の知識などを活用した活動設計の工夫をする。	・メニューに、赤、黄、緑色のうち、どんな栄養素が含まれるか、児童と英語でやり取りして考えさせることもできる。 ・欲しい食材などを尋ねたり要求したりする言い方を理解して話すようにさせる。	
5 （本時）	●自分たちのオリジナル・ピザを相手に伝わるように工夫しながら、発表しようとする。		
	・Small Talk（先生たちの好きなピザ紹介） ＊・オリジナル・ピザを紹介しよう。 ・児童は、ペアやグループで、食材カードを使い買い物をする。 ・その後、集めた食材を使い、自分たちのオリジナル・ピザを考えて端末上のワークシートに作成し、みんなに紹介する。	◎場面や状況に応じて、相手に伝わるように工夫しながら、自分が考えたピザを紹介しようとしている。〈行動観察・振り返りカード点検〉	

11. 本時の目標と展開

1) 本時の目標

　自分たちが考えたオリジナル・ピザを紹介するために、集めた食材を使って、端末でポスターづくりを行い、ピザの特徴が相手に伝わるように工夫しながら、発表しようとする。

2) 本時の展開

授業過程 （時間配分）	児童の活動	指導者の活動 評価 (☆) と方法〈　〉	準備物
あいさつ、 ウォーム アップ、 目標の確認 （10分）	1　あいさつ ・あいさつをする。 2　Small Talk ・先生と small talk をする。	・児童があいさつするのを支援する。 ・学校の先生たちの好きなピザについて事前に尋ねておき、児童とやり取りしながら small talk を行う。	
	《Small Talk の例》 T: Who is this? (先生の写真をさっと見せる) S1: 誰か、先生みたい…。 T: Yes. Who is this teacher? (もう一度見せる)　S2: 校長先生 T: Good. This is Mr. Tanabe. He likes pizza very much. S3: Pizza.　何のピザが好きなのだろう？ T: OK. I know. Mr. Tanabe likes fruits very much. 　　Look. (ピザの写真を指さしながら) This is a pineapple. This 　　is a peach. This is a banana. This is pork. Ss: えー、おいしいのかな？ T: The bananas and pineapples come from the Philippines. S4: フィリピンはフルーツが有名だよね。 T: Yes, that's right. Do you like fruit pizza? S5: No, no. I don't like fruits. T: OK. Let's make your original pizza.		
	3　めあての確認 ・本時のめあてを確認する。	・本時のめあてを板書する。	
	相手にうまく伝わるようにいろいろ工夫して、自分のほしいものを聞いたり、伝え合ったりしよう。		
展開 （15分）	4　Activity ① ・ペアでオリジナル・ピザを作るための食材の買い物をする。 ・2人で行動し、分からないことがあれば、相談して英語で買い物をする。 《会話例》S1: お店屋さん、S2, S3: お客さん S1: Hello, what do you	・班をお店屋さんの班と、お客さんの班に分け、前半の活動を行う。 ・指導者と児童代表で買い物の会話の例を見せる。 ・活動前に終了時刻を明示し、活動中も残りの時間を意識させ、活動がスムーズに進行するように支援する。 ・中間振り返りで、前半の活動を振り返らせる。 「相手に伝えるために、どんな工夫をして	・食材のデジタルカードを事前に個人の端末に配信しておく。 ・振り返り

	want? S2: Hello. S3: I want onions. S1: How many onions? S2: Two onions, please. S1: OK. Here you are.（端末間でカードをやり取りする） S2, S3: Thank you! S1: See you.	いますか？」（内容面） 「英語で言いたくても、言えなかったことは何ですか？」（言語面） ・お客さんとお店屋さんの役割を交代し、後半の活動を行う。 ・後半の活動を行う前に、前半の振り返りに出たポイント（内容面・言語面）を再度確認する。 ・相手に伝わるように粘り強く工夫しながら、欲しいものを尋ねたり、要求したりしようとしているか確認する。	は、内容面と言語面の2つの点に留意する。
発展 （15分）	5 Activity ② ・ペアで端末を使い、オリジナル・ピザを紹介するポスターを作る。 ・ペアで購入した食材のデジタルカードをワークシートに貼り、オリジナル・ピザのポスターを作る。おすすめポイントなどの詳しい理由は絵の下に日本語で書いても良い。 ・ポスターができたペアから、英語でオリジナル・ピザを紹介しあう。 ・他のペアの発表を聞いてまわり、よいと思ったオリジナル・ピザに「いいね！」のボタンを押して高評価する。	・ポスターを作るさいの注意点を話す。 《オリジナル・ピザ紹介の例》 Hello. This is our original pizza. We have cabbage, carrots and fish. (指さしながら) The cabbage is from Aichi and the fish is from Toyama. This is a very healthy pizza. Thank you! 「愛知県産のキャベツやにんじん、富山の魚など、地域の食材を使うようにしました」 ・ポスターを相互評価するさいのポイントについてアドバイスする。 《ポイント》食材選びの工夫、わかりやすく伝えるための工夫、声の大きさや質など。 ・「いいね！」の高評価をたくさんもらっている何組かのペアに、全体に発表させる。 ☆相手に伝わるように粘り強く工夫しながら、自分たちが考えたメニューを紹介しようとしている。〈行動観察・振り返りカード点検〉	・オリジナル・ピザ用のワークシートを児童の端末に配付する。 ・作品は、端末を通して教師に提出する。
振り返りとあいさつ （5分）	6 振り返りとまとめ ・振り返りカードに記入し意見を発表する。 《振り返りカードの項目例》 →お客さんの気持ちを考えながら、お店屋さんの役ができたか？ →ペアで協力し、オリジナル・ピザを紹介することができたか？ 7 あいさつ ・おわりのあいさつをする。 ・次時の学習へのめあてを持つ。	・よい「気づき」があれば賞賛し、活動の良かった点をクラス全体で共有する。 《予想される気づきの例》 →お客さんが分からない時に、ゆっくり繰り返して言ってあげるようにしていた。 →オリジナル・ピザを紹介する時、おすすめポイントの理由について、ペアで相談し意見をたくさん言うことができた。 ・本単元のよかった点を共有し、次の単元の学習に意欲を持たせる。	

授業過程と学習指導案の作り方

●学習指導案②●

コミュニケーション能力の育成を目指した学習指導案

授業者名： HRT　上原明子

●本単元の指導にあたって

　本単元は、誕生日等を伝え合いクラスの誕生日ポスターを作るという内容である。誕生日は、児童がお互いに知りたいと思っていることの一つである。友だちと伝え合う楽しさを味わうことでコミュニケーションへの積極性が育つことが期待できる。まず初めに、児童はクラスの誕生日ポスターを作るという、単元のゴールをつかむ。そして、日本の行事と月名を結び付ける活動、うたやゲーム、クイズ等を通して月名や日にちを表す単語に慣れ親しむ。次に、ゲームやインフォメーションギャップ・アクテビティ、リスニングを通して、誕生日や日付の尋ね方と答え方に慣れ親しむ。最後に、誕生日と誕生日に欲しい物をインタビューし、ワークシートに記録する。そして知り得た情報を全体で出し合う。指導者はそれを聞きながらクラスの誕生日ポスターに顔写真を貼り、誕生日を記入していく。クラスの誕生日ポスターは、一年間教室に掲示し、月ごとに児童の誕生日を祝ったり学校行事を確認したりして活用することができる。

1. 日時： 令和○年 5 月 22 日 (月)、3 時間目
2. 学年・組： 5 年 4 組 (37 名)
3. 単元名： *Junior Sunshine 5* (開隆堂、令和 2 年度版), Lesson 2, When is your birthday? クラスの誕生日ポスターを作ろう。
4. 教室： 外国語学習室
5. 単元目標

　自分のことをよく知ってもらったり相手のことをよく知ったりするために、月名や日にちを表す単語や、誕生日等を尋ねたり答えたりする表現を理解し、誕生日や欲しい物などについて伝え合うことができる。また、アルファベットの活字体の大文字を書くことができる。

　*なお、本単元における「書くこと」については目標に向けて指導は行うが、本単元内で記録に残す評価は行わない。

6. 領域別目標

○話すこと [やり取り]

イ　日常生活に関する身近で簡単な事柄について、自分の考えや気持ちなどを、簡単な語句や基本的な表現を用いて伝え合うことができるようにする。

○書くこと

ア　大文字、小文字を活字体で書くことができるようにする。

7. 単元の評価規準

	知識・技能	思考・判断・表現	主体的に学習に取り組む態度
話すこと [やり取り]	【知識】月名や日にちを表す単語や、誕生日や欲しい物を尋ねたり答えたりする表現を理解している。 【技能】誕生日や欲しい物などについて、When is your birthday? My birthday is May 4th. What do you want for your birthday? I want a bicycle. 等を用いて、具体的な情報を伝え合う技能を身につけている。	自分のことをよく知ってもらったり相手のことをよく知ったりするために、誕生日や欲しい物などについて、具体的な情報を伝え合っている。	自分のことをよく知ってもらったり相手のことをよく知ったりするために、誕生日や欲しい物などについて、具体的な情報を伝え合おうとしている。

8. 言語材料

　【表現】　When is your birthday?—My birthday is May 4th.

　　　　　　What season do you like?—I like summer.

　　　　　　What do you want for your birthday?—I want a bicycle.

　【語彙】　（月名）January 〜 December　（序数詞）first 〜 thirty-first

　　　　　　（季節）spring, summer, fall / autumn, winter

　　　　　　（活字体の大文字）A〜Z

9. 準備物

　単元学習計画表、CD（うた、会話音声）またはデジタル教科書（教材）、月名の絵カード（指導者用、児童用）、ワークシート（インタビュー・ビンゴ、インフォメーションギャップ、インタビュー、誕生日を書き写す4線、語頭文字）、クラスの誕生日ポスター、児童の顔写真、振り返りカード

クラスの誕生日ポスター例

1. 月 Months	2. 誕生日 Birthdays	3. 学校行事 School Events
4月 April	□ □ □（児童の顔写真） 6th 9th 21st	始業式（the opening ceremony） 5th
5月 May	□ □ □（児童の顔写真） 4th 15th 22nd	運動会（the sports day） 31st
6月 June	□ □（児童の顔写真） 8th 17th	プール開き（the opening of swimming classes） 23rd

インタビューのワークシート例

1. 名 前	2. 誕生日	3. ほしい物
Ryo	6/19	自転車
Jun	1/27	グローブ
Aki	8/4	くつ

10. 単元計画（全6時間、短は15分間の短時間授業）

時	目標（●）と主な活動（・または＊） ＊は教科書の計画にないオリジナルの活動	指導上の留意点 評価（◎）と方法〈 〉
	●クラスの誕生日ポスターを作るという単元のゴールをつかみ、月名を表す単語を知る。また、好きな季節を伝え合う。	
1	・【Let's Listen】（Small Talk ①）和矢とハンナの会話を聞いて話題をつかむ。 ・日本の行事と月を対応させ、月名を発音する。 ・【Let's Sing】"Twelve Months" ・【Let's Play 1】 　① 月名キーワード・ゲームをする。 　② 月名ミッシング・ゲームをする。 ・【Let's Play 5】 好きな季節を伝え合う。	・単元のゴールを示し、活動の見通しを持たせる。 ・うたを聞き、その後ゆっくり歌わせる。 ・① March-May など初頭音が同じ単語でフェイントをかける。 ・②徐々に隠す枚数を増やしたり絵の位置を入れ替えたりする。
	●月名を表す単語を聞いたり発音したりするとともに、日にちを表す単語を知る。	

短①②③	・【Let's Play 2】（短①）日にちだけの日本のカレンダーを見て、月の日数や祝日等から何月かを当てる。 ・【Let's Play 3】（短②）指導者が言う順番に月名の絵カードを並べる。 ・【Let's Watch and Think】（短②）オーストラリアの写真（または動画）を見て気づいたことを話し合う。 ・【Let's Play 4】（短③）日にちを表す単語を聞いて発音し、日にちの言い方で気づいたことについて話し合う。その後、ポインティング・ゲームをする。	・教室にあるカレンダー等でも、月名を隠して行う。また、月を表す漢字（神無月等）についての話をする。 ・オーストラリアは日本と季節が逆であることに気づかせる。 ・first, second, third は野球で使用されること、基数に th をつけて発音すること、fifth, fifteenth の発音の違いに気をつけることなどに気づかせる。
	●誕生日の尋ね方や答え方を知り、会話の中の誕生日を聞き取る。	
2	＊Small Talk ② 指導者の誕生日 ・【Let's Sing】"Twelve Months" ・【Let's Listen 2】 　① 聞き取って日付を書く。 　② 日付をそれに合う絵と結ぶ。 ・【Let's Listen 3】誕生日の尋ね方や答え方を練習した後、4人の誕生日を聞いて線で結ぶ。 ・【Let's Play 6】写真にある有名人になり切った指導者に誕生日を尋ね、答えを聞き取って書く。	・日にちの言い方はすぐに身につくものではないため、繰り返し聞いたり言ったりする機会を設ける。 ・教科書の3人以外の人物の写真も準備し、やり取りを行う。
	●誕生日等を尋ねたり答えたりする。	
短④⑤⑥	＊誕生日インタビュー・ビンゴをする。（短④） インタビューをし、相手の誕生月を表す数字に○をつける。 ＊誕生日チェーンゲームをする。（短⑤） 誕生日を尋ね合い、4月から3月まで誕生日の順に並びクラス全体で大きな円を作る。 ＊インフォメーションギャップ・アクティビティをする。（短⑥） 学校行事の日付をペアで尋ね合いワークシートに書き込む。その後、全体で確認をする。	・準備として3×3の枠に1〜12のうち9つの数字を書き込ませる。 ◎誕生日を尋ねたり答えたりして伝え合っている。〈行動観察〉 ・ペアで尋ね合わせた後、児童に質問しながらクラスの誕生日ポスターに書き込む。When is the sports day?
	●クラスの誕生日ポスターを完成させる。	
3（本時）TT	＊Small Talk ③ ALT の誕生日と母国の行事 ・【Let's Sing】"Twelve Months" ・【Let's Try】 　① 誕生日や誕生日に欲しい物についてインタビューをしてワークシートに書き込む。途中でやり取りの中間評価を行い、改善点を生かして後半のインタビューを行う。 　② インタビューで得た情報を全体に発表する。 ・ポスターを見て気づいたことを話し合う。 ＊自分の誕生日を4線に書き写す。	◎自分のことをよく知ってもらったり相手のことをよく知ったりするために、誕生日や誕生日に欲しい物を尋ねたり答えたりして伝え合っている。〈行動観察〉 ◎（同上）伝え合おうとしている。〈行動観察〉 ・クラスの誕生日ポスターに児童の顔写真を貼り誕生日を書き込む。
	●活字体の大文字を形に気をつけて書く。	

| | ・【Let's Sing】ABC Song（短⑦⑧⑨）
＊月名を表す単語の語頭文字を言う。（短⑦）
・【1】（短⑦）
　①　絵の文字を見たことがあるかを話し合う。
　②　身の回りにある大文字を探して書く。
・【2】（短⑧）
　①　直線だけで書ける大文字を探して書く。
　②　曲線と直線で書ける大文字を探して書く。
　③　ひと筆で書ける大文字を探して書く。
・【3】（短⑨）　形の違いに気をつけて大文字を書く。
＊月名の語頭文字を書く。（短⑨）
　□anuary, □ebruary, … | ・アルファベットの大文字の名前を発音できるように、十分に音声を聞かせた後に発音させる。

・形に気をつけながら書くことができるように、スモールステップで進め、書く機会をできるだけたくさん設ける。 |
| 短
⑦
⑧
⑨ | | |

11.　本時の目標と展開

1)　本時の目標

　自分のことをよく知ってもらったり相手のことをよく知ったりするために、誕生日や誕生日に欲しい物について尋ねたり答えたりして伝え合うことができる。

2)　本時の展開

授業過程 （時間配分）	児童の活動	指導者の活動 評価（☆）と方法〈　〉	準備物
あいさつ、 ウォーム アップと目 標の確認 （10分）	①　あいさつをする。 ②　ウォームアップ：small talk をする。（例：ALT の誕生日と母国の行事）	・あいさつの後、曜日、日付、天気を尋ね、英語を使う雰囲気を作る。 ・ALT は児童が意味を推測できる程度の英語で、児童とのやり取りを含めながら話す。	・単元学 習計画表
	HRT: When is your birthday? ALT: My birthday is in fall. What month do you think? Ss: October? ALT: No. My birthday is November 11th. In November, we have Thanksgiving Day in my country. Do you know about Thanksgiving Day? Ss: No, I don't. ALT: On Thanksgiving Day, we get together with family.（写真を見せながら）We usually eat roasted turkey, pumpkin pie, mashed potatoes with gravy sauce, etc. What do you want to eat? Ss: I want to eat turkey.		
	③　単元学習計画表をもとに、めあてを確認する。	・これまでの学習を振り返り、本時のめあてを確認する。	
	クラスの誕生日ポスターを完成させよう。		

復習 (8分)	④ 復習をする。 1)【Let's Sing】"Twelve Months" を歌う。 2)【Let's Play 4】日にちを表す単語を発音する。	・抜けているカードのところで手をたたく、自分の誕生日のところで立つなど、変化を与えて数回歌わせる。 ・間違いやすい発音の日にちを中心に練習させる。	・CD またはデジタル教科書（教材）
導入と展開 (15分)	⑤ 導入 インタビューの仕方を理解する。 ⑥ 展開【Let's Try】 1) 誕生日と誕生日に欲しい物についてインタビューをする。途中でやり取りの中間評価を行い、改善点を生かして後半のインタビューを行う。 S1: When is your birthday? S2: My birthday is May 4th. S1: What do you want for your birthday? S2: I want a bicycle. 2) インタビューで得た情報を全体で出し合う。 T: Whose birthday is in June? S: Ryo's birthday is June 19th.	・HRT と ALT でデモンストレーションを行う。 ・インタビューで得た情報をワークシートに記録させる。 ・誕生日を知らない友だちにインタビューをするように助言をする。 ☆自分のことをよく知ってもらったり相手のことをよく知ったりするために、誕生日や誕生日に欲しい物について尋ねたり答えたりして伝え合っている。〈行動観察〉 ☆（同上）伝え合おうとしている。〈行動観察〉 ・児童の発表を聞いてクラスの誕生日ポスターに児童の顔写真を貼り、誕生日を書き込む。	・ワークシート ・クラスの誕生日ポスター ・児童の顔写真
発展 (7分)	⑦ 完成したクラスの誕生日ポスターを見て気づいたことを話し合う。 ⑧ 自分の誕生日を4線に書き写す。	・誕生日が最も早い（遅い）、誕生日が同じ（近い）、何月生まれが最も多い（少ない）などに興味を持たせる。 《予想される気づきの例》 私は高木さんと誕生日が同じだと知って驚きました。 ・My birthday is の部分をなぞり、自分の誕生日の部分は教科書を見ながら書き写させる。	・4線のワークシート
まとめとあいさつ (5分)	⑨ 振り返りカードを記入し意見を発表する。 《振り返りカードの評価項目》 お互いをよく知るために、友だちの誕生日や誕生日に欲しい物を伝え合うことができた。(4段階評価) ⑩ おわりのあいさつをする。	・クラスの誕生日ポスターを教室に掲示し、年間を通して誕生日を祝ったり学校行事の時期を確認したりして、仲間づくりや学習に生かしていくことを伝える。	・振り返りカード

授業過程と学習指導案の作り方

4節　学習指導案の活用

学習指導案を活かすために留意すべき事柄を3つあげておく。

❶　学習指導案作成の心構えと活用法

学習指導案を立てるにあたり、教材研究を十分行い、児童の反応を予想しながら活動や手順を検討する。したがって、学習指導案を立てる過程は、いわば授業の「予行演習」を行っているようなものである。しかし、いくら綿密な学習指導案を立てても、授業が期待通りに進むとは限らない。例えば、児童の反応が予想以上に悪く、時間が不足するケースである。このような場合に備えて、学習指導案を立てるさいに、指導内容や活動について「少なくともこれだけは」というラインを設定しておき、無理に先を急がないことである。逆に、時間があまり何をすべきか困っているケースを見かけることがある。多くの場合、無意識のうちに、授業のどこかの段階から教師が一方的に授業を進めてしまい、児童に考える時間や十分な活動の時間を与えなかったことが原因である場合が多い。学習指導案を見直し、どの段階からおかしくなったのかを探り、手当てをすることが大切である。

❷　振り返りの記録に目を通す

授業後の教師の振り返りは不可欠である。成功例にも失敗例にも理由、原因がある。それらを分析し、学習指導案の下欄に設けた振り返り欄に記録しておき、折りにふれ目を通したい。よりよい明日の授業のためのヒントを見つけることができるだろう。

❸　学習指導案をお互いに参考にし合う

授業で使った学習指導案を所定の場所に保管し、同僚がお互いの学習指導案を閲覧できるようにしたい。そして学習指導案を作成するさいに、必要に応じそれらを参考にし、創意工夫を加え、よりよい学習指導案づくり、授業づくりに役立てたい。　　　　（樋口　忠彦、加藤　拓由、上原　明子）

学 習 課 題

1. 次の条件で、復習、導入、展開、発展部分の学習指導案を作成しよう。
   - 本時の目標: 好きな教科と好きでない教科が同じ友だちを見つけよう。
   - 主な表現および語彙 (*は前時に学習):
   - 表現　I like math.*

     Do you like science?──Yes, I do. / No, I don't.
   - 語彙　Japanese, math, social studies, science, English*などの教科名
2. 次のいずれか1つを選び、文化の多様性や新出の表現や語彙について
   気づきを促す導入会話を作成しよう。
   - 小学校での給食の有無と昼食場所

     Do you have school lunch?

     Where do you have lunch? と答え方
   - 外国の小学生が行ってみたい国

     Where do you want to go? と答え方

📖 参考図書

樋口忠彦 (監)、梅本龍多・田邉義隆 (2010b)『学研英語ノートパーフェク
　ト4──英語でディスカバー　文化交流』学研教育出版.

13章 授業づくり
——事前準備から振り返りまで

　外国語活動および外国語科の目標である「コミュニケーションを図る素地や基礎となる資質や能力」は、授業の中でどのように育まれるのであろうか。授業は児童の実態、興味・関心、クラスの人間関係などに即したものであり、そのなかで児童が生き生きと動き、教師と児童、児童同士が関わり合いを持ってこそコミュニケーション能力の素地や基礎が培われる。このような授業づくりには、学級担任の学級運営力をはじめとする授業者の総合的な授業力が試されるところである。

　本章では、よりよい授業づくりのコツを、授業前の準備、授業中、授業後の振り返りのそれぞれの段階で、どのようなことに留意し、どのようなことを行うべきかを通じて考える。

1節　授業前の準備

　授業前に、学習指導案 [☞ 12章2節] を作成して指導内容や指導手順を明確にするだけでなく、指導者が学習のねらいを確認し自信をもって授業に臨むためには、次のような準備が必要である。

1）　単元における本時の位置づけの明確化
2）　教材研究
3）　学習指導案（本時の展開部分）の作成
4）　単元の評価規準に基づき本時の評価を行う活動と評価方法の検討
5）　視聴覚教材、教具、ICT 教材の準備
6）　（必要に応じて）ワークシート、振り返りカードの作成
7）　教室環境の整備
8）　ALT や非常勤講師等の外部講師との打ち合わせ

　ここでは、"Meg can play the recorder well. Kazu can play soccer well." (第

5 学年) という単元を想定し、第 4 時の授業づくりを例に、授業に備えて
どのような準備が必要なのかを、具体的に説明する。授業は ALT と学級担
任とのティームティーチング (以下、TT) とする。

1. 単元における本時の位置づけの明確化

　学習指導案を作成するさい、当該単元の指導目標を念頭におき、前時の
指導内容を踏まえ、次時の授業内容を展望し、本時の位置づけを明確にす
ることが大切である。

　以下、単元のゴールの言語活動を「モデル文にならって自分が選んだ人
物の紹介をするスピーチの原稿を作成し、スピーチを行う」という授業計
画の簡略版を示す。

　　モデル文: This is <u>my brother</u>, <u>Hiroki</u>.

　　　　　　He can play <u>soccer</u> very well. He can <u>run fast</u>.

　　　　　　He can't <u>cook</u>. He is very <u>funny</u>. I like <u>Hiroki</u> very much.

　　*児童は下線部の語を与えられた語群の中から自分にあてはまるものに替え、ス
　　ピーチの原稿を作成する。

単元計画 (簡略版)——本時の位置づけ

時	目標 (●) と主な活動
1	●動作を表す語や「できる」「できない」という表現が分かる。【短①②③】
2	●できること、できないことを伝え合うことができる。
3	●できること、できないことについて、尋ねたり答えたりする表現が分かる。
4 (本時)	●できること、できないことについて会話を聞き、具体的な情報を聞き取ることができる。できることやできないことを友だちに尋ねたり答えたりして、伝え合おうとする。できることやできないことは人それぞれ異なり多様であることに気づく。 ・担任や ALT の得意なことや不得意なことについての会話を聞く。(導入) ・インタビュー活動で、できることやできないことを尋ねたり答えたりできるように練習する。(展開) ・友だちにできることやできないことについてインタビューし、分かったことをインタビューシートに記入する。(発展)
5	・第三者について she / he を使ってできることやできないことを伝える表現が分かる。【短⑦⑧⑨】

6	・友だちのできることやできないことを she / he を使って伝えることができる。
7	・ある人物のできることやできないことを、自分の思いも含めて紹介するスピーチの原稿を作成し、発表の準備をする。
8	・ある人物についてできることやできないことを紹介するスピーチを発表し合う。

*「読むこと」「書くこと」については、音声で十分慣れ親しんだ単語や表現を指導者の後について読んだり、手本を見て単語をなぞったり書き写したり、I / He / She can …. などの文の空所に与えられた語群の中から必要な語を選択して書き写したりというように、少しずつ「読むこと、書くこと」の指導を積み重ね、人物紹介文の完成につなげていく。

　単元計画（簡略版）が示すように、本時（第4時）の目標は、第3時で学習した Can you …?—Yes, I can. / No, I can't. の尋ね方と答え方について理解を深め、慣れ親しみ、これらの表現を使って伝達目的を達成することである。これらをしっかり身につけさせておくことによって、次の She / He can …. の学習にスムースにつながることになる。また次頁に示す導入会話で She / He can …. の文が使用されているが、これは次時の3人称単数代名詞導入の伏線である。

2. 教材研究

❶　語彙・表現の検討

　外国語活動で既習のスポーツ名（basketball, baseball など）や動詞（play, run, jump など）を can とともに使うことで、既習の語彙に繰り返し触れ、使用させ、語彙の定着を図るとともに表現の幅を広げさせたい。また単元最後のスピーチを充実したものにするために、She / He is …. の表現や人物の特徴を表す語彙（tall, funny, kind など）をいくつか取り上げ、軽く触れさせておく。

❷　導入で聞かせる会話の工夫

　児童が会話の内容に興味をもって聞くように、指導者の個性やALT の出身国アメリカのスポーツを話題にする。担任とALT の会話の流れの中で、本時の目標表現である Can you …?—Yes, I can. / No, I can't. を何度も聞かせ、

児童に理解を深めさせる。また会話の流れの中で3人称単数代名詞 she / he に触れさせ、次時での she / he の導入へつながるように工夫している。

なお、導入で話や会話を聞かせるさいには、目標表現や語彙に対する気づきや理解を促すために、実物、絵、動作、顔の表情、声の調子を活用することが大切である。

HRT: Emma sensei, do you like sports?

ALT: Yes, I do. I like sports very much.（誇らしげに絵カードまたは写真を提示）I can play basketball.（多くの子どもがバスケットボールをしている写真を提示）Basketball is very popular in my country.（動作を示して）I can play baseball, too.

HRT: That's great.（ALT を指して）Emma sensei can play basketball.（動作を示して）She is tall. She is a good basketball player. She can play baseball, too.（動作を示して）Emma sensei, can you play table tennis?

ALT: Table tennis?（残念そうに）No, I can't. I can't play table tennis. Yamada sensei, can you play table tennis?

HRT:（誇らしげに）Yes, I can. I can play table tennis very well. I was a member of the table tennis club at Kita Junior High School. Look.（動作を示して）I can serve, hit, and smash!

ALT: Wow!（HRT を示して）Look at Yamada sensei. He can play table tennis very well. He is a very good table tennis player.

---

❸ 活動内容の検討

以下に、活動内容を検討する視点と具体的な方法について紹介する。

1) 導　入

T or F クイズや Q & A などの方法で目標表現や語彙の気づき、理解度を確認する。児童の理解が十分でない場合は、日本語で確認してもよい。

例.　Emma 先生になったつもりで質問に答えよう。

　　　HRT: You can play basketball. Can you play baseball, too?

　　　S1 　: Yes, I can.

2) 展　開

絵カード等を利用して意味をともなった Q & A や Q に対して自分のことを答えさせ、「発展」のコミュニケーション活動への橋渡し活動になるよ

うに工夫する。

例1. 絵カードと絵カードの下の○、×を見て友だちと会話をしよう。答える人は絵の人物になったつもりで答えよう。

× 　　　　○ 　　　　× 　　　　○

S1: Can you play tennis (well)?

S2: No, I can't.

例2. 好きな絵カードを選んで友だちにできるかどうか尋ねよう。答える人は自分ができるかどうか答えよう。

S1: Can you ride a unicycle (well)?

S2: Yes, I can.

3) 発 展

　インタビューシートを利用したペア活動では、自分が知りたいことを尋ねたり調べたりするコミュニケーション活動にするために、例えば、次のような工夫が可能である。

例1. ワークシートの調査項目欄に空所を1カ所設けておき、友だちにできるかどうか尋ねてみたい項目を追加してインタビュー活動を行う。

例2. 「友だちと自分のどちらもできることを予想して、同じことができる友だちをみつけよう」というタスクを与えてインタビュー活動を行う。

3. 学習指導案（本時の展開部分）の作成

　学習指導案の作成にあたっては以下の点に留意する。

1) 活動の流れを意識し、聞く活動から話す活動へと段階的に進む。

2) 児童が興味・関心をもち、互いの個性に気づく活動を取り入れる。

3) ねらいに合った活動や活動形態を選択する。

4) 担任と児童、ALTと児童、児童同士がやり取りをする場面を設定する。

5) 高学年の「読むこと」「書くこと」については、語句や表現に音声で十分に慣れ親しんだ後、指導者の後について読んだり、手本を見て書き写したりして、少しずつ読んだり書いたりすることに慣れ親しむことができるようにする。

6) 欲張って活動を押し込まずに、次時へ期待をつなぐ程度でとどめる。

4. 単元の評価を行う活動と評価方法の検討 [☞ 11 章 4 節]

単元の評価規準に基づき、本時に評価を行う活動と評価方法を検討する。

・スポーツ名などの外来語の発音やアクセントと、英語の発音とアクセントの違いに気づき、英語を正しく発音しているか。（行動観察）

・担任と ALT の会話を興味をもって聞き、会話の内容を理解しているか。（行動観察）

・できるかどうか尋ねたり答えたりして、できること、できないことを伝え合っているか。また、得た情報をインタビューシートに正しく記入しているか。（行動観察、記述観察）

5. 視聴覚教材、教具、ICT 教材の準備

絵カードに加え、写真、実物、当該レッスンに関する情報を含むポスターやチラシなどを準備し、デジタル教材はあらかじめ使う部分を視聴しておく。

6. ワークシート、振り返りカードの作成

ワークシート [☞ 10 章 1 節 2 ❷] と振り返りカード [☞ 11 章 4 節] を作成する。

7. 教室環境の整備

外国語学習に適した教室環境になるよう整備する。

1) 活動に適した机の配置やスペースの確保

2) 当該レッスンに関する写真や実物などの掲示

3) 世界地図やポスターなどの掲示

本時ではアメリカの児童がバスケットボールをしている写真とアメリカの国旗を掲示する。

8. ALT や特別非常勤講師等の外部講師との打ち合わせ

ALT や外部講師は来校の時間が限られており、打ち合わせの時間の確保が難しい場合が多いが、少なくとも以下の項目について短時間で効率的に打ち合わせを行いたい。メールなどによる事前のやり取りでさらに効率的な打ち合わせが可能になる。

1) 本時の目標　　2) 本時の主な表現、語彙
3) 本時の指導手順　　4) 担任と ALT や外部講師の役割

とくに、3) の導入部分での指導者同士の対話や、活動の進め方をデモンストレーションで示すさいの役割分担を明確にしておく。

2節　授業中の留意点

いよいよ授業が始まる。児童の実態を踏まえて準備万全で臨んだとしても、授業は教師、教材、児童の三者で展開されるダイナミックな活動であり、さまざまな予期せぬ出来事が待ち受けている。目の前の児童の様子や反応から瞬時に判断して指導案を軌道修正し、適切に対処することが求められる。それぞれの授業過程で以下の点に留意したい。

1. 授業過程全体に共通する留意点
❶　雰囲気づくり

コミュニケーションに積極的に取り組めるように、日頃から児童が他の児童の誤りや失敗を笑ったりせず、児童同士が励まし合い、互いの進歩を喜べるような雰囲気を作りたい。そのためには、教師自身が間違ってもよいから積極的に英語で発話する姿勢を見せることが大切である。ポイントを与えてグループで点数を競う活動は、グループ意識を高める反面、ゲームに勝つことのみが目的になりがちなので十分留意したい [☞9章3節]。

❷　指示や活動の進め方の説明、モデルの示し方

ゆっくり、はっきりした声で、英語だけでなく表情や動作を交え指示をする。活動の進め方の説明は明瞭、簡潔に行い、複雑な場合は活動の例を演じて見せるとよい。そのさい、TT であれば ALT 等と、そうでない場合

は児童の代表と行い、時にはパペットを効果的に使うのもよい。

❸ 児童の反応を読み取る

　児童が「分からない」「つまらない」と反応を口にする場合はもちろん、不安や戸惑い、不満そうな表情や小さな声でのつぶやきには、その場で対応する必要がある。指導者の英語や指示内容が理解できていない場合は、同じことを繰り返し言うのではなく、児童が理解できる英語に言い換えたり、ジェスチャーを加えたりする。場合によっては、日本語で簡潔に説明し、再度英語の指示を聞かせるとよい。また、児童のつぶやきには、児童の思いや授業改善へのアイディアが隠れている場合が多々あるので、しっかり耳を傾け授業に生かしたい。

❹ ほめ方、注意の仕方

　授業のさまざまな場面で、積極的に児童をほめ、励ましたいものだが、高学年には、"Very good!", "Great!" といったほめ言葉だけでなく、"You were a good listener." のように、簡単な英語か日本語でよかった理由を付け加えたい。また、英語で注意ができる範囲を超えている場合は、本人に理由が分かるように日本語で注意することも必要である。

❺ ALT の活用方法

　ALT を英語モデルとして活用するだけでなく、ALT 自身のことや出身国の文化について尋ねたり、児童とともに日本のことを ALT に伝えたりして、児童と ALT の間でやり取りが生まれる工夫をするのが、担任の役割である。ALT が毎回の授業に来られない場合は、導入会話などを事前に録画しておき授業で使うなどの工夫をしたい。

❻ 誤りに対するフィードバックの与え方

　母語の習得過程において、幼児は誤りを繰り返しながら母語を身につけていくが、周囲の大人はその誤りをその都度厳しく指摘し訂正させるのではなく、正しい言い方を、気長に、繰り返し聞かせている。同様に、児童に対しても、以下のように正しい単語や表現をそれとなく聞かせること

(recast) を繰り返し、誤りに気づかせ、正しい表現を身につけさせたい。

T: What do you like?

S1: I like strawberry.

T: Oh, you like strawberries. I like strawberries, too. Everyone, do you like strawberries, too?

2. 各授業過程における留意点

❶ はじめのあいさつ、ウォームアップ

"How are you?" と児童に問いかけ、"I'm fine." だけではなく、"I'm sleepy." "I'm happy." などの答えが出れば、"Oh, you are sleepy. You studied hard last night. 遅くまで勉強したんだね。" と日本語を交えてよいので、児童の発話を受け止めて一言返すなど、温かみのある授業のスタートにしたい。

あいさつの後に、その日の学習内容に関連したことやタイムリーな話題などについて、既習の表現や語彙を使ってやり取りを交えながら、ある程度内容的にまとまりのある話をする。児童の興味・関心に合った内容を重視するために未習語を使う場合は、表情やジェスチャー、絵、写真などでその意味を児童が推測できるように工夫する。

❷ 復　習

前時に行った学習内容を思い出し、本時の学習内容や活動につなげる準備の活動であるので、短時間で無理なく児童全員が理解を深めるようにしたい。余裕があれば、単語を少し増やしたり、活動のルールやうたやチャンツのスピードを変えたりするなど、前時より少しステップアップさせることで、復習の活動に興味を持たせ、児童の自信につなげたい。

❸ 導入と展開

導入では、絵カードや写真、ポスターなどの視覚教材に加え、ジェスチャーで示したりして、新しい語彙や表現がどのような場面でどのように使われるのか児童に気づかせることが重要である。児童がうまく気づかないときには、もう一度ゆっくり全体を繰り返して聞かせたり、つまずいている箇所に焦点を当てて聞かせたりして、しっかり理解させたい。また児

童にたっぷりと聞かせるために、「聞く活動」は多めに準備しておく。また「口慣らし」や「話す活動」へ移るさい、発話を急がせないことが肝要である。途中、語彙や表現がしっかり発話できていない場合は、「聞く活動」に戻るなど、十分に音声に慣れさせてから「話す活動」へと移行する。

❹　発　展

慣れ親しんだ語彙や表現を使って、児童間のやり取りや発表などに取り組む発展活動においては、ペアやグループなど児童が協力し合う活動形態を活用する [☞9章3節]。また児童に活動の目的を明示し、その目的を達成することによって達成感が得られるよう留意する。活動中に活動の進め方や表現が分からず困っている児童には、その原因を探り支援する。また、他の児童の手本となる個人やペア、グループを見かければ、そのよいところをほめることで、他の児童は自分たちの身近なよいモデルから学び、クラス全体が支援し合って学び合うことができる。そのさい、教師は、他者に対する配慮や、ジェスチャー、表情など、コミュニケーションの質や相手との関わり方に注目してほめ、児童にコミュニケーションの大切さが伝わるように心がけたい。

❺　おわりのあいさつとまとめ

振り返りシートの記入や、何人かの児童の振り返りの発表などを通して、よい振り返りを共有することで、次時の授業への意欲を高めたい。担任は、本時の目標に関連してよいところをほめ、気になったことは児童に気づかせ次時につなげる。また、ALT や外部講師には、国際理解や言語面に関しての振り返りも述べてもらうようにする。

3節　授業後の振り返り

教師は、授業のなかで学び、成長すると言われるが、授業をやりっ放しの教師と、授業後に振り返り次の実践につなげる教師とでは、教師としてどちらの成長が大きいかは言うまでもない。Plan (計画), Do (実施), Check (点検), Action (改善) を繰り返す PDCA サイクルのなかで、自らの授業改

善を図り、教師として成長していきたい。

図 13.1　授業改善のための PDCA サイクル

　以下に、授業の振り返りの方法と振り返りの内容、およびその活用法について述べる。

1. 振り返りの方法

　振り返りには、教師自身の振り返りを含め、以下の方法がある。

❶　教師自身による振り返り

　授業後、漠然と振り返るのではなく、本時の授業の指導目標に沿って児童の活動状況を思い起こし、「なぜうまくいったのか」「なぜうまくいかなかったのか」、それぞれの理由を項目ごとに特定し、次の授業につなげることが大切である。TT の場合も、たとえ短時間でも両者で話し合って振り返りを共有し、次時の授業に生かしたい。

❷　児童の振り返りカードの利用

　授業の振り返りのさいに、「今日の授業は何が楽しかった？」と教師が問いかけ、児童が「○○ゲームが楽しかった」「ゲームで勝ってよかった」などと答えている場面に出会うことがある。これは授業のねらいが児童には伝わっていないからであり、「今日の友だちとのインタビューで友だちや自分のことについて何か発見したことは？」などと、ねらいを含んだ具体的な発問を心がけたい。振り返りは毎時間行うべきものであるが、振り返りカードを利用した振り返りは単元の最後の時間だけでもよい。振り返りカードは回収して分析し、その結果を次時の指導に役立てる。カードに自由記

述欄があれば、児童の思いや考えをより広く拾うこともできる。

❸ ビデオ録画と視聴

　ビデオ録画で自分の授業を客観的に見ると、ふだん気づかないさまざまな面から振り返りができるので、学期に1回は録画し視聴したい。教師自身の動きをチェックするには教室後方に、児童の活動状況を把握したければ、教室の左右どちらかの前方にビデオを設置して録画するとよい。

❹ 研究会での授業公開

　自分一人での振り返りや授業改善には限界があるので、自ら進んで校内研究会などで授業を公開し、授業後の研究協議で先輩や同僚からコメントや助言を得て多くのことを学びたい。授業公開には勇気がいるが、さまざまな視点からのコメントや助言は、自らの授業改善に役立つはずである。

2. 振り返りの内容

　以下は、毎回の授業の振り返りの項目である。ただし、自分が現在困っていることや改善を図りたい項目にしぼって、振り返りを行うのもよい。

1) 本時の指導目標を十分達成できたか。
2) 学習内容（語彙、表現、活動など）の難易度、分量は適切であったか。
3) 各活動は児童の興味・関心に合っていたか。また、知的好奇心を満たすものであったか。
4) 各活動はそれぞれの授業過程のねらいに合っていたか。また、それらは段階的に発展していたか。
5) 活動形態は各活動のねらいに合ったものであったか。
6) 教材、教具、黒板を効果的に使用していたか。
7) 説明や指示は明瞭であったか。また、教室英語を必要に応じて適切に使用していたか。
8) 発問や指名の仕方は適切であったか。
9) 児童は積極的に授業に参加していたか。
10) 児童の反応に適切に対処し、適切なフィードバックを与えていたか。
11) 時間配分は適切であったか。

12）（TT の場合）ALT や外部講師との役割分担は適切であったか。

3. 振り返りの活用

　毎授業後、上記の項目ごとの振り返りの内容を記録し、指導案、教材、ワークシート、児童の振り返りカードなどとともに教師ポートフォリオとして残しておくのも一案である。とくに振り返りカードは、教師にとって児童の実態を把握し単元計画を再構築したり、個別の児童への支援計画を立てたりする上でたいへん有効であるので丁寧に分析したい。カードには自由記述を設ける場合が多いが、そのさいは、「思いを伝えるためにどんな工夫をしたか」、「がんばったこと、今後がんばりたいこと」、「友だちの発表でよかったこと」等のように、自己調整を図ることにつながるような視点を明確に提示することが大切である。また、言いたいが言えなかったこと、授業で難しかったことに関する記述がある場合には、教師が必ずコメントを加えて返却することにより、児童とのコミュニケーション・ツールとなるとともに、次時の授業への動機づけにつなげることができる。

　このような振り返りに基づく授業改善を日常化して明日の授業につなげ、よりよい指導者をめざしたい。　　　　　　　　　　　　　　　　（多田　玲子）

学　習　課　題

1.　授業前の準備、授業中の留意事項、授業後の振り返りでとくに重要だと思ったことを、それぞれ 3 点ずつあげてみよう。
2.　外国語活動または外国語科の授業をビデオ、または友だちの模擬授業を参観し、3 節 2 の視点から、授業参観のレポートをまとめよう。

📖 参考図書

文部科学省（2017a）『小学校外国語活動・外国語　研修ガイドブック』.
村野井仁・渡部良典・尾関直子・冨田祐一（2012）『統合的英語科教育法』成美堂.

❻ 授業づくりのコツ──3つの共有とPDCAサイクル

　小学校の担任は、一人で多くの教科を教えなければならない。さらに、校務分掌や各種行事の準備など、多忙な毎日を送っている。そんななか、担任はどのように授業を作っているのだろう？

1. 教材や指導法の共有

　小学校教師は同じ学年の教師が使った教材や指導法を上手にシェアする。これは、職員室の会話の中でも日常的に行われている。「この前の英語の授業でやったゲーム、子どもたちノリノリだったわ」「このウェブサイトに出ていた活動、おもしろそうだよ」といった具合に、教師同士の会話の中で、日々教材研究が行われている。

2. 他教科の学びの共有

　社会科の地図記号の学習を、外国語の授業の道案内の単元に応用することができる。3年生で使った校区地図を拡大し、4年生で学んださまざまな地図記号を配置させる。ペアで道案内をして、到着地点がどこか当て合う活動が考えられる。また、国語の授業では、よりよいスピーチの条件を学ぶ。話すときの姿勢はどうか？　聞く側の態度はどうか？　などである。その後に、英語で「自分の将来の夢」についてスピーチを行わせる。言葉は違っても、話すさい、聞くさいの態度面のポイントは共通するものがあるはずである。

3. 子どもの遊びの共有

　子どもと一緒に遊ぶ教師は、児童との心理的な距離が近く、授業がうまい。子どもたちの興味や流行の遊びを、上手に授業に取り入れることができるからである。例えば「色おに」という遊びがクラスで流行っているとする。外国語活動で、色をテーマにした活動を行うとき、慣れ親しみのための活動として英語で「色おに」を行うことができる。

　上記1〜3のいずれの場合も、教師のコミュニケーション力や柔軟な発想力が問われる。さまざまなアイディアを共有し活動を立案し、授業で実践し、授業を振り返り、問題点を改善して次の授業に生かす。このPDCAサイクルの中で教師の授業は日々成長し、磨かれ、進化していく。　　　　（加藤　拓由）

14章 豊かな小学校外国語教育を
めざして——外国語活動の
成果と課題を踏まえて

　2011 年度から全面実施されている外国語活動の成果と課題が明らかになってきている。この章では、まず外国語活動の成果と課題について整理する。次にこれらの成果と課題を踏まえ、2018 年、2019 年度の移行期を経て、2020 年度から全面実施された学習指導要領に基づく小学校外国語教育をより充実したものにするために、いくつかの課題を取り上げ、改善策を考える。

1節　外国語活動の成果と課題

　小学校の外国語活動の指導者や中学校英語科教員をはじめ多くの外国語活動の関係者から、外国語活動の成果や課題に関する報告がなされている。以下に、これらの報告に基づき外国語活動の成果と課題を整理しておきたい。なお、成果と課題としてあげた項目の後に、（小）、（中）、（その他）と記してある項目は、小、中、小・中以外の英語教育関係者のいずれかの意見である。また（　）が記されていない項目は三者に共通の意見である。

1.　外国語活動の成果

1) 外国語活動の授業に積極的に参加し、英語学習を楽しみ、英語学習が好きな児童が多い。
2) 英語学習はまず「聞くこと」「話すこと」から始まるという心がまえが形成されており、英語学習に対する望ましいイメージを持っている。(中)
3) ALT など外国人指導者に親しみ、外国の生活や文化、考え方に興味・関心が高い。
4) 英語の音声をしっかり聞いて聞こえた通り模倣しようとしたり、内容を推測しながら聞き取ろうとするなど、聞く態度が育っている。

5) 英語でのコミュニケーション・自己表現活動をある程度経験しており、人前で英語を話すことに抵抗感を持つ児童が少ないなど、積極的にコミュニケーションを図る態度が育っている。

6) 英語活動で自分の考えや気持ちを伝え、友だちの考えや気持ちに耳を傾けることによって、児童がこれまで気づいていなかった自分や友だちの「持ち味」に気づき、自尊感情や他者尊重の態度が育ってきている。（小）

7) 小学校の担任は外国語活動の指導経験を積むにつれ、授業に積極的に取り組み、授業力が向上してきた。この傾向は、若い教員にとくに顕著である。（小、その他）

　これら以外に、「外国語活動導入以前の中学 1 年生と比べて英語の音声や基本的な表現に慣れ親しんでいる」とする中学校英語科教員が非常に多い（文部科学省 2015）。

2. 外国語活動の課題

1) 中学入学時点で英語学習に対する新鮮な興味を持たない生徒や、英語嫌いの生徒が結構いる。（中）

2) アルファベットの読み書きすらできず、カタカナ式の発音の生徒が増えている。（中）

3) 「聞くこと」から「話すこと」へ、「繰り返し練習」から「自発的に話す活動」へ、そしてコミュニケーション・自己表現活動の楽しさを体験できる授業づくりをめざしているが、そのための指導内容や指導法が分からない。（小）

4) 「中学校の英語の授業が楽しくない」という生徒の声が多い。また、小学校での学びが中学校で生かされていない。これらは小・中の授業スタイルのギャップが主要な原因であり、指導目標、指導内容、指導法および評価方法について、小・中の連携が必要である。（小、その他）

5) 小学校の担任、とくに高学年の担任は多忙なこともあり、外国語活動の教材研究、授業準備、TT の場合はパートナーとの打ち合わせ時間の確保が困難である。（小）

6) 教育委員会と民間の ALT 派遣業者との契約上の関係などの理由によ

り、外国語活動の授業が業者や日本人の外部講師に丸投げになっている場合がある。(小、その他)

7) 小学校の担任の多くは英語力や英語の授業力に不安を感じている。ALT,日本人の外部講師、中学校英語科教員は外国語活動の理念の理解や児童の理解が不十分な場合が多い。また各教育委員会によるこれらの外国語活動の指導者に対する研修計画が貧弱な場合が多い。(小、その他)

これら以外に、外国語活動導入以前の中学1年生と比べ、「英語を聞く力、話す力が高まっている」とする中学校英語科教員が非常に多いが、「英語の文字や単語、文章を読む力、書く力が高まっている」とする中学校英語科教員は非常に少ない(文科省 2015)。

以上のように、小学校と中学校の教員によって相反する意見もあるが、外国語活動の成果を評価する肯定的な意見が多い。しかし、中学校教員の外国語活動についての認識不足による意見も見受けられるとはいえ、課題が多いことも事実である。

2節　小学校外国語教育の課題と改善策

前節で概観した外国語活動の成果と課題を踏まえ、小学校外国語教育におけるいくつかの重要な課題を取り上げ、改善策を考える。

1. 指導者と指導体制

小学校の外国語の指導者や指導体制は、次の通りである。

・中学年(外国語活動)：学級担任が、ALT や外国語が堪能な外部人材とのTT を活用しながら指導する。

・高学年(外国語科)：中・高の英語免許を所持する専科教員が必要に応じてALT との TT を活用しながら指導する。ただし、専科教員が配置されていない場合は、中学年と同様、学級担任がALT や外国語が堪能な外部人材との TT を活用しながら指導したり、同学年や他学年の他のクラスの中・高の英語免許を所持する教員や英語授業を得意とする教員と、自分が中・高の免許を所持する、あるいは得意とする科目を交換して授業を行う [☞3章1節1]。

以上のように、中学年は担任、高学年は将来的には専科教員が授業を担当することになろう。以下、英語を指導する担任と専科教員の課題と役割について触れておきたい。

❶　担任の課題と役割──「英語を学ぶ人のモデル」から「英語のモデル」へ
　中学年を担当する多くの担任は英語の発音や運用力に自信が持てず外国語の授業に不安を感じている。この多くの担任の不安感は、学生時代に、将来、英語の授業を行うための指導を受けていなかったことを考えると、当然であろう。
　このような事情に配慮し、『小学校外国語活動研修ガイドブック』(文科省 2009) は、担任に次のようなエールを送っている。

> 　たとえ英語が流暢に話せなくとも、互いに関わり合って自ら英語に慣れ親しもうとする学級担任の姿勢こそが、児童の外国語学習に対する興味・関心を高める何よりも大切なきっかけとなる。

また、大城・直山他 (2008) も、おおむね、次のように述べている。

> 　指導者は英語が不得意であっても、相手の思いを聞き取ろうとし、自分の思いを相手に伝えようとする姿勢が、児童に未知の英語への高い壁を乗り越えさせることになる。したがって、指導者は「英語のモデル」ではなく、「英語を学ぼうとするモデル」であり、英語が苦手であってもそのことを心配しすぎる必要はない。

　以上のような担任の使う英語や担任の役割についての考え方は、「国際共通語としての英語」という視点からも理解できる。すなわち、1章4節で見たように、世界にはイギリス英語、オーストラリア英語、インド英語、中国英語、韓国英語などさまざまな種類の英語があり、アメリカ英語も日本英語もこれらの多様な英語の1つである。また次頁の図14.1が示すように、英語母語話者の人数と比べ、非母語話者の人数がはるかに多く、英語によるコミュニケーションは多様な英語で行われている。そして、他の非母語話者の英語と同様、日本式の発音で、日本人がよくするような誤りのある英語も立派な日本英語であり、世界の人々と十分コミュニケーション

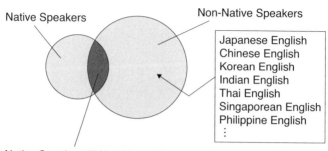

図14.1 英語母語話者と非英語母語話者の関係（本名（2002）から借用）

が可能である。したがって、少々下手であっても、自信を持って、堂々と、はっきり英語を話すことが大切である。

　しかし、児童の言語習得上の特徴を考えると、デジタル教材や電子黒板等を活用したりALT等の英語に触れさせたりして、英語の標準的な発音やリズムに慣れ親しませることも重要である。また、担任をはじめとする指導者は、現代の標準的な発音を聞かせ、自然な英語で児童に話しかけられることが望ましいことは言うまでもないことである。ゆえに、指導者は「英語を学ぶ人のモデル」だけでなく「英語のモデル」の役割を果たせるよう、少しずつでも研修・研鑽を重ねることが大切であろう [☞3章4節]。

❷　専科教員の課題と役割

　英語専科教員としての役割を果たすためには、英語の4技能5領域に関する「基礎的な能力」、言い換えれば、英語の授業を、絵や小道具などを利用し、児童が理解できる平易な英語で授業を進めることができる程度の英語力が必要である。

　次に、児童の発達段階や興味・関心を十分把握し、それらを教材作成や指導方法にしっかり反映できることが大切である。また他教科と同様、英語の授業でも、他教科の内容を題材にした教科横断的な授業を行うことの意義を考えると、各教科のカリキュラムについて十分理解しておくことも大切である。

　また、小学校の外国語教育の成果を高めるためには、中学年の外国語活

動、高学年の外国語科、さらには中学校の外国語科の授業が段階的に発展する一貫性のあるカリキュラムを作成し、実施することが重要である。そのために、小学校中学年の担任、高学年の専科教員および中学校の専科教員が外国語の授業について定期的に話し合ったり、授業を参観し合ったりすることが大切である。

❸ 校内推進体制の確立

豊かな外国語教育を実現するためには、自校の外国語の指導目標、領域別目標、年間指導計画、時間割編成、校内研修計画など、学校全体でまた各学年で検討しなければならない事柄が多い。各学校で、校長がリーダーシップを発揮して、学校全体の教育方針を明確にした上で、校長と専門性を有する英語専科教員が中心となり、これらについて全教職員で意見を交換し、共通理解を深め、よりよいものにしていくことが大切である。

また児童が英語学習を思い切り体験できるように、英語の授業に必要な教材や教具、機器を備えた英語特別室を設置したい。そして、この特別室には、授業者の授業準備の効率化と授業の充実化を図るために、授業で使用し児童の反応がよかった学習指導案やワークシート、振り返りカードなどをお互いに閲覧し、参考にしたり利用したりできるように、これらの保管用の本箱を設置しておきたい。

校内の推進体制づくりでもう一点欠かせないことがある。それは、専科教員や外国語の授業を担当する担任の先生方の学外での研修会等 [☞3章4節] への参加に対して、十分なサポート体制を確立することである。これらの研修会での意欲的な先生方の学びを校内研修会等で報告してもらうと、教職員全員の共通財産になり、全児童に還元されるであろう。

223

2. 高学年の時間割編成——短時間授業と長時間授業の活用法

週 28 コマを限度とする教育課程全体の枠組みの関係上、高学年の外国語の教科化にともなう年間 35 単位時間 (1 コマ 45 分) 増を確保するためには、15 分程度の短時間授業や 60 分程度の長時間授業を含めた弾力的な授業時間の設定や時間割編成と、そのために必要な「カリキュラムマネジメント」を、教育課程全体を見渡しながら地域や学校で行わなければならな

い。

　15 分間の短時間授業を 2 週間に 3 回実施したり、60 分の長時間授業を行い、その中の 15 分を短時間授業と位置づけたり、また、短時間授業は 1 時間目開始前の朝の時間や昼休み前後の時間に行うなど、児童や学校、地域の実態を踏まえて決めることになる。

　指導内容は、短時間授業の場合も長時間授業の場合も、外国語学習の特徴を踏まえるとともに、単元の指導計画における位置づけを明確にし、45 分授業との関連性を確保しながら、創意工夫する必要がある [☞12 章 1 節]。なお、長時間授業の授業内容は、時間が長いということを生かして、単元のゴールとなるコミュニケーション活動や自己表現活動の発表会や、個々の児童にインタビューなどを実施し、パフォーマンス評価を行ったりすることもできる。また長期休暇中であれば、外国人ゲストを招いて国際交流会なども実施できるだろう。

3. 読むこと、書くこと（リテラシー）の指導

　学習指導要領において高学年から「読むこと」「書くこと」を加えた目的は、次の 2 点である。

・発達段階に応じて「読むこと」「書くこと」に慣れ親しませ、積極的に英語を読もうとしたり書こうとしたりする態度を育成する。

・「読むこと」「書くこと」を含む総合的・系統的な教科学習を行い、中学校への円滑な接続を図る。

　この高学年における「読むこと」「書くこと」の導入は、以下に示す文字指導の意義や発達段階を考えると、言語習得上有益であろう（樋口他 2005b,文科省 2009）。

・「読み書き」の学習は児童の知的欲求に合致している。

・聴覚情報に視覚情報が加わることで内容理解が進み、外国語学習が促進される。

・文字が記憶の手立てとなり、記憶の保持に役立つ。

　学習指導要領・外国語における「読むこと」「書くこと」の領域別目標は、以下の通りであり、授業時数を考えると適切であると考えられる。

・読むこと

ア　活字体で書かれた文字を識別し、その読み方を発音できるようにする。

　イ　音声で十分に慣れ親しんだ語句や基本的な表現の意味が分かるようにする。

・書くこと

　ア　大文字、小文字を活字体で書くことができるようにする。また、語順を意識しながら音声で十分に慣れ親しんだ簡単な語句や基本的な表現を書き写すことができるようにする。

　イ　自分のことや身近で簡単な事柄について、例文を参考に、音声で十分に慣れ親しんだ簡単な語句や基本的な表現を用いて書くことができるようにする。

　ただし、「読むこと」「書くこと」の指導にあたって留意しておきたい点は、多くの調査報告（例えば、ベネッセ教育総合研究所　2016）に見られるように、中学生、高校生の英語学習におけるつまずきの主要な原因は、学習全般に対する学習意欲や学習習慣に関わる事柄を除けば、次のように「読み・書き」に関係しているということである。

・単語（発音、綴り、意味）を覚えるのが苦手

・文字や文章を書くことが苦手

・文字や文章を読めない（文字から音にうまく変換できない）

・文法事項が理解できない

　読み・書きの学習については、学習が速い学習者と学習が遅い学習者が存在することに十分配慮する必要がある。基本的には、耳にしたり口にしたりして音声で十分慣れ親しんだアルファベット、簡単な語句や基本的な表現について、読んだり、書いたりするという手順を踏み、少しずつ、丁寧に、計画的に指導することが大切である。昨今では、デジタル機器を活用して、個人のペースで音声を何度も聞いたり音読したり、自身の音声を録音し教科書の発音と比べたりすることができる。また、拡大機能を使用し文字をより見やすくしたり、タブレット上に文字を書いたり消したりしながら何度も練習することもできる。文字の学習が遅い学習者には、デジタル機器は、今後、必須の道具となるであろう。

4. 小・中の接続・連携

　これまで各方面から小・中・高等学校間の接続・連携に問題があることが繰り返し指摘されてきた。中央教育審議会（以下、中教審）外国語ワーキンググループの取りまとめ（2016a）においても、「進級や進学をした後に、それまでの学習内容や指導方法を発展的に生かすことができないといった状況も見られる」としている。

　このような状況に鑑み、今回の学習指導要領の改訂では、領域別目標をはじめ、段階的に発展する一貫した教育目標を設定し、各学校段階の学びの接続にこれまで以上に配慮しているように思われる。

　では、小・中の連携を進めるためには具体的にどうすればよいのだろうか。連携をスムースに進めている地域では、教育委員会が小・中学校に積極的に働きかけ、中学校区内の全小・中学校で小・中英語担当者会議といった組織を設け、定期的に会合を持ち、以下のような事柄をテーマに活動を行っている。

　なお、接続・連携の基本は相互の役割をしっかり理解することであるので、相互の学習指導要領や教科書にしっかり目を通すことが第一歩であることは言うまでもない。

1) 小・中英語授業研究会：小・中教員による小・中学校の授業参観、研究協議、指導主事あるいは研究者等からの指導助言により、指導・学習内容、指導方法等について理解を深める。

2) 小・中教員によるTT：小・中学校で小・中教員がそれぞれTTを行い、指導・学習内容や指導方法等について体験的に理解を深める。

3) 年間指導計画、教材等の研究会：小・中の各学年、とくに小6と中1の年間指導計画、教材について理解を深めるとともに、より望ましいものにするために意見交換を行う。

4) 中1入門期のカリキュラムの作成：3) の延長として、指導目標、指導内容、指導方法等の系統性や継続性について十分配慮し、小学校での学習内容を復習しながらスピーチやshow and tellなどの発表活動を少しずつ膨らませたり、聞くこと、話すことを読むこと、書くことにつなげたり、音と綴りの関係を少しずつ指導したりすることによって、発展的な学習を可能にする中1入門期のカリキュラムを作成し、授業を行う。

なお、小・中連携を考える上記の研究会等において、次の3点に十分留意したい。

・小・中の連携で大切にすべき点は、小学校で培った英語学習や外国の生活、文化や考え方などへの興味・関心、積極的に聞いたり話したりする態度を、中学校でいっそう伸ばすこと。

・小学校で慣れ親しんだ基本的な語句や表現をコミュニケーション活動や自己表現活動で繰り返し使用させ定着を促すこと。

・小・中学生の発達段階や学習方法の違いに十分配慮すること。[☞2章]

5. 教育予算

OECD（経済協力開発機構）の報告書『図表でみる教育（2021）』によれば、2018年の初等教育から高等教育の公的支出の国内総生産（GDP）に占める割合は、OECD 37か国平均は4.9%であったが、日本は4.0%と低く、比較可能な37か国中30位であった。豊かな教育予算は、教員が授業を行いやすい、学習者が学習しやすい環境を整備するために欠くことのできない条件である。校種や規模に合ったクラスサイズ、教員数、そして学習者の学びを高める教育設備の充実を図るために、我が国の教育予算のGDPに占める割合を、少なくともOECD諸国の平均（対GDP比: 4.9%）以上に増額することが必要である。大谷（2020）は、「国の教育的熱意を測る何よりのバロメーターは、一般には教育予算であると考えられる。」と言っている。

（樋口　忠彦）

豊かな小学校外国語教育をめざして

学　習　課　題

1. 外国語学習が児童にもたらす肯定的な影響についてまとめてみよう。

2. 小学校の外国語教育の課題として、本章で取り上げた課題以外にどのようなものがあるか考えてみよう。次にその課題の改善策について友だちと話し合ってみよう。

📖 参考図書

樋口忠彦・大城賢・國方太司・髙橋一幸（2010a）『小学校英語教育の展開
　　──よりよい英語活動への提言』研究社.

文部科学省（2015）「平成 26 年度『小学校外国語活動実施状況調査』の結
　　果について」.

教室英語

次のような授業計画で、授業過程に沿って使用する教室英語の例を示す。
- 単元名: クラスで人気のあるスポーツのランキングづくり
- 前時の目標表現: I like (soccer).
- 本時の目標表現: What sport do you like?—I like (soccer).

1. はじめのあいさつ

T: Good afternoon, everyone.
Ss: Good afternoon, Mr. Yamada.
T: How are you today?
Ss: I'm fine [good, great]. / I don't feel well. I have a cold.
T: Let's start our lesson.
Ss: Yes, let's. / OK.

T: What day is it today?
Ss: It's Monday.
T: What's the date today?
Ss: It's April twenty-third.
T: How's the weather today?
Ss: It's sunny [rainy, cloudy, snowy].
T: Wonderful, everyone.

2. ウォームアップ——例: うたを歌う

T: Stand up, please. Let's sing "Hello World." Are you ready?

Ss: Yes. (うたを歌う)
T: Very good! Sit down, please.

3. 本時の目標の確認——例: 発展の活動でインタビュー "What sport do you like?"

T: Today, we'll learn the expressions "What sport do you like?—I like soccer." And we'll do an interview later. When we interview, please listen to your friends carefully, and make good eye contact. Please enjoy communicating with your friends.

4. 復習——例: I like (soccer).

T: Let's review our last lesson. First, do you remember these words?

What sport is this?

Ss: Soccer / baseball ...

T: Yes. Great. I like baseball. How about you?

S1: I like soccer.

T: Oh, you like soccer. Everyone, can you say "I like ...."? (絵カードを1枚ずつ指し示す)

Ss: I like baseball / soccer ...

T: Excellent.

5. 新教材の導入——例: **What sport do you like?—I like (soccer).**

T: Everyone, listen carefully and guess what I'm talking about. (黒板に貼った堂安選手、大谷選手の写真と♡マークを指しながら) What sport do you like? (堂安選手のつもりで) I like soccer. What sport do you like? (大谷選手のつもり

で) I like baseball.

T: Do you understand? Now, repeat after me. What sport do you like?

Ss: What sport do you like?

T: I like soccer.

Ss: I like soccer.

⋮

6. 展開——例: **Touching Game** タッチ・ゲーム

T: (事前に教室の壁のあちらこちらにスポーツの絵カードを貼っておく) Let's play the "Touching Game!" Please look around the classroom. You can see the picture cards of sports on the wall.

Ss: Oh, yes.

T: Stand up, everyone. I'll show you how to play the game. First, I need a volunteer. Please come to the front.

S1: Yes. (教室の前に行く)

T: Now, everyone (except S1), please ask S1, together, "What sport do you like?" together. S1, please answer the question. One, two!

Ss: (S1以外の児童) What sport do you like?

S1: I like basketball.

T1: Good! Everyone (except S1), please say to S1, "Me, too!" or "Not me!" and you look for the basketball card on the wall and touch it! Go!

Ss: Me, too! / Not me! (S1以外の児童は目当てのカードを探してタッチする) I found it!

T: Now, you know how to play the "Touching Game." Right?

Ss: Yes. It's fun.

T: Good. Then, let's play it again. I need a new volunteer. (同様に続ける)

【その他の表現例】

① チャンツ

・Listen to the CD.
・What words did you hear?
・Let's do the chant.
・Do the chant with gestures.
・Watch me and copy me.

・Let's divide the class into two. You're Group A, and you're Group B. Group A, please ask Group B. Group B, please answer.
・Change [Switch] roles.

② クイズ

・I'll give you three hints.
・Raise your hand (when you know the answer).

・Who knows the answer?
・(That's) right.
・Close. / Good try.

③ ゲーム

・Make groups of five.
・Make two lines.
・Make pairs. / Get into pairs.
・Does everyone have a partner?

・Change partners.
・Time's up.
・Who won?

④ カードを使うゲーム

・Spread the cards out on the desks.
・Put your cards face up [down].

・Collect the cards.
・Clean up the cards.

⑤ テキストを使用するリスニング活動

・Open your textbook to page 10.
・Draw a line between the ball and the bat.

・Write the numbers in the squares.
・Close your textbook.

---

7. 発展――例: インタビュー活動から人気スポーツのランキングづくりへ

T1: Let's interview your friends [each other]. Walk around, and ask your friends "What sport do you like?" I'll give you an interview sheet each. You see the pictures of some sports on the sheet. Write your classmate's name next to the picture. Look at us. We'll show you a demonstration.

T1: What sport do you like?

T2: I like baseball.

T1: Oh, you like baseball. Good.（インタビューシートの野球の絵の横に T2 の名前を書く）

T2: What sport do you like?

T1: I like soccer.

T2: You like soccer. I see. (サッカーの絵の横に T1 の名前を書く) Thank you. See you.

T1: See you.

T1: Do you understand? Now, it's your turn to interview.

⋮

T1: Time's up. Did you have a good time? Let's make a ranking list. How many friends like soccer in your group, S1?

S1: Five.

T1: (以下、各グループの児童に結果を尋ね、黒板に集計する) Let's count the total number. How many of you like soccer in class?

Ss: Ten.

T1: How about baseball?

Ss: Eight.

⋮

T1: So, soccer is at the top of the ranking! Anyway, all sports are fun to play!

【その他の表現例】

① スピーチ

· Please give a speech.
· Speak clearly.
· Look at your friends' faces.

· Let's give him [her] a big hand.
· I'll ask you some questions.
· What do you think?

② 絵本

· I will read you "The Carrot Seed."
· Can everybody see?
· What's the story about? / Did you get the main idea?

· How many people are there in this book?
· Who are the people in the story?
· What did the boy say?

8. 読む活動・書く活動 ── 例: What sport do you like? ── I like ▭▭▭.

T: (拡大したワークシートを黒板に貼っておく) Look at the worksheet. The sentences and words in your interview today are on the worksheet. Let's try to read the sentences together.

T&Ss: "What sport do you like? — I like _____."

T: One more time, please. / Once more, please. (児童は再度読む)

T: Very good. Now, pick up your pencil and trace the sentences. (指導者は、黒板のワークシートに薄字で書かれた本時のターゲット文をなぞり書きしてみせる)

Ss: OK. (児童も同様に鉛筆でなぞ

り書きする) Finished.

T: Now, you can see some sport names with pictures at the bottom. (ワークシートの下段を指さす) What sport do you like? Choose one sport you like and write [copy] carefully on the 4 lines.

Look! I'll show you how to do it. I like soccer. So, I copy "soccer." Do you understand? Can you do that?

Ss: Yes. (下段のイラスト付きスポーツ名から、自分の好きなスポーツ名を選んで書き写す)

【その他の表現例】

· Please read this word [sentence] aloud.

· Using the models above, make your own sentences.

---

9. 振り返り ＊日本語で行う場合が多いが、次の表現も使ってみたい。

· I'll give you a "Lesson Review Card [Reflection Card]" each.
· Please complete the card.

· Please fill out the form.
· Please write your comments.
· Finished?

---

10. おわりのあいさつ

T: That's all for today. Did you enjoy today's class?
Ss: Yes!

T: See you next time.
Ss: See you. Thank you for the class.

（衣笠　知子）

資料 ②
小学校学習指導要領 「外国語」

外国語活動

第1 目 標

　外国語によるコミュニケーションにおける見方・考え方を働かせ、外国語による聞くこと、話すことの言語活動を通して、コミュニケーションを図る素地となる資質・能力を次のとおり育成することを目指す。

(1)　外国語を通して、言語や文化について体験的に理解を深め、日本語と外国語との音声の違い等に気付くとともに、外国語の音声や基本的な表現に慣れ親しむようにする。

(2)　身近で簡単な事柄について、外国語で聞いたり話したりして自分の考えや気持ちなどを伝え合う力の素地を養う。

(3)　外国語を通して、言語やその背景にある文化に対する理解を深め、相手に配慮しながら、主体的に外国語を用いてコミュニケーションを図ろうとする態度を養う。

第2 各言語の目標及び内容等

　英　語
1 目 標

　英語学習の特質を踏まえ、以下に示す、聞くこと、話すこと [やり取り]、話すこと [発表] の三つの領域別に設定する目標の実現を目指した指導を通して、第1の (1) 及び (2) に示す資質・能力を一体的に育成するとともに、その過程を通して、第1の (3) に示す資質・能力を育成する。

(1)　聞くこと
　　ア　ゆっくりはっきりと話された際に、自分のことや身の回りの物を表す簡単な語句を聞き取るようにする。
　　イ　ゆっくりはっきりと話された際に、身近で簡単な事柄に関する基本的な表現の意味が分かるようにする。
　　ウ　文字の読み方が発音されるのを聞いた際に、どの文字であるかが分かるようにする。

(2)　話すこと [やり取り]
　　ア　基本的な表現を用いて挨拶、感謝、簡単な指示をしたり、それらに応じたりするようにする。

イ　自分のことや身の回りの物について、動作を交えながら、自分の考えや気持ちなどを、簡単な語句や基本的な表現を用いて伝え合うようにする。
　　ウ　サポートを受けて、自分や相手のこと及び身の回りの物に関する事柄について、簡単な語句や基本的な表現を用いて質問をしたり質問に答えたりするようにする。
　(3)　話すこと［発表］
　　ア　身の回りの物について、人前で実物などを見せながら、簡単な語句や基本的な表現を用いて話すようにする。
　　イ　自分のことについて、人前で実物などを見せながら、簡単な語句や基本的な表現を用いて話すようにする。
　　ウ　日常生活に関する身近で簡単な事柄について、人前で実物などを見せながら、自分の考えや気持ちなどを、簡単な語句や基本的な表現を用いて話すようにする。
２　内　容
〔第３学年及び第４学年〕
〔知識及び技能〕
　(1)　英語の特徴等に関する事項
　　実際に英語を用いた言語活動を通して、次の事項を体験的に身に付けることができるよう指導する。
　　ア　言語を用いて主体的にコミュニケーションを図ることの楽しさや大切さを知ること。
　　イ　日本と外国の言語や文化について理解すること。
　　　(ア)　英語の音声やリズムなどに慣れ親しむとともに、日本語との違いを知り、言葉の面白さや豊かさに気付くこと。
　　　(イ)　日本と外国との生活や習慣、行事などの違いを知り、多様な考え方があることに気付くこと。
　　　(ウ)　異なる文化をもつ人々との交流などを体験し、文化等に対する理解を深めること。
〔思考力、判断力、表現力等〕
　(2)　情報を整理しながら考えなどを形成し、英語で表現したり、伝え合ったりすることに関する事項
　　具体的な課題等を設定し、コミュニケーションを行う目的や場面、状況などに応じて、情報や考えなどを表現することを通して、次の事項を身に付けることができるよう指導する。
　　ア　自分のことや身近で簡単な事柄について、簡単な語句や基本的な表現を使って、相手に配慮しながら、伝え合うこと。
　　イ　身近で簡単な事柄について、自分の考えや気持ちなどが伝わるよう、工夫して質問をしたり質問に答えたりすること。
　(3)　言語活動及び言語の働きに関する事項
　①　言語活動に関する事項

（2）に示す事項については、（1）に示す事項を活用して、例えば次のような言語活動を通して指導する。

　ア　聞くこと
　　（ア）　身近で簡単な事柄に関する短い話を聞いておおよその内容を分かったりする活動。
　　（イ）　身近な人や身の回りの物に関する簡単な語句や基本的な表現を聞いて、それらを表すイラストや写真などと結び付ける活動。
　　（ウ）　文字の読み方が発音されるのを聞いて、活字体で書かれた文字と結び付ける活動。

　イ　話すこと［やり取り］
　　（ア）　知り合いと簡単な挨拶を交わしたり、感謝や簡単な指示、依頼をして、それらに応じたりする活動。
　　（イ）　自分のことや身の回りの物について、動作を交えながら、好みや要求などの自分の気持ちや考えなどを伝え合う活動。
　　（ウ）　自分や相手の好み及び欲しい物などについて、簡単な質問をしたり質問に答えたりする活動。

　ウ　話すこと［発表］
　　（ア）　身の回りの物の数や形状などについて、人前で実物やイラスト、写真などを見せながら話す活動。
　　（イ）　自分の好き嫌いや、欲しい物などについて、人前で実物やイラスト、写真などを見せながら話す活動。
　　（ウ）　時刻や曜日、場所など、日常生活に関する身近で簡単な事柄について、人前で実物やイラスト、写真などを見せながら、自分の考えや気持ちなどを話す活動。

②　言語の働きに関する事項

　言語活動を行うに当たり、主として次に示すような言語の使用場面や言語の働きを取り上げるようにする。

　ア　言語の使用場面の例
　　（ア）　児童の身近な暮らしに関わる場面
　　　　・家庭での生活　　・学校での学習や活動
　　　　・地域の行事　　　・子供の遊び　　など
　　（イ）　特有の表現がよく使われる場面
　　　　・挨拶　・自己紹介　・買物
　　　　・食事　・道案内　　など

　イ　言語の働きの例
　　（ア）　コミュニケーションを円滑にする
　　　　・挨拶をする　・相づちを打つ　など
　　（イ）　気持ちを伝える
　　　　・礼を言う　・褒める　など
　　（ウ）　事実・情報を伝える

・説明する　・答える　など
　(エ)　考えや意図を伝える
　　・申し出る　・意見を言う　など
　(オ)　相手の行動を促す
　　・質問する　・依頼する　・命令する　など
3　指導計画の作成と内容の取扱い
(1)　指導計画の作成に当たっては、第5学年及び第6学年並びに中学校及び高等学校における指導との接続に留意しながら、次の事項に配慮するものとする。
　ア　単元など内容や時間のまとまりを見通して、その中で育む資質・能力の育成に向けて、児童の主体的・対話的で深い学びの実現を図るようにすること。その際、具体的な課題等を設定し、児童が外国語によるコミュニケーションにおける見方・考え方を働かせながら、コミュニケーションの目的や場面、状況などを意識して活動を行い、英語の音声や語彙、表現などの知識を、三つの領域における実際のコミュニケーションにおいて活用する学習の充実を図ること。
　イ　学年ごとの目標を適切に定め、2学年間を通じて外国語活動の目標の実現を図るようにすること。
　ウ　実際に英語を用いて互いの考えや気持ちを伝え合うなどの言語活動を行う際は、2の(1)に示す事項について理解したり練習したりするための指導を必要に応じて行うこと。また、英語を初めて学習することに配慮し、簡単な語句や基本的な表現を用いながら、友達との関わりを大切にした体験的な言語活動を行うこと。
　エ　言語活動で扱う題材は、児童の興味・関心に合ったものとし、国語科や音楽科、図画工作科など、他教科等で児童が学習したことを活用したり、学校行事で扱う内容と関連付けたりするなどの工夫をすること。
　オ　外国語活動を通して、外国語や外国の文化のみならず、国語や我が国の文化についても併せて理解を深めるようにすること。言語活動で扱う題材についても、我が国の文化や、英語の背景にある文化に対する関心を高め、理解を深めようとする態度を養うのに役立つものとすること。
　カ　障害のある児童などについては、学習活動を行う場合に生じる困難さに応じた指導内容や指導方法の工夫を計画的、組織的に行うこと。
　キ　学級担任の教師又は外国語活動を担当する教師が指導計画を作成し、授業を実施するに当たっては、ネイティブ・スピーカーや英語が堪能な地域人材などの協力を得る等、指導体制の充実を図るとともに、指導方法の工夫を行うこと。
(2)　2の内容の取扱いについては、次の事項に配慮するものとする。
　ア　英語でのコミュニケーションを体験させる際は、児童の発達の段階を考慮した表現を用い、児童にとって身近なコミュニケーションの場面を設定すること。
　イ　文字については、児童の学習負担に配慮しつつ、音声によるコミュニケーションを補助するものとして取り扱うこと。
　ウ　言葉によらないコミュニケーションの手段もコミュニケーションを支えるものであることを踏まえ、ジェスチャーなどを取り上げ、その役割を理解させる

ようにすること。

エ　身近で簡単な事柄について、友達に質問をしたり質問に答えたりする力を育成するため、ペア・ワーク、グループ・ワークなどの学習形態について適宜工夫すること。その際、相手とコミュニケーションを行うことに課題がある児童については、個々の児童の特性に応じて指導内容や指導方法を工夫すること。

オ　児童が身に付けるべき資質・能力や児童の実態、教材の内容などに応じて、視聴覚教材やコンピュータ、情報通信ネットワーク、教育機器などを有効活用し、児童の興味・関心をより高め、指導の効率化や言語活動の更なる充実を図るようにすること。

カ　各単元や各時間の指導に当たっては、コミュニケーションを行う目的、場面、状況などを明確に設定し、言語活動を通して育成すべき資質・能力を明確に示すことにより、児童が学習の見通しを立てたり、振り返ったりすることができるようにすること。

第3　指導計画の作成と内容の取扱い

1　外国語活動においては、言語やその背景にある文化に対する理解が深まるよう指導するとともに、外国語による聞くこと、話すことの言語活動を行う際は、英語を取り扱うことを原則とすること。

2　第1章総則の第1の2の(2)に示す道徳教育の目標に基づき、道徳科などとの関連を考慮しながら、第3章特別の教科道徳の第2に示す内容について、外国語活動の特質に応じて適切な指導をすること。

外国語

第1　目　標

　外国語によるコミュニケーションにおける見方・考え方を働かせ、外国語による
聞くこと、読むこと、話すこと、書くことの言語活動を通して、コミュニケーショ
ンを図る基礎となる資質・能力を次のとおり育成することを目指す。

(1)　外国語の音声や文字、語彙、表現、文構造、言語の働きなどについて、日本語
　　と外国語との違いに気付き、これらの知識を理解するとともに、読むこと、書く
　　ことに慣れ親しみ、聞くこと、読むこと、話すこと、書くことによる実際のコミュ
　　ニケーションにおいて活用できる基礎的な技能を身に付けるようにする。

(2)　コミュニケーションを行う目的や場面、状況などに応じて、身近で簡単な事柄
　　について、聞いたり話したりするとともに、音声で十分に慣れ親しんだ外国語の
　　語彙や基本的な表現を推測しながら読んだり、語順を意識しながら書いたりして、
　　自分の考えや気持ちなどを伝え合うことができる基礎的な力を養う。

(3)　外国語の背景にある文化に対する理解を深め、他者に配慮しながら、主体的に
　　外国語を用いてコミュニケーションを図ろうとする態度を養う。

第2　各言語の目標及び内容等

英　語
1　目　標

　英語学習の特質を踏まえ、以下に示す、聞くこと、読むこと、話すこと［やり取
り］、話すこと［発表］、書くことの五つの領域別に設定する目標の実現を目指した
指導を通して、第1の (1) 及び (2) に示す資質・能力を一体的に育成するとともに、
その過程を通して、第1の (3) に示す資質・能力を育成する。

(1)　聞くこと
　ア　ゆっくりはっきりと話されれば、自分のことや身近で簡単な事柄について、
　　　簡単な語句や基本的な表現を聞き取ることができるようにする。
　イ　ゆっくりはっきりと話されれば、日常生活に関する身近で簡単な事柄につい
　　　て、具体的な情報を聞き取ることができるようにする。
　ウ　ゆっくりはっきりと話されれば、日常生活に関する身近で簡単な事柄につい
　　　て、短い話の概要を捉えることができるようにする。

(2)　読むこと
　ア　活字体で書かれた文字を識別し、その読み方を発音することができるように
　　　する。
　イ　音声で十分に慣れ親しんだ簡単な語句や基本的な表現の意味が分かるように
　　　する。

(3)　話すこと［やり取り］

ア　基本的な表現を用いて指示、依頼をしたり、それらに応じたりすることができるようにする。

　　イ　日常生活に関する身近で簡単な事柄について、自分の考えや気持ちなどを、簡単な語句や基本的な表現を用いて伝え合うことができるようにする。

　　ウ　自分や相手のこと及び身の回りの物に関する事柄について、簡単な語句や基本的な表現を用いてその場で質問をしたり質問に答えたりして、伝え合うことができるようにする。

(4)　話すこと［発表］

　　ア　日常生活に関する身近で簡単な事柄について、簡単な語句や基本的な表現を用いて話すことができるようにする。

　　イ　自分のことについて、伝えようとする内容を整理した上で、簡単な語句や基本的な表現を用いて話すことができるようにする。

　　ウ　身近で簡単な事柄について、伝えようとする内容を整理した上で、自分の考えや気持ちなどを、簡単な語句や基本的な表現を用いて話すことができるようにする。

(5)　書くこと

　　ア　大文字、小文字を活字体で書くことができるようにする。また、語順を意識しながら音声で十分に慣れ親しんだ簡単な語句や基本的な表現を書き写すことができるようにする。

　　イ　自分のことや身近で簡単な事柄について、例文を参考に、音声で十分に慣れ親しんだ簡単な語句や基本的な表現を用いて書くことができるようにする。

2　内　容

〔第5学年及び第6学年〕

〔知識及び技能〕

(1)　英語の特徴やきまりに関する事項

　　実際に英語を用いた言語活動を通して、次に示す言語材料のうち、1に示す五つの領域別の目標を達成するのにふさわしいものについて理解するとともに、言語材料と言語活動とを効果的に関連付け、実際のコミュニケーションにおいて活用できる技能を身に付けることができるよう指導する。

　　ア　音声

　　　次に示す事項のうち基本的な語や句、文について取り扱うこと。

　　　（ア）　現代の標準的な発音

　　　（イ）　語と語の連結による音の変化

　　　（ウ）　語や句、文における基本的な強勢

　　　（エ）　文における基本的なイントネーション

　　　（オ）　文における基本的な区切り

　　イ　文字及び符号

　　　（ア）　活字体の大文字、小文字

　　　（イ）　終止符や疑問符、コンマなどの基本的な符号

　　ウ　語、連語及び慣用表現

（ア） 1に示す五つの領域別の目標を達成するために必要となる、第3学年及び第4学年において第4章外国語活動を履修する際に取り扱った語を含む600〜700語程度の語

（イ） 連語のうち、get up, look at などの活用頻度の高い基本的なもの

（ウ） 慣用表現のうち、excuse me, I see, I'm sorry, thank you, you're welcome などの活用頻度の高い基本的なもの

エ 文及び文構造

次に示す事項について、日本語と英語の語順の違い等に気付かせるとともに、基本的な表現として、意味のある文脈でのコミュニケーションの中で繰り返し触れることを通して活用すること。

（ア） 文

  a 単文

  b 肯定、否定の平叙文

  c 肯定、否定の命令文

  d 疑問文のうち、be動詞で始まるものや助動詞（can, do など）で始まるもの、疑問詞（who, what, when, where, why, how）で始まるもの

  e 代名詞のうち、I, you, he, she などの基本的なものを含むもの

  f 動名詞や過去形のうち、活用頻度の高い基本的なものを含むもの

（イ） 文構造

  a ［主語＋動詞］

  b ［主語＋動詞＋補語］のうち、

$$主語 + be動詞 + \left\{ \begin{array}{l} 名詞 \\ 代名詞 \\ 形容詞 \end{array} \right\}$$

  c ［主語＋動詞＋目的語］のうち、

$$主語 + 動詞 + \left\{ \begin{array}{l} 名詞 \\ 代名詞 \end{array} \right\}$$

〔思考力、判断力、表現力等〕

(2) 情報を整理しながら考えなどを形成し、英語で表現したり、伝え合ったりすることに関する事項

具体的な課題等を設定し、コミュニケーションを行う目的や場面、状況などに応じて、情報を整理しながら考えなどを形成し、これらを表現することを通して、次の事項を身に付けることができるよう指導する。

ア 身近で簡単な事柄について、伝えようとする内容を整理した上で、簡単な語句や基本的な表現を用いて、自分の考えや気持ちなどを伝え合うこと。

イ 身近で簡単な事柄について、音声で十分に慣れ親しんだ簡単な語句や基本的な表現を推測しながら読んだり、語順を意識しながら書いたりすること。

(3) 言語活動及び言語の働きに関する事項

① 言語活動に関する事項

(2) に示す事項については、(1) に示す事項を活用して、例えば次のような言語活動を通して指導する。

　ア　聞くこと
　　（ア）　自分のことや学校生活など、身近で簡単な事柄について、簡単な語句や基本的な表現を聞いて、それらを表すイラストや写真などと結び付ける活動。
　　（イ）　日付や時刻、値段などを表す表現など、日常生活に関する身近で簡単な事柄について、具体的な情報を聞き取る活動。
　　（ウ）　友達や家族、学校生活など、身近で簡単な事柄について、簡単な語句や基本的な表現で話される短い会話や説明を、イラストや写真などを参考にしながら聞いて、必要な情報を得る活動。

　イ　読むこと
　　（ア）　活字体で書かれた文字を見て、どの文字であるかやその文字が大文字であるか小文字であるかを識別する活動。
　　（イ）　活字体で書かれた文字を見て、その読み方を適切に発音する活動。
　　（ウ）　日常生活に関する身近で簡単な事柄を内容とする掲示やパンフレットなどから、自分が必要とする情報を得る活動。
　　（エ）　音声で十分に慣れ親しんだ簡単な語句や基本的な表現を、絵本などの中から識別する活動。

　ウ　話すこと［やり取り］
　　（ア）　初対面の人や知り合いと挨拶を交わしたり、相手に指示や依頼をして、それらに応じたり断ったりする活動。
　　（イ）　日常生活に関する身近で簡単な事柄について、自分の考えや気持ちなどを伝えたり、簡単な質問をしたり質問に答えたりして伝え合う活動。
　　（ウ）　自分に関する簡単な質問に対してその場で答えたり、相手に関する簡単な質問をその場でしたりして、短い会話をする活動。

　エ　話すこと［発表］
　　（ア）　時刻や日時、場所など、日常生活に関する身近で簡単な事柄を話す活動。
　　（イ）　簡単な語句や基本的な表現を用いて、自分の趣味や得意なことなどを含めた自己紹介をする活動。
　　（ウ）　簡単な語句や基本的な表現を用いて、学校生活や地域に関することなど、身近で簡単な事柄について、自分の考えや気持ちなどを話す活動。

　オ　書くこと
　　（ア）　文字の読み方が発音されるのを聞いて、活字体の大文字、小文字を書く活動。
　　（イ）　相手に伝えるなどの目的を持って、身近で簡単な事柄について、音声で十分に慣れ親しんだ簡単な語句を書き写す活動。
　　（ウ）　相手に伝えるなどの目的を持って、語と語の区切りに注意して、身近で簡単な事柄について、音声で十分に慣れ親しんだ基本的な表現を書き写す活動。
　　（エ）　相手に伝えるなどの目的を持って、名前や年齢、趣味、好き嫌いなど、

自分に関する簡単な事柄について、音声で十分に慣れ親しんだ簡単な語句や
　　　基本的な表現を用いた例の中から言葉を選んで書く活動。
②　言語の働きに関する事項
　言語活動を行うに当たり、主として次に示すような言語の使用場面や言語の働き
を取り上げるようにする。
　ア　言語の使用場面の例
　　（ア）　児童の身近な暮らしに関わる場面
　　　　・家庭での生活　・学校での学習や活動
　　　　・地域の行事　など
　　（イ）　特有の表現がよく使われる場面
　　　　・挨拶　・自己紹介　・買物
　　　　・食事　・道案内　　・旅行　など
　イ　言語の働きの例
　　（ア）　コミュニケーションを円滑にする
　　　　・挨拶をする　・呼び掛ける　・相づちを打つ
　　　　・聞き直す　・繰り返す　など
　　（イ）　気持ちを伝える
　　　　・礼を言う　・褒める　・謝る　など
　　（ウ）　事実・情報を伝える
　　　　・説明する　・報告する　・発表する　など
　　（エ）　考えや意図を伝える
　　　　・申し出る　・意見を言う　・賛成する
　　　　・承諾する　・断る　など
　　（オ）　相手の行動を促す
　　　　・質問する　・依頼する　・命令する　など
3　指導計画の作成と内容の取扱い
(1)　指導計画の作成に当たっては、第3学年及び第4学年並びに中学校及び高等学
　校における指導との接続に留意しながら、次の事項に配慮するものとする。
　ア　単元など内容や時間のまとまりを見通して、その中で育む資質・能力の育成
　　に向けて、児童の主体的・対話的で深い学びの実現を図るようにすること。そ
　　の際、具体的な課題等を設定し、児童が外国語によるコミュニケーションにお
　　ける見方・考え方を働かせながら、コミュニケーションの目的や場面、状況な
　　どを意識して活動を行い、英語の音声や語彙、表現などの知識を、五つの領域
　　における実際のコミュニケーションにおいて活用する学習の充実を図ること。
　イ　学年ごとの目標を適切に定め、2学年間を通じて外国語科の目標の実現を図
　　るようにすること。
　ウ　実際に英語を使用して互いの考えや気持ちを伝え合うなどの言語活動を行う
　　際は、2の(1)に示す言語材料について理解したり練習したりするための指導
　　を必要に応じて行うこと。また、第3学年及び第4学年において第4章外国語
　　活動を履修する際に扱った簡単な語句や基本的な表現などの学習内容を繰り返

し指導し定着を図ること。

エ　児童が英語に多く触れることが期待される英語学習の特質を踏まえ、必要に応じて、特定の事項を取り上げて第1章総則の第2の3の(2)のウの(イ)に掲げる指導を行うことにより、指導の効果を高めるよう工夫すること。このような指導を行う場合には、当該指導のねらいやそれを関連付けて指導を行う事項との関係を明確にするとともに、単元など内容や時間のまとまりを見通して資質・能力が偏りなく育成されるよう計画的に指導すること。

オ　言語活動で扱う題材は、児童の興味・関心に合ったものとし、国語科や音楽科、図画工作科など、他の教科等で児童が学習したことを活用したり、学校行事で扱う内容と関連付けたりするなどの工夫をすること。

カ　障害のある児童などについては、学習活動を行う場合に生じる困難さに応じた指導内容や指導方法の工夫を計画的、組織的に行うこと。

キ　学級担任の教師又は外国語を担当する教師が指導計画を作成し、授業を実施するに当たっては、ネイティブ・スピーカーや英語が堪能な地域人材などの協力を得る等、指導体制の充実を図るとともに、指導方法の工夫を行うこと。

(2)　2の内容の取扱いについては、次の事項に配慮するものとする。

ア　2の(1)に示す言語材料については、平易なものから難しいものへと段階的に指導すること。また、児童の発達の段階に応じて、聞いたり読んだりすることを通して意味を理解できるように指導すべき事項と、話したり書いたりして表現できるように指導すべき事項とがあることに留意すること。

イ　音声指導に当たっては、日本語との違いに留意しながら、発音練習などを通して2の(1)のアに示す言語材料を指導すること。また、音声と文字とを関連付けて指導すること。

ウ　文や文構造の指導に当たっては、次の事項に留意すること。
　　(ア)　児童が日本語と英語との語順等の違いや、関連のある文や文構造のまとまりを認識できるようにするために、効果的な指導ができるよう工夫すること。
　　(イ)　文法の用語や用法の指導に偏ることがないよう配慮して、言語活動と効果的に関連付けて指導すること。

エ　身近で簡単な事柄について、友達に質問をしたり質問に答えたりする力を育成するため、ペア・ワーク、グループ・ワークなどの学習形態について適宜工夫すること。その際、他者とコミュニケーションを行うことに課題がある児童については、個々の児童の特性に応じて指導内容や指導方法を工夫すること。

オ　児童が身に付けるべき資質・能力や児童の実態、教材の内容などに応じて、視聴覚教材やコンピュータ、情報通信ネットワーク、教育機器などを有効活用し、児童の興味・関心をより高め、指導の効率化や言語活動の更なる充実を図るようにすること。

カ　各単元や各時間の指導に当たっては、コミュニケーションを行う目的、場面、状況などを明確に設定し、言語活動を通して育成すべき資質・能力を明確に示すことにより、児童が学習の見通しを立てたり、振り返ったりすることができ

るようにすること。
(3)　教材については、次の事項に留意するものとする。
　　ア　教材は、聞くこと、読むこと、話すこと［やり取り］、話すこと［発表］、書くことなどのコミュニケーションを図る基礎となる資質・能力を総合的に育成するため、1に示す五つの領域別の目標と2に示す内容との関係について、単元など内容や時間のまとまりごとに各教材の中で明確に示すとともに、実際の言語の使用場面や言語の働きに十分配慮した題材を取り上げること。
　　イ　英語を使用している人々を中心とする世界の人々や日本人の日常生活、風俗習慣、物語、地理、歴史、伝統文化、自然などに関するものの中から、児童の発達の段階や興味・関心に即して適切な題材を変化をもたせて取り上げるものとし、次の観点に配慮すること。
　　　（ア）　多様な考え方に対する理解を深めさせ、公正な判断力を養い豊かな心情を育てることに役立つこと。
　　　（イ）　我が国の文化や、英語の背景にある文化に対する関心を高め、理解を深めようとする態度を養うことに役立つこと。
　　　（ウ）　広い視野から国際理解を深め、国際社会と向き合うことが求められている我が国の一員としての自覚を高めるとともに、国際協調の精神を養うことに役立つこと。

　その他の外国語
　　その他の外国語については、英語の1に示す五つの領域別の目標、2に示す内容及び3に示す指導計画の作成と内容の取扱いに準じて指導を行うものとする。

第3　指導計画の作成と内容の取扱い

1　外国語科においては、英語を履修させることを原則とすること。
2　第1章総則の第1の2の(2)に示す道徳教育の目標に基づき、道徳科などとの関連を考慮しながら、第3章特別の教科道徳の第2に示す内容について、外国語科の特質に応じて適切な指導をすること。

参 考 文 献

（和　書）

阿部フォード恵子（編）（2000）*New Let's Sing Together*（1st edition）. アプリコット.

アレン玉井光江（2010）『小学校英語の教育法——理論と実践』大修館書店.

泉惠美子（2007）「小学校英語教育における担任の役割と指導者研修」『京都教育大学紀要』No. 110, pp. 131–147.

——. （2010）「外国語活動にふさわしい評価方法とは」『英語教育』11 月号、pp. 16–18.

伊村元道（2003）『日本の英語教育 200 年』大修館書店.

大城賢・直山木綿子（編）、安彦忠彦（監）（2008）『小学校学習指導要領の解説と展開　外国語活動編——Q&A と授業改善のポイント・展開例』教育出版.

OECD（2021）「図表で見る教育 2021 年版（Education at a Glance 2021）」https://www.oecd-ilibrary.org/sites/12d19441-ja/index.html?itemId=/content/component/12d19441-ja（最終閲覧日 2023 年 4 月 10 日）

大谷泰照・杉谷眞佐子・橋内武・林桂子（編）（2015）『国際的にみた外国語教員の養成』東信堂.

大谷泰照（2020）『日本の異言語教育の論点——「ハッピースレイヴ症候群」からの覚醒』東信堂.

岡秀夫・金森強（編）（2009）『小学校英語教育の進め方——「ことばの教育」として（改訂版）』成美堂.

——. （2012）『小学校外国語活動の進め方——「ことばの教育」として』成美堂.

梶田叡一（責任編集）、人間教育研究協議会（編）（2015）『アクティブ・ラーニングとは何か』金子書房.

Gakken（2021）「小学校外国語指導スキルアップ講座」https://online-eikaiwa.gakken.jp/skill-up（最終閲覧日 2023 年 4 月 3 日）

河原俊昭（編）（2008）『小学生に英語を教えるとは？——アジアと日本の教育現場から』めこん.

喜名朝博（2022）「学校規模や加配定数の視点から考える教科担任制」『教育展望』第 68 巻第 2 号、pp. 22–27.

教育業界ニュース（2021）「教育への公的支出、日本は OECD 平均以下」https://reseed.resemom.jp/article/2021/09/17/2302.html

小泉仁（訳）（2012）『英語科教育課程』教育科学技術部告示第 2011–361 号［別冊 14］及び『初・中等学校教育課程総論』教育科学技術部告示第 2011–361 号［別冊 1］、大韓民国教育科学技術部.

サヴィニョン、S.（草野ハベル清子・佐藤一嘉・田中春美訳）（2009）『コミュニケーション能力——理論と実践』法政大学出版局.

酒井英樹・滝沢雄一・亘理陽一（編）（2017）『小学校で英語を教えるためのミニマム・エッセンシャルズ——小学校外国語科内容論』三省堂.

笹島茂（編著）（2011）『CLIL　新しい発想の授業——理科や歴史を外国語で教える!?』

　　三修社.

佐藤剛 (2021)「小学生のための受容語彙リストの開発——検定教科書から小学生共通の重要語彙を選定する」小学校英語教育学会誌、21(01)、pp. 54–69.

杉江修治 (2011)『協同学習入門——基本の理解と 51 の工夫』ナカニシヤ出版.

大学英語教育学会 (監)、矢野安剛・本名信行・木村松雄・木下正義 (編) (2011)『英語教育政策——世界の言語教育政策論をめぐって (英語教育学大系 第 2 巻)』大修館書店.

髙階玲治 (2022)「なぜ教科担任制の導入なのか」『教育展望』第 68 巻第 2 号、pp. 4–10.

髙橋一幸 (2021)『改訂版　授業づくりと改善の視点——小と高とをつなぐ新時代の中学校英語教育』教育出版.

田崎清忠 (責任編集) (1995)『現代英語教授法総覧』大修館書店.

田中武夫・田中知聡 (2003)『「自己表現活動」を取り入れた英語授業』大修館書店.

東京学芸大学 (2017)「英語教員の英語力・指導力強化のための調査研究事業——平成 28 年度報告書」.

中村洋 (2019)「小学校英語教材 We Can! と中学校検定英語教科書のライティング活動の分析」EIKEN BULLETIN、vol. 31、pp. 200–211.

日本児童英語教育学会・英語授業研究学会関西支部合同プロジェクトチーム (樋口忠彦、加賀田哲也、泉惠美子、和田憲明、他) (2017)「小中連携を推進する英語授業——実践的研究」.

Harmer, J. (渡邉時夫・髙梨庸雄監訳) (2002)『実践的英語教育の進め方——小学生から一般社会人の指導まで (21 世紀の英語教育を考える)』ピアソン・エデュケーション.

バトラー後藤裕子 (2021)『デジタルで変わる子どもたち——学習・言語能力の現在と未来』筑摩書房.

東野裕子・髙島英幸 (2007)『小学校におけるプロジェクト型英語活動の実践と評価』高陵社書店.

樋口忠彦他 (編) (1997)『小学校からの外国語教育——外国語教育改革への提言』研究社.

樋口忠彦 (監)、今井京・梅本多 (2003)『英語ではじめよう国際理解〈4〉英語で国際交流 !』学習研究社.

樋口忠彦・衣笠知子 (編) (2004)『小学校英語活動アイディアバンク——ソング・ゲーム集』教育出版.

樋口忠彦・泉惠美子・衣笠知子・加賀田哲也他 (2005a)「諸外国の言語教育政策と日本の外国語教育への示唆」『近畿大学語学教育部ジャーナル』創刊号、pp. 1–61.

樋口忠彦・金森強・國方太司 (編) (2005b)『これからの小学校英語教育——理論と実践』研究社.

樋口忠彦・大城賢・國方太司・髙橋一幸 (編) (2010a)『小学校英語教育の展開——よりよい英語活動への提言』研究社.

樋口忠彦 (監)、梅本龍多・田邉義隆 (2010b)『学研英語ノートパーフェクト 4——英語でディスカバー!　文化交流』学研教育出版.

樋口忠彦 (監)、衣笠知子 (2010c)『学研英語ノートパーフェクト 1——英語でエンジョイ!　歌とチャンツ』学研教育出版.

樋口忠彦・泉惠美子 (編) (2011)『続 小学校英語活動アイディアバンク——チャン

ツ・ゲーム・コミュニケーション活動・プロジェクト活動』教育出版.

樋口忠彦・並松善秋・泉惠美子（編）（2012）『英語授業改善への提言——「使える英語」力を育成する授業実践』教育出版.

樋口忠彦・アレン玉井光江・加賀田哲也他（2013）「JASTEC アピール：小学校外国語活動の教科化への緊急提言について」『日本児童英語教育学会研究紀要』第 32号、pp. 1–17.

樋口忠彦（2014）「小学校英語の現実と予測」『英語教育』1 月号、pp. 28–30.

樋口忠彦・髙橋一幸（2015）『Q&A　中学英語指導法事典——現場の悩み 152 に答える』教育出版.

樋口忠彦・髙橋一幸・加賀田哲也・泉惠美子（編）（2017）『Q&A　小学英語指導法事典——教師の質問 112 に答える』教育出版.

樋口忠彦・泉惠美子・加賀田哲也（編著）（2019）『小学校英語内容論入門』研究社.

樋口忠彦（監）、泉惠美子・加賀田哲也・國方太司（編）（2021）『「深い学び」を促す小学校英語授業の進め方』教育出版.

ブルースター、J. & エリス、G.（佐藤久美子編訳）（2005）『「小学校英語」指導法ハンドブック』玉川大学出版部.

ベネッセ教育総合研究所（2016）『中高の英語指導に関する実態調査 2015（ダイジェスト版）』.

本名信行（編）（2002）『事典アジアの最新英語事情』大修館書店.

松川禮子・大城賢（編）（2008）『小学校外国語活動　実践マニュアル』旺文社.

村野井仁・渡部良典・尾関直子・冨田祐一（2012）『統合的英語科教育法』成美堂.

湯川笑子・高梨庸雄・小山哲春（2009）『小学校英語で身につくコミュニケーション能力』三省堂.

吉島茂・大橋理枝他（訳編）（2004）『外国語教育 II　外国語の学習、教授、評価のためのヨーロッパ共通参照枠』朝日出版社.（原典： Trim, J., North, B., & Coste, D. (2002). *Common European Framework of Reference for Languages: Learning, teaching, assessment* (3rd printing). Cambridge: Cambridge University Press.）

リチャーズ、J. C. & ロジャーズ、T. S.（アントニー・アルジェイミー、高見澤孟監訳）（2007）『アプローチ & メソッド——世界の言語　教授・指導法』東京書籍.

若林俊輔（1990）「日本の公立小学校でなぜ外国語教育が行われていないのか」（五島忠久監修、樋口忠彦他編）『Q&A 形式による児童英語指導法ハンドブック』アプリコット.

（洋　書）

Aoyama, K., Guion, S. G., Flege, J. E., Yamada, T., & Akahane-Yamada, R. (2008). The first years in an L2-speaking environment: A comparison of Japanese children and adults learning American English. *International Review of Applied Linguistics in Language Teaching, 46*, 61–90.

Asher, J. (1977). *Learning Another Language through Actions*. Los Gatos, CA: Sky Oaks Productions.

Birdsong, D. & Molis, M. (2001). On the evidence for maturational constraints in second-language acquisition. *Journal of Memory and Language, 44*, 235–249.

Blanche, P. & Merino, B. J. (1989). Self-assessment of foreign-language skills: Implications for teachers and researchers. *Language Learning, 39*(3), 313–340.

Brown, H. D. (2007). *Principles of Language Learning and Teaching*. White Plains, NY: Pearson Longman.

Canale, M. & Swain, M. (1980). Theoretical bases of communicative approaches to second language teaching and testing. *Applied Linguistics, 1*(1), 1–47.

Canale, M. (1983). From communicative competence to communicative language pedagogy. In J. C. Richards & R. W. Schmidt (Eds.), *Language and Communication* (pp. 2–27). Harlow, England: Longman.

Celce-Murcia, M., Dornyei, Z., & Thurrell, S. (1995). Communicative competence: A pedagogically motivated model with content specifications. *Issues in Applied Linguistics, 6*(2), 5–35.

Cenoz, J. (2015). Content-based instruction and content and language integrated learning: The same or different? *Language, Culture and Curriculum, 28*(1), 8–24.

Chomsky, N. (1957). *Syntactic Structures*. The Hague: Mouton.

Crystal, D. (1997). *English as a Global Language*. Cambridge: Cambridge University Press.

Cummins, J. (1979). Cognitive / academic language proficiency, linguistic, interdependence, the optimum age question and some other matters. *Working Papers on Bilingualism, 19*, 121–129.

Deci, E. L. & Ryan, R. M. (1985). *Intrinsic Motivation and Self-determination in Human Behavior*. New York: Plenum Press.

—— (Eds.). (2002). *Handbook of Self-determination Research*. Rochester, NY: University of Rochester Press.

Deutsch, M. (1949). A theory of co-operation and competition. *Human Relations, 2* (2), 129–152.

Ellis, R. (1997). *Second Language Acquisition*. Oxford: Oxford University Press.

——. (2003). *Task-based Language Learning and Teaching*. Oxford: Oxford University Press.

Hughes, A. (2003). *Testing for Language Teachers* (2nd ed.). Cambridge: Cambridge University Press.

Hymes, D. H. (1972). On communicative competence. In J. B. Pride & J. Holmes (Eds.), *Sociolinguistics* (pp. 269–293). Harmondsworth, England: Penguin Books.

Krashen, S. D. (1982). *Principles and Practice in Second Language Acquisition*. Oxford: Pergamon Press.

Krashen, S. D., & Terrell, T. D. (1983). *The Natural Approach: Language Acquisition in the Classroom*. Oxford: Pergamon Press.

Lenneberg, E. H. (1967). *Biological Foundations of Language*. New York: John Wiley.

Long, M. H. (1981). Input, interaction and second-language acquisition. In H. Winitz (Ed.), *Native Language and Foreign Language Acquisition* (pp. 259–278). New York: Annals of the New York Academy of Sciences, 379.

Massler, U., Stotz, D., & Queisser, C. (2014). Assessment instruments for primary CLIL: The conceptualisation and evaluation of test tasks. *The Language Learning Journal, 42*, 137–150.

Nation, I. S. P. (2007). The four strands. *Innovation in Language Learning and Teaching, 1*, 1–12.

参
考
文
献

Ross, S. (1998). Self-assessment in second language testing: a meta-analysis and analysis of experiential factors. *Language Testing, 15* (1), 1–20.

Somers, T. & Surmont, J. (2012). CLIL and immersion: How clear-cut are they? *ELT Journal, 66* (1), 113–116.

Swain, M. (1985). Communicative competence: Some roles of comprehensible input and comprehensible output in its development. In S. Gass & C. G. Madden (Eds.), *Input in Second Language Acquisition* (pp. 235–253). Rowley, MA: Newbury House.

Tomasello, M. (Ed.) (1998). *The New Psychology of Language: Cognitive and Functional Approaches to Language Structure.* London: Lawrence Erlbaum & Associates, Inc.

——. (2003). *Constructing a Language: A Usage-Based Theory of Language Acquisition.* Cambridge, MA: Harvard University Press.

Vygotsky, L. S. (1962). *Thought and Language.* Cambridge, MA: MIT Press.

——. (1978). *Mind in Society: The Development of Higher Psychological Processes.* Cambridge, MA: Harvard University Press.

（韓国および台湾のテキスト）
DAEKYO (2019). *Elementary School English 5, 6.*
康軒文教事業 (2020). *Follow Me 9, 10.*

（政府刊行文書）
英語教育の在り方に関する有識者会議 (2014)「今後の英語教育の改善・充実方策について　報告（概要）〜グローバル化に対応した英語教育改革の五つの提言〜」

外国語能力の向上に関する検討会 (2010)「第2回配布資料3–1　諸外国における外国語教育の実施状況調査結果（概要）」

外国語能力の向上に関する検討会 (2011)「国際共通語としての英語力向上のための5つの提言と具体的施策」

国立教育政策研究所 (2020)『「指導と評価の一体化」のための学習評価に関する参考資料　小学校　外国語・外国語活動』

初等中等教育における国際教育推進検討会 (2005)「初等中等教育における国際教育推進検討会報告──国際社会を生きる人材を育成するために」

中央教育審議会 (2008)「幼稚園、小学校、中学校、高等学校及び特別支援学校の学習指導要領等の改善について（答申）」

——. (2016)「幼稚園、小学校、中学校、高等学校及び特別支援学校の学習指導要領等の改善及び必要な方策等について（答申）」

——. (2021)「『令和の日本型学校教育』の構築を目指して──全ての子供たちの可能性を引き出す、個別最適な学びと、協働的な学びの実現（答申）」

中央教育審議会外国語専門部会 (2006)「小学校における英語教育について（外国語専門部会における審議の状況）」

中央教育審議会外国語ワーキンググループ (2016a)「外国語ワーキンググループにおける審議の取りまとめ」

——. (2016b)「外国語活動・外国語科において育成を目指す資質・能力の整理」（「外国語ワーキンググループにおける審議の取りまとめ」資料2）

——. (2016c)「『外国語』等における小・中・高等学校を通じた国の指標形式の目標（イメージ）たたき台」（「外国語ワーキンググループにおける審議の取りまとめ」）

文部科学省 (2008)『小学校学習指導要領解説　外国語活動編』東洋館出版社.
―. (2009a)『小学校外国語活動研修ガイドブック』旺文社.
―. (2009b)『英語ノート 1, 2』.
―. (2012a) *Hi, friends! 1, 2.*
―. (2012b)『*Hi, friends! 1, 2* 指導編』.
―. (2013)「グローバル化に対応した英語教育改革実施計画」.
―. (2014)「小・中・高を通じた目標及び内容の主なイメージ」.
―. (2015)「平成 26 年度『小学校外国語活動実施状況調査』の結果について」.
―. (2017a)『小学校外国語活動・外国語　研修ガイドブック』.
―. (2017b)『小学校学習指導要領』.
―. (2017c)『小学校学習指導要領解説　外国語活動編』、『小学校学習指導要領解説　外国語編』.
―. (2017d)『第 3〜6 学年外国語活動年間指導計画例〔案・暫定版〕』(平成 29 年 9 月 21 日).
―. (2017e)『中学校学習指導要領』.
―. (2017f)『中学校学習指導要領解説　外国語編』.
―. (2020)「外国語の指導における ICT の活用について」
https://www.mext.go.jp/content/20200911-mxt_jogai01-000009772_13.pdf (最終閲覧日 2023 年 4 月 3 日)
―. (2021a)「義務教育 9 年間を見通した教科担任制の在り方について (報告)」
https://www.mext.go.jp/b_menu/shingi/chousa/shotou/159/mext_00904.html (最終閲覧日 2023 年 4 月 3 日)
―. (2021b)「小学校高学年における教科担任制の推進等」『令和 4 年度文部科学省予算 (案) のポイント』
https://www.mext.go.jp/content/20211223-mxt_kouhou02-000017672_1.pdf (最終閲覧日 2023 年 4 月 3 日)
―. (2022)「令和 3 年度「英語教育実施状況調査」の結果について」
https://www.mext.go.jp/a_menu/kokusai/gaikokugo/1415043_00001.htm (最終閲覧日 2023 年 4 月 3 日)

（文部科学省作成教材および検定済教科書）
文部科学省 (2017g) 小学校外国語活動 (第 3, 4 学年) 用教材 *Let's Try! 1, 2.*
―. (2017h) 小学校外国語科 (第 5, 6 学年) 用教材 *We Can! 1, 2.*
開隆堂出版 (2019). *Junior Sunshine 5, 6.*
学校図書 (2019). *JUNIOR TOTAL ENGLISH 1, 2.*
教育出版 (2019). *ONE WORLD Smiles 5, 6.*
三省堂 (2019). *CROWN Jr. 5, 6.*
新興出版社啓林館 (2019). *Blue Sky elementary 5, 6.*
東京書籍 (2019). *NEW HORIZON Elementary English Course 5, 6.*
光村図書出版 (2019). *Here We Go! 5, 6.*

索　引

253

索

引

<h1>〈監修者・編者・執筆者紹介〉</h1>

■監修者

樋口　忠彦（ひぐち・ただひこ）　元・近畿大学教授。大阪教育大学助教授、近畿大学教授を歴任。日本児童英語教育学会（JASTEC）および英語授業研究学会元会長、現在、両学会の特別顧問。編著書に『小学校からの外国語教育』『これからの小学校英語教育』『小学校英語教育の展開』『最新　小学校英語内容論入門』『個性・創造性を引き出す英語授業』（以上、研究社）、『すぐれた英語授業実践—よりよい授業づくりのために』（大修館書店）、『Q&A 小学英語指導法事典』『Q&A 中学英語指導法事典』、監修に『Q&A 高校英語指導法事典』『「深い学び」を促す小学校英語授業の進め方』（以上、教育出版）など。
——1章、12章（3節の学習指導案を除く）、14章、全体の内容調整・加筆、文体の統一などを担当。

■編　者

加賀田　哲也（代表編者）（かがた・てつや）　大阪教育大学教授。博士（人間科学）。日本児童英語教育学会（JASTEC）理事、元・英語授業研究学会会長。編著書に『Q&A 小学英語指導法事典』『「深い学び」を促す小学校英語授業の進め方』（以上、教育出版）、『最新　小学校英語内容論入門』（研究社）、共著書に『小学校英語教育の展開』（研究社）、『英語授業改善への提言』（教育出版）、『小学校英語教育ハンドブック』（東京書籍）など。文部科学省検定済教科書英語（小・中・高）の著者。
——3章、4章（3節3・4を除く）担当。

泉　惠美子（いずみ・えみこ）　関西学院大学教授。学術博士。日本児童英語教育学会（JASTEC）理事、関西英語教育学会（KELES）会長他。編著書に『英語スピーキング指導ハンドブック』（大修館書店）、『Q&A 小学英語指導法事典』『続 小学校英語活動アイディアバンク』『低学年から始める英語短時間学習』『「深い学び」を促す小学校英語授業の進め方』（以上、教育出版）、『最新　小学校英語内容論入門』『すぐれた小学校英語授業』（以上、研究社）など。文部科学省検定済教科書英語（小・中・高）の著者。
——2章、6章、11章担当。

衣笠　知子（きぬがさ・ともこ）　元・園田学園女子大学教授。日本児童英語教育学会（JASTEC）理事。著書に『英語ではじめよう国際理解3—英語で歌おう！』（学習研究社）、『英語ノートパーフェクト1—英語でエンジョイ！』（学研教育出版）、編著書に『小学校英語活動アイディアバンク』（教育出版）、『最新　小学校英語内容論入門』（研究社）、共著書に『小学校英語教育の展開』（研究社）、『「深い学び」を促す小学校英語授業の進め方』（教育出版）など。文部科学省検定済教科書英語（小）の著者。
——5章（1節・3節）、7章、資料①（教室英語）担当。

■執筆者

奥平　明香（おくひら・さやか）　沖縄県豊見城市立ゆたか小学校教諭。令和元年度沖縄県英語授業マイスター。共著書に『イラストで見る全単元・全時間の授業のすべて　外国語活動　小学校3年（同4年）』（東洋館出版社）、『とっておきの言語活動レシピ』（明治図書）など。
——5章（2節1、4節）担当。

加藤　拓由（かとう・ひろゆき）　岐阜聖徳学園大学准教授。編著書に『小学校外国語活動・外国語とっておきの言語活動レシピ』（明治図書）、共著書に『最新　小学校英語内容論入門』（研究社）など。第4回国際言語教育賞児童英語教育部門受賞。
——コラム❷、12章（3節 学習指導案1）、コラム❻担当。

河合　摩香（かわい・まこ）　元・奈良県奈良市立佐保小学校教諭。公立小学校で学級担任として英語指導に携わる。授業づくりや評価のあり方、国際交流活動等について研究・実践。
——コラム❶、コラム❺担当。

上原　明子（かんばる・あきこ）　都留文科大学教授。博士。国公立小学校、福岡県教育センター、アメリカの公立小学校（文科省派遣・イマージョン教育担当）を経て現職。第56回読売教育賞最優秀賞受賞。共著書に『最新　小学校英語内容論入門』（研究社）など。
——コラム❸、コラム❹、12章（3節 学習指導案2）担当。

北野　ゆき（きたの・ゆき）　大阪府守口市立よつば小学校教諭。共著書に『「言いたい」が「言えた！」に変わる小学校英語授業』『ワクワクする小学校英語授業の作り方』（以上、大修館書店）、『先生のための小学校英語の知恵袋』（くろしお出版）など。
——8章（2節6 活動例）担当。

國方　太司（くにかた・たかし）　大阪成蹊大学教授・副学長。編著書に『小学校英語教育の展開—理論から実践へ』（研究社）、『「深い学び」を促す小学校英語授業の進め方』（教育出版）、共著書に『すぐれた小学校英語授業』（研究社）、『Q&A　小学英語指導法事典』（教育出版）など。
——4章（3節3・4）、8章（2節1）担当。

多田　玲子（ただ・れいこ）　関西学院大学非常勤講師。日本児童英語教育学会理事。各地の教育委員会主催の研修会等で講師を務める。共著書に『小学校英語教育の展開』『最新　小学校英語内容論入門』（以上、研究社）、『Q&A 小学英語指導法事典』（教育出版）など。
——13章担当。

田邉　義隆（たなべ・よしたか）　近畿大学教授。日本児童英語教育学会理事。共著書に、『主体的な学びをめざす小学校英語教育』（教育出版）、『Basic English for Teachers of Young Learners』（朝日出版社）、『最新　小学校英語内容論入門』（研究社）など。
——8章（2節1・6を除く）担当。

田縁　眞弓（たぶち・まゆみ）　京都光華女子大学教授。共著書に『教室英語ハンドブック』『最新　小学校英語内容論入門』『小学校英語とストーリーテリング』（以上、研究社）、『小学校英語　だれでもできる英語の音と文字の指導』（三省堂）など。
——10章担当。

俣野　知里（またの・ちさと）　京都市立二条城北小学校教諭。京都市立小学校、京都教育大学附属桃山小学校での勤務を経て、2022年度より現職。小学校外国語教育に関する実践研究や教員研修について関心をもっている。共著書に『すぐれた小学校英語授業』（研究社）など。
——5章（2節2）担当。

松宮　奈賀子（まつみや・ながこ）　広島大学准教授。博士（教育学）。初等教育教員養成課程で外国語の指導を担当。共著書に『新しい学びを拓く　英語科授業の理論と実践』（ミネルヴァ書房）、『最新　小学校英語内容論入門』（研究社）など。
——9章担当。

最新 小学校英語教育法入門

2023 年 10 月 31 日 初版発行

編著者 樋口忠彦(監修)・加賀田哲也(代表)
泉 惠美子・衣笠知子

発行者 吉田尚志

印刷所 図書印刷株式会社

KENKYUSHA
〈検印省略〉

発行所 株式会社 研究社
https://www.kenkyusha.co.jp/

〒102–8152
東京都千代田区富士見 2–11–3
電話 (編集) 03 (3288) 7711 (代)
(営業) 03 (3288) 7777 (代)
振 替 00150–9–26710

© Tadahiko Higuchi, et al., 2023

装丁: 宮崎萌美 (Malpu Design)

ISBN 978–4–327–41108–4　C 3082　　Printed in Japan